21世纪会计系列规划教材·致用型

高级财务会计

（第二版）

Advanced Financial Accounting

程克群 主 编
陈玉菁 王 兰 任国瑞 副主编

东北财经大学出版社
Dongbei University of Finance & Economics Press
大 连

图书在版编目（CIP）数据

高级财务会计/程克群主编．—2版．—大连：东北财经大学出版社，2017.2（2018.3重印）
（21世纪会计系列规划教材·致用型）
ISBN 978-7-5654-2670-4

Ⅰ．高… Ⅱ．程… Ⅲ．财务会计-高等学校-教材 Ⅳ．F234.4

中国版本图书馆CIP数据核字（2017）第014165号

东北财经大学出版社出版
（大连市黑石礁尖山街217号 邮政编码 116025）
网　　址：http://www.dufep.cn
读者信箱：dufep@dufe.edu.cn

大连图腾彩色印刷有限公司印刷 东北财经大学出版社发行

幅面尺寸：185mm×260mm 字数：389千字 印张：16.5 插页：1

2017年2月第2版 2018年3月第3次印刷

责任编辑：王　莹　周　慧 责任校对：贺新春

封面设计：张智波 版式设计：钟福建

定价：35.00元

教学支持 售后服务 联系电话：（0411）84710309

如有印装质量问题，请联系营销部：（0411）84710711

第二版前言

本书是21世纪会计系列规划教材·致用型《高级财务会计》（东北财经大学出版社，2012年）的修订版，本书在所有作者的共同努力下顺利完成了再版的修订工作。

《高级财务会计》（第二版）基本沿用第一版的框架结构，但考虑到会计准则对教材内容的影响，对个别章节作以调整并进行了内容的变更，更体现出与《中级财务会计》体系的衔接，以便于学生更全面地把握财务会计的系统性和整体性，同时对各章节的数据进行了更新，对文字叙述进行了进一步校核。

本教材的运用对象是高等院校会计学、财务管理专业高职生、本科生和会计学方向研究生的一年级学生，也可作为经济管理类辅修、选修专业学生学习使用的教材等。

本教材修订版由程克群教授总纂，具体分工如下：程克群（第一、二、六、八、十章）；陈文军（第三章）；王兰（第四、九章）；任国瑞（第五章）；刘洪（第七章）；陈玉菁（第十一、十二章）。在修订过程中，我的几位研究生学生对本书文字和数据进行了校对，在此表示感谢。

我们衷心希望再版教材能够得到同行的使用和关注，也恳请提出宝贵意见和建议，以便在下次修订时进一步加以完善。

程克群

2017年1月

第一版前言

本教材是21世纪会计系列规划教材·致用型之一，与《会计学原理》《中级财务会计》共同构成了财务会计课程的教材体系。高级财务会计是运用传统的财务会计理论与方法，以及在新的社会经济条件下发展了的财务会计理论与方法，对在新的经济条件下出现的一般财务会计中不予包括或不经常发生的企业特殊经济业务进行核算和监督，向与企业有经济利害关系者提供有用的决策会计信息的经济管理活动，是对会计理论和会计方法的提升。鉴于高级财务会计内容构成及其与中级财务会计的界限一直以来都没有形成一个统一的认识，所以本教材在编写过程中，对于有些既可以放在《中级财务会计》教材中，也可以放在《高级财务会计》中尚存在争议的内容，我们选择了与同系列《中级财务会计》教材内容的衔接，《中级财务会计》教材已经编写的内容，在本教材中就不再涉及，如所得税会计、非货币性资产交换等；《中级财务会计》教材中没有涉及的内容，在本教材中补充，比如资产减值、外币业务会计等，以使得课程体系得以延续和相对完整。

本教材以《中华人民共和国会计法》、《企业会计准则》、《企业财务通则》以及《企业会计准则讲解（2010）》为主要依据，适当参考国际财务报告准则和美国会计准则编写，在编写过程中借鉴、吸收了大量同类教材的优点，使全书结构安排更为合理。全书共十二章，主要内容包括企业合并会计、外币会计、物价变动会计、租赁会计、衍生金融工具会计、独资与合伙会计、分支机构会计、资产减值以及分部报告与中期财务报告等。

本教材的运用对象是高等院校会计学、财务管理专业高职生、本科生和会计学方向研究生的一年级学生，也可作为经济管理类高年级学生选修课使用教材等。

本教材由程克群主编，负责全书写作大纲的拟定和编写的组织，并负责总纂。具体分工如下：程克群（第一、六、八、十章）；陈文军（第二、三章）；王兰（第四、九章）；任国瑞（第五章）；刘洪（第七章）；陈玉菁（第十一、十二章）。

感谢相关院校同行的支持，同时感谢东北财经大学出版社为我们提供了这次编写教材的机会。

由于作者水平有限，加之高级财务会计本身还在不断发展，内容相对比较复杂，书中难免存在错误或争议之处，恳请读者和同行在使用过程中提出宝贵意见和建议。

我的邮箱：chengkequn@ahau.edu.cn。

程克群

2011年10月

目　　录

第一章

绪　论

学习目标

本章阐述了高级财务会计的基本概念、特征，高级财务会计产生的基础和内容构成，是进一步学习高级财务会计的理论准备。通过学习，要求掌握高级财务会计基本概念是如何界定的，高级财务会计产生的背景和理论基础是什么，具体由哪些内容构成，高级财务会计的研究范围和方向等。

第一节　高级财务会计概述

一、高级财务会计的定义

高级财务会计（advanced financial accounting）是以高级会计为研究对象的，要对高级会计学有一个清晰、总括的认识，首先要对高级会计有一个明确的概念。高级会计高在哪里？与一般意义的财务会计有何区别？

财务会计亦称会计、会计核算，是当代企业会计的一个重要组成部分，以企业会计准则为主要依据，对企业发生的会计事项进行确认、计量、记录和报告，向企业外部的信息使用者定期提供反映企业财务状况、经营成果和现金流量等信息，以满足其决策需要及反映企业管理层受托责任履行情况的对外报告会计。财务会计按其程度高低可分为初级财务会计（基础会计或会计学原理）、中级财务会计和高级财务会计。

基础会计是财务会计的入门课程，重点讲述会计核算的对象、基本程序和方法；中级财务会计限于论述财务会计的基本理论、方法和技术，即通用的课题；高级财务会计则是讲述中级财务会计没有涉及的内容，是在对原财务会计理论与方法体系进行修正的基础上，对企业出现的特殊交易和事项，如外币业务、企业合并、外币报表折算、租赁、所得税、物价变动、寄售与分期收款销售、房地产、期货交易以及公司的重组与破产清算等进行会计处理的理论与方法的总称。这一概念包括以下含义：

（1）高级财务会计属于财务会计范畴。高级财务会计属于财务会计系列，即它也是以货币为主要计量单位进行核算；也是以合法的会计凭证为记录经济业务的依据；也是依据会计凭证登记账簿，依照账簿编制对外报出的财务报表；从本质上看，它也是以记录经济业务为手段而全面介入企业经营的一种管理活动。

（2）高级财务会计处理的是企业面临的特殊事项。高级财务会计与一般财务会计的分野，主要表现在业务范围方面，即高级财务会计核算和监督的内容有一些在一般财务会计中没有，或者是不经常发生的业务事项，主要表现为一些特殊经济业务和特殊经营方式企业的特殊会计事项。

（3）高级财务会计所依据的理论和采用的方法是对原有财务会计理论与方法的修正。该会计与一般财务会计的区别还表现在会计业务反映的连续性、系统性和全面性方面，即高级财务会计所反映的业务的发生在某一特定时期，且既可能发生于所有企业，也可能发生于部分企业，总之，这些业务属于一般财务会计所不能完全包括的业务事项。

高级财务会计之所以“高级”，是因为它对特殊事项的会计处理，无论在假设和原则方面，还是在程序和方法方面，都是对中级财务会计的突破。概括起来就是三个字，即：特、难和新。“特”：一是特殊组织会计，如公司会计、合伙会计、政府与非营利组织会计；二是特殊业务，如企业重组与破产会计、遗产信托会计等。难”：高级财务会计三大难点，即合并会计、外币业务与外币报表折算会计和物价变动会计。“新”：体现前沿领域，如人力资源会计、绿色会计、社会责任会计等。

总之，高级财务会计是随着社会经济的发展，对原有的财务会计内容进行补充、延伸和开拓的一种会计，即利用财务会计的固定方法，对现有财务会计未包括的业务，或者需要深入进行论述的业务以及随着客观经济环境变化而产生的一系列特殊业务进行反映和监督的会计。

二、定义高级财务会计的必要性

我们认为，通过深入的分析，从最基础的角度给高级财务会计下一个切合实际的定义是很有必要的。这种必要性主要表现在以下几个方面：

（1）有助于学生从总体上把握这门课程的精神实质，从而提高其学习的目的性、计划性和自觉性。

（2）有助于学生深刻理解会计学的学科体系，科学处理各层次会计学，特别是高级会计学和中级会计学之间的关系。

（3）有助于学生运用高级会计学这一特殊领域的会计理论方法，更好地搞好业务实践，在解决我国经济高速发展过程中面临的难题方面发挥作用。

第二节　高级财务会计产生的基础

一、高级财务会计产生的环境背景

20 世纪 40 年代，社会经济的规模和水平、国际经济交流发展的程度以及市场物价长期处于较为稳定的水平，正是这些条件的存在，使得 20 世纪 40 年代后期所成型的财务会计的主体一般为控制一定经济资源进行经济活动并独立进行会计核算的单一经济实体，资产的计价也是建立在币值不变的历史成本原则基础之上；又由于国际交流的局限性使会计核算的内容主要是国内生产经营活动，商品进出口业务的比重不大，因此，这种财务会计称为“一般财务会计”或“传统财务会计”，即中级财务会计。第二次世界大战以后，世界范围内的科技革命推动了西方社会经济的迅猛发展，以及由此带动的全球经济的迅速发展，西方资本主义国家的经济环境产生了以下巨大变化：

（1）各国经济不断发展壮大，由自由竞争逐步形成垄断，公司间相互渗透形成了庞大的企业集团，母子公司成为一种普遍的社会现象，企业间的横向和纵向经济联系更加紧密、依赖性更强，社会经济资源的配置进一步优化，社会对会计信息的要求和依赖性越来越高，会计在企业中的地位越来越重要。

（2）股份公司的兴起和发展，使集团公司大量涌现，企业合并、破产潮流席卷全球，使财务会计的目标更主要地转向外部报告。

（3）20 世纪 70 年代西方国家和拉美各国经历了严重的通货膨胀，使得货币持续大幅贬值。

（4）国际贸易、投资、跨国经营迅速发展，西方国家不仅推行商品资本和货币资本的国际化，而且大规模实行生产资本的国际化，从而促使国际贸易和投资的不断扩大，突破了企业经济活动以国内为主的特征，产生了大量的跨国公司，从而使国际金融市场也得以形成和发展（贸易投资自由化、跨国经营普遍化、金融国际化、经济一体化）。

上述环境的变化必然产生许多新的会计业务，而这些新的会计业务又都突破了现有财务会计和管理会计的范围，其程序与方法并不能处理这些新业务，主要表现在以下几个方面：

（1）企业集团内部存在着母公司与子公司、子公司与子公司之间以内部价格转移财产或劳务的业务往来，为了全面综合地展现集团公司整体的财务状况，会计期末应编制集团公司的合并报表。如果是跨国性的集团公司，所属国外子公司的财务报表中使用的货币种类与母公司不同时，还应首先进行外币报表的折算，然后再编制合并报表。

（2）在进行国际贸易和国际投资及劳务输出的过程中，必然发生外币兑换、外币交易与折算，以及外币远期合同，套期保值和融资的互换交易等事项。

（3）通货膨胀的存在与发展，必然严重地冲击财务会计的币值稳定假设，如果不采取一定的措施对物价变动影响进行剔除，必然影响会计信息的质量、影响会计信息价值的实现。

（4）国际金融市场的形成，各种衍生金融工具的创新，期货市场和融资租赁业务的发展，必然出现风险及逃避风险，远期汇率与即期汇率，租赁契约与残值担保等一系列特殊问题。

（5）企业的合并、清算与破产，也必然严重冲击会计主体假设与持续经营假设。企业的合并不仅需要编制合并报表，而且在会计处理过程中涉及若干会计主体，会计人员要扮演多种角色，站在不同的立场上，为不同的主体服务；企业的清算与破产，宣告企业的经济活动的终结，原有的企业不复存在，这必然与企业持续经营假设相矛盾，如何进行破产清算，这确实是会计领域的一个新问题。

面对会计领域诸多的新问题，原有财务会计的框架难以容纳，而这些又是财务会计必须解决的问题，因此，必须在原有财务会计的基础上建立一门新的学科来解决这些会计领域的新问题，于是高级财务会计在 20 世纪 60 年代应运而生了。

二、高级财务会计学的理论基础

（一）高级财务会计学理论基础的特征

我们以传统会计的四项会计假设为核心的会计理论体系和以会计目标为核心的会计理

论体系之间相互结合、互相转化的角度来探讨高级财务会计学的理论基础。

以会计假设为核心的会计理论体系由于以一定的前提条件为支撑，其范围必然要受前提条件所制约，很难容纳超越其前提条件的内容，这样，当会计环境发生变化，一些新的经济业务超越了前提条件的限定后，以会计假设为核心的会计理论体系就显得举步维艰，很难支撑下去了。

（二）客观经济环境的变化造成的会计假设松动，是高级财务会计学形成的基础

"松动"有两层含义：一是原有的客观条件发生了较大程度的变化，难以用原有的方式限制和解释；二是原有的条件被客观形势所限，被彻底否定。

1. 会计主体假设的松动

会计主体假设主要是设定会计的服务对象，即限定会计核算的空间范围。但是，经济发展出现的会计业务已向这项假设提出了挑战。如已构成母、子公司关系的企业集团，会计为之服务的主体已具有双重性，会计核算的空间范围处于一种模糊状态。

2. 持续经营假设的松动

持续经营假设为一般财务会计业务设定了前提条件，然而现代经济中的很多因素可能随时导致企业解散、重组或破产，这就是对此假设的否定。

3. 货币计量假设的松动

在实践中，由于存在不同的货币而引发的有关记账本位币的确定和币值不稳而引发的物价变动，由此形成了外币业务会计与物价变动会计。

4. 会计分期假设的松动

会计分期是权责发生制的基础，也是会计确认、计量的依据，但新的业务也冲击了这一假设，如所得税费用的跨期摊配、中期财务报告、期货业务、衍生金融工具等已使得现行的定期财务报告制度难以及时提供有效的信息等。

（三）会计原则的强化和延伸使新会计业务有了固定处理方式，从而促使高级财务会计学单独成科

会计原则的强化，是指原有的、建立在会计假设基础之上的会计原则面临新的经济业务而更进一步发挥了它原有的作用，将其指导思想式的信条贯穿于新的经济业务之中；在新的经济环境下，虽然提出了以会计目标为导向的会计理论体系，但会计原则的作用不仅没有随之减弱，反而得到了进一步的加强，它的加强来自于弥补会计假设变动后出现的理论空缺的需要，同时也是促成高级财务会计业务真正成为新的财务会计处理惯例的理论依据。因此，会计原则的强化和延伸使新的会计业务有了固定的处理方式，从而促使高级财务会计学单独成科。

总之，高级财务会计是随着社会经济的发展，对原有的财务会计内容进行补充、延伸和开拓的一种会计，即利用财务会计的固定方法，对现有财务会计未包括的业务，或者需要深入进行论述的业务以及随着客观经济环境变化而产生的一系列特殊业务进行反映和监督的会计。

第三节 高级财务会计的内容构成

高级财务会计因会计所处的客观经济环境的变化所产生，是客观经济环境发生变化引起会计假设松动后，人们对背离会计假设的特殊会计事项进行理论和方法研究的结果。

一、确定高级财务会计内容的基本原则

1. 以经济事项与四项假设为理论基础确定高级财务会计的范围

属于四个假设限定范围内的会计事项属于中级财务会计的研究范围；背离四个假设的会计事项则属于高级财务会计的研究范围。

2. 与中级财务会计及其他会计课程的衔接

有些会计事项虽然未背离四个基本假设，但并不具有普遍性，而且业务处理的难度也较大，不宜放在中级财务会计中讲述，如商品期货、衍生金融工具、租赁业务、上市公司会计信息披露等。

二、高级财务会计的内容

高级财务会计的内容一般包括企业合并、外币会计、物价变动会计、租赁会计、衍生金融工具会计、独资与合伙会计、分支机构会计、资产减值以及分部报告与中期财务报告等。

三、研究范围

1. 跨越单一会计主体的会计业务

中级财务会计一般只讨论以一个企业为主体的会计业务，具有会计主体单一化的特点，而高级财务会计则注重论述由于会计主体假设松动而产生的多层次、多系统的会计主体及其业务。这样的业务主要表现为大型企业的分支机构会计，企业集团或跨国公司的合并财务报表、分部报告和外币报表折算会计，也可以包括国外非营利组织会计中的基金会计。这样归类需要说明的是：大型企业、企业集团和跨国公司有很多超越中级财务会计的特殊业务，需要高级财务会计处理与解释，如总部、分部之间，母、子公司之间，各分部、各子公司之间的往来业务等。一般地，在大型企业、企业集团和跨国公司会计业务中，单一会计主体的会计业务一般在中级财务会计中讲解，而跨越单一会计主体的会计主体之间、法人与法人之间的会计业务，将放在高级财务会计中讲解。将高级财务会计业务范围作如此划分，既有利于高级财务会计业务的具体实施，也有利于对高级财务会计的深入研究。

2. 仅在某类企业中存在的特殊会计业务

在会计实践中有些业务，如期货、外币和租赁业务，仅在某些企业中发生，不具有普遍性，因此，将此类超越中级财务会计内容的特殊业务也归为高级财务会计。之所以进行这样的划分，着眼点在于中级财务会计主要是讲述所有企业普遍存在且内容相对稳定的会计业务和事项，这样可以使中级财务会计的内容更加稳定、规范，易于深入论述，便于从具体业务中推导和归纳其基本理论、基本原则和基本方法；而对企业因经营需要而从事的非一般会计业务，也就是较有特色的会计业务，就有必要另设课程，分开阐述。

3. 在某一特定时期发生的会计业务

特定时期发生的会计业务是专指诸如企业解体、破产清算时，企业合并和改组时，或者是社会发生较大的物价变动时所产生的会计业务。这类业务的特征是：虽然企业清算只是个别企业的事情，但应将这种业务在会计期间上作特殊处理，即将清算的起止日期专门作为一个特殊的会计期间处理；而物价变动虽然涉及的企业多、范围广，但在会计处理上还有“反映价格变动影响的财务报告”和“恶性通货膨胀经济中的财务报告”之分，因此根据此类会计业务在时期方面的特征，将其划分为特定时期发生的会计业务。总之，此类

会计业务具有时间性的特点，即只是在某个时期内才会发生的会计业务，处理此类业务的时间概念特别重要。这也可以看成是会计环境在时间上的表现。

4. 与特种经营方式企业紧密相关的特有会计业务

特种经营方式企业主要指公司制企业，同时也包括独资企业和合伙企业。这类企业的特有会计业务主要是指公司制企业在组建和经营期间的信息披露和中期财务报告，并要紧密结合我国现行的法律、法规，突出我国公司制企业的特色，当然也应包括独资企业会计和合伙企业会计在所有者权益方面的特有内容。

5. 一些特殊经营行业的会计业务

特殊经营行业并不是我国一般提及的工业、农业、商业等，而是指诸如租赁公司、期货公司及与之相类似的经纪人公司等在业务经营上有独特之处的行业。对于这些行业，我国的会计制度有的已经做出规范，如租赁业务；有的尚未深入涉及，如期货业务，其业务处理也较为复杂。但由于这样的会计业务与承租企业、期货投资企业等的会计业务相对应而存在，双方有着相互依存、互为补充的关系，因此也将其纳入高级财务会计的内容。所以，根据高级财务会计的内容要求，我们在本书里设置了 12 章，并且尽可能地根据我们国家的实际情况，结合最新的《企业会计准则》 内容以及此后财政部发布的《企业会计准则应用指南》等其他相关内容规定，结合我国的会计实务和高等会计教育的现实情况，从理论上来探讨这些具体内容。

四、高级会计学的研究方向

1. 以中级财务会计学为起点，进行深层次的研究

由于高级财务会计是为会计专业高年级本科生、研究生或高层次的研讨班开设的课程，因此高级财务会计所述内容既要与中级财务会计相区别，又要对其进行补充深化，使两者共同形成一个完整的理论方法体系。这一点不仅要表现在各章节内容的安排设置上，也要体现在各章节的具体内容之中。对每一章的内容进行必要的、更深层次的理论探讨，并按不同于中级财务会计的方式，从不同的角度进行范围更为广泛的例题演示。

2. 以各个有特色的会计业务为核心，进行专题研究

与中级财务会计不同，高级财务会计体系是由一系列专题组成的。在对每一专题进行探讨时应遵循的原则是：问题一经提出就要尽可能将其交代清楚，既不回避难点，又不故弄玄虚；如果所阐述的问题会涉及另外的交易或事项，如租赁业务的承租人与出租人，则尽量在说清一个方面的同时也把另一方面的相关内容介绍清楚；对一些内容相近但又有区别的会计业务，如企业解散清算与破产清算、外币业务与外币报表折算等，则尽量分析它们之间的相互关系，从相同与相异两个方面说清理论，探讨实际业务处理中的特殊之处。

3. 理论与实务紧密结合，重视业务分析和实例演示

与中级财务会计相比，高级财务会计在理论阐述与应用业务举例之间的关系结合方面也有其特色。中级财务会计的理论大都集中于会计假设与会计原则的解释，各会计要素的说明，以及对各会计要素的确认和计量方面。由此也就形成了中级财务会计理论部分相对集中，一般集中在教材的第一章和各章中的第一节，实务部分大都在以后各章、各节中说明，形成了理论阐述与处理方法演示界限分明的结构体系。但是，高级财务会计不仅有着不同于中级财务会计的理论基础，而且各个专题中还有其各自的基础理论和与各专题事项相关的会计理论、特有处理方法等。可以说，高级财务会计各专题的内容在与之相关的确

认、计量等方面都有理论上的独特之处，也有与其实际业务联系紧密的、各具特色的业务处理程序和方法等。这样，各个专题就形成了一个个与传统会计理论大相径庭的专门系列。为此，恰当处理高级财务会计各专题中理论阐述与业务处理之间的关系非常重要，所以，以业务分析为中心，侧重于实例演示应是正确的选择。

4. 坚持“趋同”原则，着重分析和解决我国的实际问题

国际会计准则是在全球经济一体化、资本市场全球化迅速发展的背景下，为便利各国企业资本运作、融资和业务往来而产生发展起来的国际通用的“会计语言”。但由于各国的财务报告、审计和税收等理论和实务都存在诸多差异，会计的多样性等问题需要进行国际协调。我们应坚持在与国际会计准则趋同的基础上，保留中国会计的特色，让国际会计准则的部分或更多的内容向我国靠近，同时我们也要积极推进会计教育的国际化。

本章小结

20 世纪 40 年代以前，社会经济的规模和水平，国际经济交流发展的程度以及市场物价长期处于较为稳定的水平，使得 20 世纪 40 年代后期所成型的财务会计的主体，一般为控制一定经济资源进行经济活动并独立进行会计核算的单一经济实体，资产的计价也是建立在币值不变的历史成本原则基础之上的，因此，当时成型的这种财务会计称为“一般财务会计”或“传统财务会计”，即今天意义上的中级财务会计。

第二次世界大战后，特别是从 20 世纪 60 年代开始，由于西方世界科技技术领域取得的突破性进展，以及由此而带动的全球经济迅速发展，使世界经济环境发生了巨大的变化。股份公司的兴起和发展，使集团公司大量涌现，使财务会计的目标更主要地转向外部报告；国际贸易、国际投资、跨国经营迅速发展，西方国家不仅推行商品资本和货币资本的国际化，而且大规模实行生产资本的国际化，从而促使国际贸易和投资的不断扩大，突破了企业经济活动以国内为主的特征，产生了大量的跨国公司，从而使国际金融市场也得以形成和发展；20 世纪 70 年代西方国家和拉美各国经历了严重的通货膨胀，使得货币持续大幅贬值。当以传统财务会计理论和方法不足以核算和监督这些特殊会计业务，充分提供必需的会计信息时，就要通过不断的会计实践和总结，建立新的会计理论和方法，因而使会计这一经济管理活动在传统财务会计的基础上进一步发展，产生了高级财务会计。

高级财务会计是运用传统的财务会计理论与方法，对在新的经济条件下出现的一般财务会计中不予包括或不经常发生的企业特殊经济业务进行核算和监督，向与企业有经济利害关系者提供有用的决策会计信息的经济管理活动。从高级财务会计的产生可以看出，它主要是核算和监督那些在新的社会经济条件下出现的，传统财务会计中不予涉及或未广泛深入涉及的各种“特殊经济业务”，具体内容包括企业合并业务、外币业务、物价变动业务、租赁业务、衍生金融工具业务、合伙企业业务等；研究范围包括跨越单一会计主体的会计业务；仅在某类企业中存在的特殊会计业务；在某一特定时期发生的会计业务；与特种经营方式企业紧密相关的特有会计业务和一些特殊经营行业的会计业务。高级会计学的研究方向以中级财务会计学为起点，进行深层次的研究；以各个有特色的会计业务为核心，进行专题研究；理论与实务紧密结合，重视业务分析和实例演示；进行多方位比较，坚持“趋同”原则，着重分析和解决我国的实际问题。

复习思考题

1. 高级财务会计产生的基础是什么？
2. 与中级财务会计相比，高级财务会计具有哪些特点？
3. 高级财务会计产生的依据是什么？
4. 高级财务会计应包括哪些内容？
5. 高级财务会计与会计学原理、中级财务会计之间有什么联系与区别？

个案分析

百富勤的破产

杜辉廉和梁伯韬于1988年创办百富勤时，获得多位华人大亨襄助，其中包括李嘉诚、胡应湘等。公司初期主营业务为商人银行和证券买卖。百富勤是1989年9月从李嘉诚手上购入广生行的，当时百富勤成立只有1年，股本只有3亿港元，而广生行市值逾14亿港元，有70多年历史。从20世纪80年代末期中国香港踏入过渡期后期开始，中国内地省市部门在港的“窗口”企业的业务性质发生重大变化，由过去的贸易和引入外资角色，转为在港积极寻找投资机会，上市集资，实行以小控大。此时，梁伯韬就利用这些新的业务机会，将百富勤和中国香港股市带向新的一页。1989年，港股大幅波动，百富勤借机扩展，除收购广生行之外，1990年2月从香植球手上收购泰盛国际，改名为百富勤投资。在邓小平1992年南方谈话之后，上海快速发展，急需资金，梁伯韬协助安排上海在港“窗口”单位——上海实业上市，实行透过集资——发股注资大规模往上海引入资金，并带动了中国香港的红筹热，梁伯韬个人因此得到“红筹之父”的美誉。百富勤安排多家国企A股上市，为国企筹集大批资金。1996年5月，百富勤为北京控股安排上市，获得1 200多倍的超额认购，更成为百富勤最风光的日子。

1994年公司定息债券部门成立后，定息债券及票据营业额发展速度惊人，1995年的营业额约674亿港元，1996年则增至1 430多亿港元。尽管这些债券是协助有关公司发行的，没有赎回责任，但按一般惯例，发行债券的投资银行往往要做自己发行债券及票据的“庄家”，以保证债券及票据可随时成交。证券商一般不把这类债券作为长期持有资产，而是通过买卖账户入账。1996年，集团的此类资产达73.1亿港元，1997年更是大幅增加，由于坐庄的资金大多来自银行借款，不可能把全部债券及票据都通过对冲交易保值，只能部分地做对冲保值，存在一定的潜在风险。百富勤1996年上半年曾获得11.3亿港元的营业盈利，到11月中宣布前10个月业绩时，营业盈利已下降至不足9亿港元，反映出其间（7月至10月）4个月内有逾2.3亿港元的营业亏损，其中包括为东南亚债券业务所做的6 500万港元的准备金。

1997年下半年东南亚金融危机后，百富勤的情况发生了很大变化。据称该集团在印尼的借贷和投资将近6亿美元，由于印尼盾的持续下跌，这些投资和贷款发生了重大损失，尤其是定息债券（这些债券以有关国家货币计值，到期由发行公司以美元购回，百富勤负责推销给其他机构投资者）损失惊人，账面损失高达10亿美元，约合77.5亿港元，加上其他部门的亏损，总损失达100多亿港元，出现严重的支付困难。但百富勤两位创办人梁伯韬和杜辉廉不气馁，积极寻找新的投资人和新项目，挽救百富勤，并在1997年11

月 16 日宣布与苏黎世集团达成入股协议。但是，人算不如天算，1997 年 11 月前后，金融风暴蔓延到中国香港和台湾地区，进而影响到韩国与日本，亚洲经济面临崩溃，苏黎世及时收手，宣布取消入股百富勤，把百富勤推向绝路。1998 年 1 月，百富勤被强制清盘。

百富勤宣告破产不久，法国国家巴黎银行随即入主百富勤，梁伯韬和员工都进入了新公司。法国国家巴黎银行看中的正是百富勤的银行业务，果然后来的百富勤不负众望，在中国香港创业板市场上又一次大显身手。

要求：试分析百富勤破产倒闭的主要原因。

第二章

合并会计

学习目标

本章阐述了企业合并会计的基本概念和基本原则，是进一步学习合并财务报表的理论准备。通过学习，要求掌握企业合并的含义和实质；理解企业合并的内外动因；掌握同一控制与非同一控制的会计处理方法。

第一节　企业合并的含义和分类

一、企业合并概述

美国著名经济学家、诺贝尔经济学奖获得者施蒂格勒（Stigler）曾经说过：“没有一个美国的大公司不是通过某种程度、某种方式的合并而成长起来的，几乎没有一家大公司是靠内部扩张成长起来的”。企业合并是资本扩张的重要手段，通过合并实现资源的优化配置是资本经营的重要功能之一。合并是近一个多世纪以来世界市场经济迅速发展的一个重要特点。

企业合并在不同的国家出现在不同时期。以市场经济最为发达的美国为例，从 19 世纪末至今，一百多年间已经经历了五次兼并浪潮。企业合并理论也成为经济学界最活跃的研究领域之一，其中研究最为广泛的是并购动因理论。目前，学术界提出了差别效率理论、经营协同效应理论、战略性重组理论等多种理论。

中华人民共和国成立以来，我国主要经历了两次企业合并浪潮：

（1）中华人民共和国成立初期，对民族资本主义工商企业进行的公私合营，其目的是改变企业的所有制性质，使这些企业成为社会主义公有制性质的企业；

（2）20 世纪 80 年代末以来，随着经济体制改革的深入而掀起的企业合并浪潮，其目的在于优化经济资源的配置和组合，推动社会生产力的发展。

企业合并的过程又可以分为四个阶段：起步阶段（1984—1987）、第一次合并高潮（1988—1989）、低落阶段（1989 年下半年—1992 年年初）、第二次合并高潮（1992 年至今）。由此产生了消费亏损理论、破产替代理论、强壮民族工业理论、资源优化配置理论等关于企业合并的动因研究。

由于在我国经济体制转轨过程中所发生的企业合并，是在特殊的社会经济背景下形成的，因而早期，我国的企业合并及其理论带有鲜明的中国特色。其特点是：合并的动机不仅来自于企业本身，而且来自于政府部门，甚至有时政府部门的动机强于企业本身，政府的推动在中国企业合并中起了相当大的作用。以下是一些典型的合并案例。

（1）1999 年 6 月，经中国证监会批准，清华同方与鲁颖电子采用股权交换的方式正式合并。证监会的批准表明它对换股合并方式及所采用会计方法的肯定。这是我国首起以股权交换方式完成的合并，在证券市场上产生了很大影响。

（2）2000 年 7 月 18 日，华能国际电力股份有限公司和山东华能发电股份有限公司在北京签署了具有战略意义的吸收合并协议。根据该协议，在合并生效后山东华能将并入华能国际，华能国际为存续公司。山东华能的所有股东将放弃所持有的山东华能的全部股份，华能国际以每股 1.34 元人民币的价格向山东华能的境内和境外股东一次性支付现金对价，总金额约为 57.68 亿元人民币。这项合并是当时我国上市公司之间进行的最大规模的购并交易。

（3）2010 年 3 月 28 日，中国浙江吉利控股集团有限公司宣布与福特汽车签署最终股权收购协议，7 月 29 日获得中国政府部门的批准，8 月 2 日在伦敦进行交割仪式，以 18 亿美元收购沃尔沃轿车公司 100%的股权，总收购金额为 18 亿美元。

（4）2013 年 2 月 26 日，中国海洋石油有限公司宣布完成收购加拿大尼克森公司的交易，收购尼克森的普通股和优先股的总对价约为 151 亿美元，并承担 43 亿美元的债务，总交易价达 194 亿美元，尼克森成为中海油的全资子公司。这是中海油乃至中国企业当时完成的在海外的最大一宗收购案。

（5）2014 年 1 月 30 日，联想集团正式从谷歌收购摩托罗拉移动。根据双方达成的协议，收购价约为 29.1 亿美元，包括在收购完成时支付 14.1 亿美元，其中包括 6.6 亿美元的现金，以及 7.5 亿美元的联想普通股股份支付，而余下的 15 亿美元将以 3 年期本票支付。

（6）2015 年 2 月的情人节，滴滴和快的“闪婚”就像是倒下的第一张多米诺骨牌。在随后不到 1 年的时间里，58 同城牵手赶集网、美团拥抱大众点评、携程联合去哪儿、百合网联姻世纪佳缘，这些过去竞争多年的对手们相继合并。

（7）2016 年 1 月 11 日，蘑菇街和美丽说通过内部邮件确认合并，整个交易以完全换股的方式完成，蘑菇街和美丽说按 2∶1 的对价完成合并，这也成为了 2016 年互联网合并第一案。

二、企业合并的定义、范围和动因

（一）企业合并的定义

企业合并这一概念在世界各国有不同的表述，有的称为联合，有的称为购并，有的称为兼并，这些概念都是指企业间的交易或事项，将两个或两个以上企业的资产置于一个共同管理集团的控制之下，实质上成为一个经济主体。1988 年修订的国际会计准则委员会第 22 号会计准则（IAS22）《企业合并》中关于企业合并的定义是：企业合并（business combination，简称合并）是指通过一个企业与另一个企业的联合或获得对另一个企业净资产的控制权和经营权，而将各独立的企业组成一个经济实体。

国际会计准则理事会（IASB）发布的《国际财务报告准则第 3 号——企业合并》中关于企业合并的定义是：将单独的主体或业务集合成为一个报告主体。

自 2007 年 1 月 1 日起，我国企业会计准则体系和审计体系正式实施。《企业会计准则第 20 号——企业合并》（CAS No.20）中关于企业合并的定义是：企业合并是将两个或两个以上单独的企业合并形成一个报告主体的交易或事项。是否形成企业合并，关键看交易或事项发生前后，是否引起报告主体的变化。

一般地，法律主体即报告主体，但报告主体还包括从合并财务报告角度，由母公司及其能够控制的子公司形成的基于合并财务报告意义的报告主体。报告主体的变化产生于控制权的变化，在实务中，应当遵循实质重于形式的原则。企业合并是一项交易还是事项，是关于企业合并的性质问题。如果是交易则决定公允价值的使用，如果是事项则决定账面价值的使用。

（二）企业合并的范围

某些交易或事项因不符合企业合并的界定，不属于企业合并准则的规范范围，或者虽然从定义上属于企业合并，但因交易条件等各方面原因的限制，不包括在企业合并准则的规范范围内。

1. 购买子公司的少数股权

购买子公司的少数股权，是指在一个企业已经能够对另一个企业实施控制，双方在存在母子公司关系的基础上，为增加持股比例，母公司自子公司的少数股东处购买少数股东持有的对该子公司的全部或部分股权。

2. 其他不按照企业合并准则核算的情况

（1）两方或多方形成合营企业的企业合并，主要是指作为合营方将其拥有的资产、负债等投入所成立的合营企业，按照合营企业章程或是合营合同、协议的规定，在合营企业成立以后，由合营各方对其生产经营活动实施共同控制的情况。

因合营企业的各合营方中，并不存在占主导作用的控制方，不属于准则中界定的企业合并。

（2）仅通过合同而不是所有权份额将两个或者两个以上的企业合并形成一个报告主体的交易或事项。

企业合并概念强调了两点：一是参与合并的企业在合并前是彼此独立的，而合并后，它们的经济资源和经营活动由单一的管理机构来控制，所以，企业合并的实质是取得控制权；二是强调了单一的会计主体，即企业合并是原本彼此独立的企业合并成一个会计主体。企业合并是企业发展的需要。在市场经济条件下，随着企业间竞争的日益激烈，企业寻求发展的有效途径之一便是进行企业间的联合。

（三）企业合并的动因

企业合并最根本的目的在于追求价值的最大化。企业合并的最主要的原因是能促使企业加速成长、降低成本、减少或规避风险。企业的发展扩张有其内在动力和外在压力，而企业合并是其谋求利益、增强竞争力的有效途径。换句话说，企业合并既有内在动因，也有外在动因。

企业合并的内在动因主要包括以下几个方面：

（1）节约成本。一般来说，一家企业通过合并其他企业取得所需的设备和生产能力，比自己新建同样的设备、形成同样的生产能力成本要低。

（2）降低风险。购买已有的产品生产线，接受现有的市场，比开发新产品、开拓新市场的风险要小。当企业以分散风险为目的进行企业合并时尤其如此。

（3）能较早利用生产能力。通过企业合并取得的生产设备能够在短期内投入运行，转化为生产能力；而企业新建设备要花较长时间，从而贻误生产时机。

（4）取得特殊资产。取得特殊资产往往是企业合并的重要动因。特殊资产可能是一些对企业发展至关重要的专门资产。例如，土地是企业发展的重要资源，一些有实力、有发展前景的企业往往会由于狭小的空间而难以扩展，而另一些经营不善、市场不景气的企业却占有较多的土地和优越的地理位置，这时，优势企业就可能合并劣势企业以获取土地等特殊的资源。另外，通过企业合并，也可能是为了获取目标企业所拥有的专利权、专营权、技术诀窍、优越的地理位置、有经验的员工等特殊资产。

（5）税收优惠。税法一般包含亏损的递延条款，若被合并企业前几年发生亏损，且未能经由前抵所吸收时，这一亏损可以后抵至以后产生盈余的年度。某些国家，如美国，税法上允许将这一亏损转移给合并企业。若合并企业的所得税为正数，则该亏损可以作为其课税所得的减项，因而减少其所得税负担。此外，若合并以后，合并企业及被合并企业在法律上仍为独立个体，则可事先规划，采取合并报税或分开报税的方式，使企业整体的税负达到最低。

（6）谋求管理协同效应。对于企业管理者来说，通过企业合并可以扩大企业规模，从而提高他们的地位。若企业有一支高效率的管理队伍，有剩余的管理能力，则该企业可以合并那些管理效率低下的企业，实现管理资源的融合，提高管理资源的利用效率。

企业合并的外在动因主要包括以下几个方面：

（1）国家的产业政策。产业结构是指一个国家产业间的比例及相互关系。一个国家产业结构的调整，产业政策的变化，在一定程度上会加剧企业间的合并。

（2）企业产权结构和治理结构的状况。企业的合并活动深受企业产权结构和治理结构的影响。如果企业的股权比较分散，市场在企业治理结构中起导向作用，则合并容易发生；反之，则合并较难发生。

（3）市场竞争的程度。市场竞争越激烈，为增强竞争力，就越需要不断地发展壮大自己，也就越激发企业的合并行为。

（4）资本市场和信用制度的发达程度。资本市场和信用制度的发达，可以大大降低企业合并的成本。另外，资本的国际化程度也会影响企业合并的范围。

（5）法律法规。企业合并有时可能导致垄断，而市场经济要求维护竞争，反对垄断，因此，对企业合并的方式及活跃程度受限于法律法规上的限制和保护。

三、企业合并的分类

企业合并可按不同的标准进行分类。

（一）企业合并的产业模式

按合并的产业模式不同，企业合并分为横向合并、纵向合并和混合合并三种。

1. 横向合并

横向合并又称水平式合并，是指同属一个产业或行业部门，生产和销售同类产品的企业间的合并行为。横向合并可以扩大现有经营范围的规模，使生产进一步社会化，可使企业获得规模效益，推动生产力的发展。

2. 纵向合并

纵向合并又称垂直式合并，是指生产过程或经营环节相互衔接，联系密切的企业间的合并行为。纵向合并可以扩大生产经营规模，节约通用设备等；可以加强生产过程各环节的配合，有利于协作化生产；还可以加速生产流程，缩短生产周期，节省运输仓储费用和其他资源等。

3. 混合合并

混合合并又称复合合并，是指相互之间没有直接的投入产出关系和技术经济联系的、不同行业的企业间的合并行为。混合合并可使企业降低经营风险，获取稳定的利润。

（二）企业合并的产权模式

按合并的产权模式不同，企业合并分为吸收合并、创立合并和控股合并三种。

1. 吸收合并

吸收合并又称存续合并，是指一个或几个企业并入一个企业的交易行为。这种合并的主要特征是：

（1）合并后，被合并企业放弃法人资格，宣布解散或成为合并企业的一个部门，其所有的资产由合并企业接管；合并企业保持原有名称并接受被合并企业的资产、债务等。

（2）企业合并是有偿的，通过有偿转让，将一方的所有权转让给另一方。

（3）企业的财产所有权和法人所有权同时有偿转让，企业资产实物形态随合并的完成而整体流动。

2. 创立合并

创立合并又称新设合并，是指两个或两个以上企业合并成立一个新企业的交易行为。这种合并的主要特征是：

（1）各自以丧失自身法人资格为代价，以新的法人面貌组成新的经济主体。

（2）合并建立在平等的基础上，合并各方法人所有权的转让是无偿的，并连带将各自企业资产的使用权、支配权、收益权等一并转让给合并后新成立的企业。

（3）合并各方资产的所有权没有转让，其所有权仍属于合并各方的所有者，只是以合并后新企业所有权的形式出现。

3. 控股合并

控股合并是指一个企业购并另一个企业有投票表决权的股份，且达到控制的状态，从而建立母子公司关系。母公司或控股公司是指对其他企业拥有控制权的企业，而被母公司控制的企业则称为子公司或附属公司。控股合并的主要特征是：

（1）合并后，无论是母公司还是子公司，在法律上都是独立的经济主体和法律主体，各公司仍然继续存在。

（2）合并企业通过购并对被合并企业的股票实施了控制，但对被合并企业原有的债务不承担连带责任，而只以入股的金额为限承担风险。

（三）参与合并的企业是否受同一方或相同的多方最终控制

在企业合并会计准则中，根据参与合并的企业是否受同一方或相同的多方最终控制，企业合并可以分为同一控制下的企业合并与非同一控制下的企业合并两类。

1. 同一控制下的企业合并

所谓同一控制下的企业合并，是指参与合并的企业在合并前后均受同一方或相同的多方最终控制且该控制并非暂时性的。这种合并的主要特征是：

（1）从最终实施控制方的角度来看，其所能够实施控制的净资产没有发生变化。

（2）由于参与合并的企业是受同一方或相同的多方控制，有些合并不是企业自愿的，所以交易往往不是按公允价值进行的，很难以双方议定的价格作为核算基础。

2. 非同一控制下的企业合并

所谓非同一控制下的企业合并，是指参与合并的企业在合并前后不受同一方或相同的多方最终控制且该控制是暂时性的。这种合并的主要特征是：

（1）参与合并的企业不受同一方或相同的多方控制，企业合并大多是出自企业自愿的行为。

（2）交易过程中各方出于自身利益的考虑会进行激烈的讨价还价，交易以公允价值为基础，作价相对公平合理。

总之，企业合并可以通过四种途径实现：一是支付现金，即以现金购买另一企业的股权或净资产。二是转让非现金资产，即以非现金资产置换另一企业的股权或净资产。三是承担债务，即以承担另一企业的债务为条件接收其资产或股权。四是发行权益性证券，即通过发行权益性证券置换另一企业的股权或净资产，一般是通过发行股票的方式来实施置换的。

企业合并会产生如下几个结果：①合并企业双方的法人资格都继续存在，它们之间形成母子公司的关系；②合并一方的法人资格继续存在，另一方的法人资格取消，并入到存续企业；③成立一家新企业，原合并各方的法人资格取消，都并入到新成立的企业；④成立一家新企业，原合并各方的法人资格继续存在，成为新成立企业的全资子公司。

第二节　同一控制下企业合并的会计处理

同一控制下的企业合并的会计处理，是从合并方出发，确定合并方在合并日对于企业合并事项应进行的会计处理，主要包括确定合并方和合并日；确定企业合并成本；确定合并中取得的有关资产、负债的入账价值及合并差额的处理。

一、同一控制下企业合并的处理原则

（1）合并方在企业合并中确认取得的被合并方的资产、负债仅限于被合并方账面上原已确认的资产和负债，企业合并中不产生新的资产和负债。

（2）合并方在企业合并中取得的净资产的入账价值相对于为进行企业合并支付的对价账面价值之间的差额，不作为资产的处置损益，不影响企业合并当期的利润表，有关差额应调整所有者权益的相关项目（资本公积）。

（3）合并中不涉及商誉的确认。

（4）对于同一控制下的控股合并，体现在其合并财务报表上，即由合并后形成的母子公司构成的报告主体，无论是其资产规模还是其经营成本都应持续计算。

二、同一控制下企业合并的会计处理

企业单位在开展生产经营过程中所发生的各种经济活动都会引起资产、负债和所有者权益发生变化，这些经济活动在会计上称为“经济业务”或“会计事项”。

所谓“经济业务”或“会计事项”是指企业在生产经营过程中所发生的可用货币表现并能引起会计要素变化的一切业务或事项。经济业务可分为外部经济业务和内部经济业务。“外部经济业务”，通常又称为“交易”，是指一种特定的外部事项，即两个或多个会计主体之间转交价值物（未来经济利益）的外部事项，如向银行借款、购进原材料、支付水电费、销售产品、上交税金等。“内部经济业务”，通常又称为“事项”，是指企业内部发生的经济业务，如计提折旧、工资费用的分配、成本的结转、费用的摊销等。

同一控制下的企业合并是对合并各方资产、负债重新组合的会计事项，需采用账面价值进行计量，一般账务处理采用权益结合法；也就是说，在权益结合法下，既可以使用控股合并，也可以采用吸收合并或新设合并。

权益结合法（pooling of interests）又称权益集合法、换股结合法和联营法。权益结合，顾名思义就是合并双方的资产、负债和所有者权益的结合，即参与合并的双方，通过股权的交换形成的所有者权益的结合，而非资产的交易，合并后，股东在新企业中的股权相对不变。各自账上的资产和负债转为集团公司（存续公司）的资产和负债，同时，总的所有者权益为参与合并的各方的所有者权益之和。

与此形成鲜明对比的是，在购买法下，集团公司合并后的所有者权益仍为母公司购并后的所有者权益。

权益结合法不影响原有股权的变动，不存在对原有资产的清算，也不引起经济资源的流出。因此，所有者权益继续存在，以前的会计基础保持不变，资产和负债的计价不须调整为公允价值，不存在商誉，合并前后的收益仍归合并双方的所有者。

这样，参与合并的各公司的资产、负债继续按原来的账面价值记录，不存在商誉的确定和摊销；合并后企业的利润不仅包括合并日之前本年度已实现的利润，以前年度累积的留存收益也予以合并。

合并企业（合并方）付出的代价（付出资产、举借债务、出让股权等）与获得的对价（即被合并方净资产的账面价值）往往不相等，此时，应当增、减资本公积。在减记资本公积的情况下，如果资本公积不够冲减，则依次冲减盈余公积和未分配利润。在吸收合并下，上述增减记录体现在存续企业的个别财务报表中；在控股合并下，上述增减记录则体现在合并财务报表中。

总结：合并方付出的代价与收到的对价一律按照账面价值计算，差额计入所有者权益。

合并方的各项直接费用，包括为进行企业合并而支付的审计、评估、法律服务等费用，直接计入当期损益。

为进行企业合并而发行债券或举借债务所支付的手续费、佣金等，应当计入所发行债券及其他债务的初始计量金额。

为进行企业合并而发行股票所支付的手续费、佣金等，应当冲减股票溢价收入，溢价收入不够冲减的，冲减留存收益。

（一）同一控制下的控股合并

同一控制下的控股合并中，合并方在合并日涉及两方面的问题：一是对于因该项企业合并形成的对被合并方的长期股权投资的确认和计量；二是合并日合并财务报表的编制。

1. 长期股权投资的确认和计量

按照《企业会计准则第 2 号——长期股权投资》的规定，同一控制下企业合并形成的长期股权投资，合并方应以合并日应享有被合并方账面所有者权益的份额作为形成长期股权投资的初始投资成本。长期股权投资的初始投资成本与支付的现金、转让的非现金资产以及承担债务的账面价值之间的差额，应当调整资本公积；资本公积不足冲减的，再调整留存收益。

【例 2-1】2×16 年 6 月 30 日，P 公司向同一集团的 S 公司的原股东定向增发 1 000 万股普通股（每股面值为 1 元，市价为 8.68 元），取得 S 公司 100%的股权，并于当日起能够对 S 公司实施控制。合并后 S 公司仍维持其独立法人资格继续经营。两公司在合并前采用的会计政策相同。合并日，S 公司所有者权益的总额为 4 404 万元。

解：S 公司在合并后仍维持其独立法人资格继续经营，合并日 P 公司应确认对 S 公司的长期股权投资，其成本为享有 S 公司账面所有者权益的份额。

借：长期股权投资	44 040 000	
贷：股本		10 000 000
资本公积——股本溢价		34 040 000

2. 同一控制下的控股合并账务处理

按照企业会计准则的规定，对于同一控制下的企业合并应采用类似于权益结合法的核算方法。权益结合法视企业合并为企业资源的结合，认为是两家或两家以上原企业所有者风险和利益的结合，因此不要求对被购买企业的资产加以重估，即按原有账面价值入账。由于合并前企业及合并后形成的企业均受同一方最终控制，从能够实施最终控制的一方来看，其能够控制的资产、负债在合并前后没有发生变化，合并方对于合并中取得的资产和负债原则上应当按照被合并方的原账面价值确认和计量。

【例 2-2】A、B 公司分别为 P 公司控制下的两家子公司。A 公司于 2×16 年 3 月 10 日自母公司 P 处取得 B 公司 100%的股权，合并后 B 公司仍维持其独立法人资格继续经营。为进行该项企业合并，A 公司发行了 600 万股本公司普通股（每股面值 1 元）作为对价。假定 A、B 公司采用的会计政策相同。合并日，A 公司及 B 公司的所有者权益构成见表 2-1。

表 2-1　**合并日，A 公司及 B 公司的所有者权益构成**　单位：元

A 公司	
股本	36 000 000
资本公积	10 000 000
盈余公积	8 000 000
未分配利润	20 000 000
合计	74 000 000
B 公司	
股本	6 000 000
资本公积	2 000 000
盈余公积	4 000 000
未分配利润	8 000 000
合计	20 000 000

A 公司在合并日应进行的账务处理如下：

借：长期股权投资 20 000 000

　贷：股本 6 000 000

　　资本公积——股本溢价 14 000 000

本例中 A 公司在确认对 B 公司的长期股权投资后，其资本公积的账面余额为 24 000 000 元（10 000 000+14 000 000）。

进行上述处理后，A 公司在合并日编制合并资产负债表时，对于企业合并前 B 公司实现的留存收益中归属于合并方的部分（12 000 000）应自资本公积（资本溢价或股本溢价）转入留存收益。

在合并工作底稿中，应编制以下调整分录：

借：资本公积 12 000 000

　贷：盈余公积 4 000 000

　　未分配利润 8 000 000

【例 2-3】金山集团计划将旗下的东方公司、南方公司合并，合并的计划如下：南方公司以控股合并的方式兼并东方公司，为此南方公司将拿出现金 15 000 万元，同时承担东方公司所欠飞跃公司的 5 000 万元债务，兼并后南方公司共持有东方公司 55%的股份。

分析：我们由已知条件可以判定此合并是同一控制下的合并，其中南方公司为合并方。因而，南方公司在计算长期股权投资成本时应以所支付的现金及所承担债务的账面价值为基础。

南方公司在合并日应进行的账务处理如下：

借：长期股权投资——投资成本 200 000 000

　贷：库存现金 150 000 000

　　应付账款 50 000 000

东方公司应进行的账务处理如下：

借：库存现金 150 000 000

　　应付账款 50 000 000

　贷：股本 200 000 000

【例 2-4】金种子公司计划将旗下的东方公司、南方公司合并。合并计划如下：南方公司以控股合并的方式兼并东方公司，为此南方公司将应收 5 000 万元的债权转予东方公司，该债权已提取 2 000 万元的坏账准备。另将自己生产的 60 台机械设备转予东方公司，这些机器作为东方公司的固定资产使用，每台售价 50 万元，成本 28 万元。兼并后南方公司持有东方公司 55%的股份。

分析：从已知条件可以判定此合并是同一控制下的合并，其中南方公司为合并方，南方公司为兼并东方公司的长期股权投资成本为：3 000 万元的应收债权及转移的视同销售的 60 台机器设备。

此时，南方公司应进行的账务处理如下：

借：长期股权投资——投资成本 51 900 000

　　坏账准备 20 000 000

　贷：应收账款 50 000 000

贷：库存商品　16 800 000

应交税费——应交增值税（销项税额）　5 100 000

东方公司应进行的账务处理如下：

借：固定资产　21 900 000

应收账款　50 000 000

贷：实收资本　51 900 000

坏账准备　20 000 000

（二）同一控制下的吸收合并和新设合并

同一控制下的吸收合并和新设合并在合并后只存在一个主体，参与合并的双方将按资产、负债和净资产的账面价值转记到新的合并公司账上，因而，只需在合并当时进行即可，不存在合并后合并报表的编制问题。需要注意的是，以不同的股票数量进行交换合并，对合并后权益结构会产生不同的影响。

在吸收合并和新设合并的情况下，合并方在合并日取得资产和负债的入账价值，应当按照被合并方的原账面价值确认。合并方对相关资产和负债所采用的会计政策与被合并方不同的，应当对取得的资产和负债进行调整，按调整后的账面价值进行确认。合并方确认取得的净资产账面价值与所放弃净资产账面价值的差额，以及以发行权益性证券方式确认的净资产账面价值与发行股份面值之间的差额，调整资本公积和留存收益。

【例 2-5】南方公司采取吸收合并的方式合并东方公司。南方公司将向东方公司的母公司支付 6 500 万元现金。东方公司的资产负债表简表见表 2-2。

表 2-2　**东方公司资产负债表简表**　单位：万元

资产	金额	负债和所有者权益	金额
货币资金	1 000	应付账款	4 000
应收账款	500	短期借款	600
存货	600	实收资本	3 500
固定资产	6 000		
合计	8 100	合计	8 100

解：由于吸收合并后东方公司已经不再存在，东方公司原资产与负债由南方公司继承，所以这里不存在东方公司的会计处理。

南方公司应进行的账务处理如下：

借：货币资金　10 000 000

应收账款　5 000 000

存货　6 000 000

固定资产　60 000 000

资本公积　30 000 000

贷：应付账款　40 000 000

短期借款　6 000 000

银行存款　65 000 000

【例 2-6】胜利公司与利达公司于 2×16 年 7 月 1 日进行换股合并，合并后，利达公司随即解散。合并前胜利公司资产总额为 500 000 元，负债总额为 250 000 元；利达公司资产总额为 400 000 元，负债总额为 250 000 元，双方的股东权益结构见表 2-3。

表 2-3 **2×16 年 7 月 1 日合并双方股东权益表** 单位：元

项　目	胜利公司	利达公司	合　计
股本（每股面值1元）	200 000	100 000	300 000
资本公积	10 000	10 000	20 000
投入资本合计	210 000	110 000	320 000
未分配利润	40 000	40 000	80 000
股东权益合计	250 000	150 000	400 000

假定在吸收合并方式下，胜利公司以下述三种方式与利达公司进行合并：

第一种：发行 100 000 股普通股，交换利达公司全部的普通股；

第二种：发行 80 000 股普通股，交换利达公司全部的普通股；

第三种：发行 130 000 股普通股，交换利达公司全部的普通股。

解：第一种情况，合并时，胜利公司登记合并资产、负债和权益，由于胜利公司发行的股票面值等于利达公司全部流通在外的股票的面值，所以，利达公司的股东权益按原有构成合并到胜利公司。

借：资产　400 000

　贷：负债　250 000

　　股本　100 000

　　资本公积　10 000

　　未分配利润　40 000

净资产=100 000+10 000+40 000=150 000（元）

总净资产=（500 000-250 000）+150 000=400 000（元）

利达公司合并后解散，作冲销处理，结账分录为：

借：负债　250 000

　股本　100 000

　资本公积　10 000

　未分配利润　40 000

　贷：资产　400 000

第二种情况，合并时，胜利公司登记合并资产、负债和权益，由于胜利公司发行的股票面值小于利达公司全部流通在外的股票的面值，小于的部分增加资本公积，未分配利润仍按原有金额合并到胜利公司权益中。

借：资产　400 000

　贷：负债　250 000

　　股本　80 000

　　资本公积　30 000

　　贷：未分配利润　　40 000

净资产=80 000+30 000+40 000=150 000（元）

总净资产=（500 000−250 000）+150 000=400 000（元）

利达公司解散分录同上。

第三种情况，合并时，胜利公司登记合并资产、负债和权益，由于胜利公司发行的股票面值大于利达公司全部流通在外的股票的面值，应冲减资本公积，余额再减少未分配利润。

借：资产　　400 000

　　贷：负债　　250 000

　　　　股本　　130 000

　　　　未分配利润　　20 000

净资产=130 000+20 000=150 000（元）

总净资产=（500 000−250 000）+150 000=400 000（元）

利达公司解散分录同上。

【例 2-7】资料同【例 2-6】，在新设合并方式下，大宝公司接管胜利公司和利达公司，以下述三种方式进行合并：

第一种：发行 300 000 股普通股，200 000 股给胜利公司股东，100 000 股给利达公司股东；

第二种：发行 280 000 股普通股，200 000 股给胜利公司股东，80 000 股给利达公司股东；

第三种：发行 330 000 股普通股，200 000 股给胜利公司股东，130 000 股给利达公司股东。

解：第一种情况，合并时，大宝公司登记合并资产、负债和权益。

借：资产　　900 000

　　贷：负债　　500 000

　　　　股本　　300 000

　　　　资本公积　　20 000

　　　　未分配利润　　80 000

胜利和利达公司各自解散分录同上一题。

第二种情况，合并时，大宝公司登记合并资产、负债和权益。

借：资产　　900 000

　　贷：负债　　500 000

　　　　股本　　280 000

　　　　资本公积　　40 000

　　　　未分配利润　　80 000

胜利和利达公司各自解散分录同上一题。

第三种情况，合并时，大宝公司登记合并资产、负债和权益。

借：资产　　900 000

　　贷：负债　　500 000

贷：股本 330 000

未分配利润 70 000

胜利和利达公司各自解散分录同上一题。

关于合并费用，合并方为进行合并发生的各项直接相关费用，包括为企业合并支付的审计费用、资产评估费用以及有关法律咨询费用等，但不包括发行权益性证券和发行债券相关的佣金、手续费等（这个费用从“资本公积——股本溢价”账户中冲减），应于发生时计入当期损益（管理费用）。

【例 2-8】南方公司在合并东方公司时，聘请会计师、法律顾问等支出费用 10 万元。

借：管理费用 100 000

贷：银行存款 100 000

第三节 非同一控制下企业合并的会计处理

一、非同一控制下企业合并的含义及其特点

所谓非同一控制下的企业合并，是指参与合并的企业在合并前后不受同一方或相同的多方最终控制且该控制是暂时性的。非同一控制下的企业合并一般发生在两个或两个以上独立的企业之间。非同一控制下的企业合并的特点主要有二：一是非关联企业之间进行的合并；二是合并以市价为基础，交易对价相对公平、合理。

二、非同一控制下企业合并的核算方法

按照企业会计准则的规定，非同一控制下的企业合并应当按照购买法核算。其中取得参与合并的另一方或多方控制权的一方为购买方，购买方实际取得被购买方控制权的日期为购买日。

（一）购买法核算的账户设置

一个企业用现金兼并另一个企业，可能产生三种情况：第一种情况是购买成本等于所获净资产的公允价值；第二种情况是购买成本大于所获净资产的公允价值；第三种情况是购买成本小于所获净资产的公允价值。在第一种情况下，通常不用增设新的会计账户；在第二种情况下，则应当设置“商誉”账户；在第三种情况下，也不需要增设新的会计账户，而将两者的差额直接计入当期损益。

若购买企业采用分期付款方式支付产权转让款，对于尚未支付的产权转让款可以根据付款期的长短在“其他应付款”或“长期应付款”账户下增设的“应付产权转让款”明细账户中进行核算。

（二）一次交换交易实现企业合并的会计处理

按照企业会计准则的规定，非同一控制下的企业合并应当区分一次交换交易实现的企业合并和多次交换交易实现的企业合并。

1. 一次交换交易实现的企业合并的合并成本

通过一次交换交易实现的企业合并，其合并成本为购买方在购买日为取得另一方的控制权或净资产而付出的资产、发生或承担的负债及发行的权益性证券的公允价值。另外，对于以下两种会计事项，也应计入合并成本。

（1）购买方为进行企业合并而发生的审计费用、评估费用等各项直接相关费用，应计入合并成本，而不是作为当期费用处理。

（2）在合并合同或协议中对可能影响合并成本的事项做出约定的，购买日如果估计未来事项很可能发生而且对合并成本的影响金额能可靠计量的，购买方应当将其计入合并成本。

2. 一次交换交易实现的企业合并的被购买方可辨认净资产公允价值的确定

被购买方可辨认净资产的公允价值，是指合并中购买方取得的被购买方可辨认净资产公允价值减去负债及或有负债公允价值后的余额。

按照企业会计准则的规定，被购买方各项可辨认净资产、负债及或有负债，符合下列条件的，应当单独予以确认：

（1）合并中取得的被购买方除无形资产以外的其他各项资产（不仅限于被购买方原已确认的资产），其所带来的经济利益很可能流入企业，且公允价值能够可靠计量的，应当单独确认并按照公允价值计量。

（2）合并中取得被购买方除或有负债以外的其他各项负债，履行有关的义务很可能导致经济利益流出企业，且公允价值能够可靠计量的，应当单独确认并按照公允价值计量。

（3）合并中取得被购买方的或有负债，其公允价值能够可靠计量的，应当单独确认并按照公允价值计量。

按照企业会计准则的规定，购买方按照以下规定确定被购买方各项可辨认净资产、负债及或有负债的公允价值：

①货币资金，按照购买日被购买方的账面价值确定。

②有活跃市场的股票、债券、基金等金融工具，按照购买日活跃市场中的市场价格确定。

③应收账款，其中的短期应收款项，一般按照应收取的金额作为公允价值；长期应收款项，应按适当的利率折现后的现值确定其公允价值。

④存货。对其中的产成品和商品按其估计售价减去估计的销售费用、相关税费以及购买方出售类似产成品和商品估计可能实现的利润确定；在产品按完工产品的估计售价减去至完工仍将发生的成本、估计的销售费用、相关税费以及基于同类或类似产成品的基础上估计出售可能实现的利润确定；原材料按重置成本确定。

⑤不存在活跃市场的金融工具，如权益性投资，应当参照金融工具确认与计量准则的规定，采用估值技术确定其公允价值。

⑥房屋建筑物、机器设备、无形资产。存在活跃市场的，应以购买日的市场价格为基础确定其公允价值；不存在活跃市场的，但同类或类似资产存在活跃市场的，应参照同类或类似资产的市场价格为基础确定其公允价值；同类或类似资产也不存在活跃市场的，应采用估值技术确定其公允价值。

⑦应付账款、应付票据、应付职工薪酬、应付债券、长期应付款。其中的流动负债，一般按照应支付的金额确定其公允价值；非流动负债，应按适当的折现率折现后的现值确定其公允价值。

⑧取得的被购买方的或有负债。其公允价值在购买日能够可靠计量的，应确认为预计负债。此项负债应当按照假定第三方愿意代购买方承担，就其所承担义务需要购买方支付

的金额作为其公允价值。

⑨递延所得税资产和递延所得税负债，取得的被购买方各项可辨认净资产、负债及或有负债的公允价值与其计税基础之间存在差额的，按照所得税准则的规定确认相应的递延所得税资产和递延所得税负债，所确认的递延所得税资产和递延所得税负债的金额不应折现。

3. 一次交换交易实现企业合并的账务处理

在一次交换交易实现企业合并中会出现三种情况，具体账务处理方法如下：

（1）在购买成本等于所获净资产的公允价值的情况下，购买企业按照公允价值将所购入净资产入账。

（2）在购买成本大于所获净资产的公允价值的情况下，购买企业按照公允价值将所购入净资产入账。购买成本大于所获净资产的公允价值之间的差额作为商誉，记入“商誉”账户的借方。

（3）在购买成本小于所获净资产的公允价值的情况下，购买企业按照公允价值将所购入净资产入账。购买成本小于所获净资产的公允价值之间的差额计入当期损益。

（三）多次交换交易实现企业合并的会计处理

通过多次交换交易分步实现的企业合并，其合并成本为购买方已经持有的被购买方股权在购买日的公允价值，以及购买日支付的其他对价的公允价值，即企业合并成本为每一单项交换交易的成本之和。例如，第一次购买 10%股权支付 1 000 万元，第二次购买 50%股权支付 6 000 万元，通过两次交易持股比例达到 60%，实现企业合并，则该企业合并成本为 7 000 万元。

本章小结

企业合并是指将两个或两个以上单独的企业合并形成一个报告主体的交易或事项。企业合并最根本的目的在于追求价值的最大化。企业合并可按不同的标准进行分类。在企业合并会计准则中，根据参与合并的企业是否受同一方或相同的多方的最终控制，将企业合并分为同一控制下的企业合并与非同一控制下的企业合并两类。非同一控制下的企业合并应当按照购买法核算，同一控制下的企业合并应当采用权益结合法进行会计处理。

复习思考题

1. 什么是企业合并？它有什么作用？
2. 简述企业合并的动因。
3. 企业合并有哪些类型？其特点各是什么？
4. 简述企业合并的一般程序。
5. 处理企业合并有哪两种方法？它们的特点及会计处理有何区别？

个案分析

东方公司的战略发展

东方股份有限公司（以下简称东方公司）是一家隶属于大地国有控股集团公司（以下简称大地集团公司）的工业企业。根据未来市场竞争情况，东方公司 2×16 年将进行战略调整，全面提升企业竞争优势和综合实力。为此，东方公司 2×16 年发生如下事项并进行了会计处理：

（1）经大地集团公司批准，2×16 年 1 月，东方公司以发行债券的方式筹集大量资金购并了大地集团公司下属的建材原料生产企业甲公司。甲公司生产的建材原料是东方公司产品生产的主要原材料，其供给的稳定情况直接决定东方公司生产经营的连续性。

并购甲公司以对其实施控制，有助于优化东方公司的上游产业链。东方公司的会计师对在合并中取得的资产和负债，按照合并日的公允价值进行计量；对合并成本大于合并中取得的被购买方可辨认净资产公允价值份额的差额，确认为商誉，并且将为并购甲公司而发行的企业债券发生的 30 万元的相关手续费计入了当期损益。

（2）东方公司为取得稳定的持续性发展，决定投资基础产业。2×16 年 8 月，东方公司斥资 5 000 万元购买了外省某市的一家自来水公司 100%的股份，使其成为东方公司的全资子公司。东方公司的会计师对合并中取得的资产和负债，按照合并日的账面价值计量；合并方取得的净资产账面价值与支付的合并对价账面价值的差额，调整了资本公积；不足冲减的部分，调整了留存收益。

要求：请分别判断东方公司的上述会计处理是否正确，并说明理由。

第三章

合并财务报表

学习目标

本章阐述了合并财务报表的基本概念和基本原则，通过学习，要求掌握合并财务报表的含义及其产生与发展的因素；理解合并财务报表的优点及其局限性；掌握合并财务报表的编制与分析。

第一节　合并财务报表的含义

一、合并财务报表的含义及其产生和发展的因素

（一）合并财务报表的含义

合并财务报表又称合并会计报表。它是指反映母公司及其全部子公司所形成的企业集团整体的财务状况、经营成果和现金流量的财务报表。其中，个别财务报表是指企业单独编制的反映企业财务状况、经营成果和现金流量的财务报表。将其称为个别财务报表，是为了与合并财务报表相区别。合并财务报表发源于美国。最早的合并财务报表是 1886 年由美国科顿石油托拉斯公司编制的。在 19 世纪末 20 世纪初，美国出现第一次企业合并高潮，合并财务报表得以逐步发展起来。兼并了 169 家企业成为世界上第一个资产超过 10 亿美元的企业——美国钢铁公司，从 1910 年组建时就开始编制合并财务报表，并由此建立了一种编制合并财务报表的模式。

（二）合并财务报表产生和发展的因素

纵观合并财务报表的发展史，不少学者归纳出以下促使合并财务报表产生和发展的因素：第一，企业合并是合并财务报表产生的“物质”基础。合并使企业规模迅速扩大，最具意义的是通过掌握股权而控制其他公司的母公司或子公司的发展，使大量的经济活动都通过企业集团来进行。经济上成为一体的企业集团要求会计上将其视为一个独立的实体进行反映。第二，法律将成为许多国家发展合并财务报表实务的“推动力”。合并财务报表首先产生于法律对财务报表没有严格规定的环境之中，并且在详细规定财务报表法定要求的国家中，法律曾是发展合并财务报表的主要障碍之一。但是，对于除英、美等国以外的大多数国家来说，走“自发”发展的道路是不可能的。法律限制了合并财务报表的发展，

而要发展合并财务报表又必须依赖法律的强制性。第三，会计职业界的作用。富有创新精神的会计职业界是合并财务报表得以产生的一个重要因素。在合并财务报表的发展与完善过程中，通过对照会计理论、会计原则和法定要求检查具体实务，促使合并财务报表实务规范化，同时提出对审计过程中发现的问题进行讨论，加以研究。通过解决具体问题，提出新技术、新方法，保持不断创新的趋势，促使合并财务报表不断完善和发展。第四，企业所有者的需要是合并财务报表得以产生和发展的主要原因。

编制合并财务报表的目的是反映和报告在共同控制之下的一个企业集团的财务状况、经营成果和现金流量的总括情况，以满足报表使用者对一个经济主体而不是法律主体的会计信息的需求。关于合并财务报表的目的，美国会计程序委员会于 1959 年发布的第 51 号《会计研究公报——合并财务报表》中有下面一段精确的说明："合并财务报表主要是为母公司的股东和债权人的利益而编制的，它基本上是将一个集团视为一个拥有一个或多个分支机构或分部的子公司来反映该集团母公司及其子公司的经营成果和财务状况的。一个基本的理由是：合并财务报表比个别财务报表更有意义，当集团中的一个公司直接或间接拥有其他公司的控制性财务股权时，为了公正反映通常需要编制合并财务报表。"

合并财务报表也存在着一定的局限性，主要表现在：

（1）母公司和子公司的债权人对企业的求偿权通常是针对独立的法律主体，而不是针对经济主体。合并财务报表中的数据实际上是母公司和子公司的个别财务报表的合并数，并不能反映每个法律主体的偿债能力，因而不能满足债权人的全部信息要求。对债权人而言，母公司或子公司单独的财务报表比合并财务报表可能更有意义。对于纳税事项，一般也重视母公司或子公司单独的财务报表。这或许是面向债权人的日本会计和面向税务的法国会计不重视合并财务报表的原因。

（2）合并财务报表将母公司及所有符合条件的子公司的个别财务报表合并起来，子公司的少数股东难以从合并报表中直接得到他们所需要的对决策有用的信息。

（3）合并财务报表虽然向母公司的股东提供整个企业集团的财务状况、经营成果和现金流量的信息，但合并财务报表并不能为股东预测和评价母公司和所有子公司的未来股利分派提供依据。

因此，即使编制了合并财务报表，各企业的个别财务报表也是不可缺少的。国际上的通行做法大致有两类：一类是母公司个别财务报表和合并财务报表同时公布，如英国、法国、德国、荷兰等；另一类是在公布合并财务报表后再公布母公司的个别财务报表，如美国。

二、合并财务报表的合并理论与合并范围

（一）合并财务报表的合并理论

编制合并财务报表首先碰到的问题就是要界定企业集团的范围，确定哪些被投资企业应当纳入合并财务报表的范围，需要确定编制合并财务报表时所采用的合并方法等。企业集团的界定、合并范围的确定以及合并方法的选择，直接关系到合并财务报表提供什么样的信息，为谁提供信息等一系列问题，对于合并财务报表的编制具有重要的意义。这些问题的解决，在很大程度上取决于编制合并财务报表所采用的合并理论。根据不同的合并理论，其确定的合并范围和选择的合并方法也各不相同。

目前国际上编制合并财务报表的合并理论，主要有母公司理论、实体理论和所有权理

论三种。

1. 母公司理论

所谓母公司理论，是指将合并财务报表视为母公司本身的财务报表反映范围的扩展来看待，视为母公司财务报表的延伸。母公司理论认为，合并财务报表主要是为现有的和潜在的母公司或控股公司普通股股东编制的，强调母公司或控股公司的股东利益。按照母公司理论，在企业集团内的股东只包括母公司的股东，将子公司少数股东排除在外，看作是企业集团主体的外界债权人。合并资产负债表中的股东权益和合并利润表中的净收益仅指母公司或控股公司拥有和所得部分，而少数股东权益则被看成母公司的负债，少数股东权益所享有的净收益则被视作母公司的费用。合并财务报表不过是母公司财务报表的延伸和扩展。母公司理论是以法定控制为基础的，这通常是以持有多数股份和表决权而取得的，但也可以通过使一家公司处于另一家公司的法定支配下的控制协议而实现。

在美国和英国的合并财务报表实务中，采用的主要是母公司理论。国际会计准则委员会制定的有关合并财务报表的准则，采用的基本上也是母公司理论。我国现行会计实务中有关合并财务报表的法规基本上体现的是母公司理论的主要思想。

2. 实体理论

所谓实体理论，是指将母子公司组成的企业集团看成一个经济联合体，合并财务报表是为整个经济实体服务的。这强调的是企业集团中所有成员企业所构成的经济实体。它对构成企业集团的多数股权的股东和少数股权的股东同等对待，认为只要是企业集团成员企业的股东，不论是拥有多数股权，还是拥有少数股权，都是共同组成经济实体的股东。实体理论认为，子公司虽然为母公司所购买，但是其本身依旧是一个不可分割的整体。因此，合并净收益应是属于企业集团全部股东的收益，要在多数股权和少数股权之间加以分配；同理，少数股权是整体企业集团股东权益的一部分，应与多数股权同样列示。采用实体理论编制的合并财务报表，能够满足企业集团内部管理人员对财务报表的需要，满足对整个企业集团管理生产经营活动的需要。

3. 所有权理论

所谓所有权理论，是指在编制合并财务报表时既不强调企业集团中存在的法定控制关系，也不强调企业集团的各成员企业所构成的经济实体，而是强调编制合并财务报表的企业对另一企业的经济活动和财务决策具有重大影响的所有权。在采用所有权理论的情况下，对于其拥有所有权的企业的负债和当期实现的损益，按照一定的比例合并计入合并财务报表，即采用比例合并法合并企业在其拥有所有权的企业中的权益。母公司理论和实体理论均不能解决隶属于两个或两个以上的企业集团的企业合并财务报表的编制问题。例如，某一企业的全部股份是由两个投资企业共同投资形成的，各拥有 50%的股份，在这种情况下，其中任何一个投资企业都不能对该企业实施控制，根据母公司理论和实体理论都很难确定该企业的财务报表应由哪一投资企业编制。因为在这种情况下，既没有单一的母公司，也没有少数股权的股东，既不存在法定支配权，也不存在单一的经济实体。因此，为了弥补母公司理论和实体理论的不足，有的国家在编制合并财务报表时，就提出了所有权理论。按照所有权理论，企业集团是指以投资公司为基础，连同在经济活动和财务决策中对另一公司具有重大影响的所有权部分。所有权理论主要运用于几个公司通过某种协议共同控制被投资公司的特殊情况。因此，这种合并理论一般是与其他合并理论结合起来使用的。法国的法律和惯例是同时以母公司理论和所有权理论为基础的。英、美国家中所有权理论也作为标准惯例结合使用。

（二）合并财务报表的合并范围

1. 应纳入合并财务报表合并范围的被投资单位

在编制合并财务报表时，首先应确定哪些企业应纳入合并财务报表，哪些企业不纳入合并财务报表，即要确定合并财务报表的合并范围。合并财务报表准则第 6 条规定："合并财务报表的合并范围应当以控制为基础予以确定。"控制是指一个企业能够决定另一个企业的财务和经营政策，并能据以从另一个企业的经营活动中获取利益的权利。母公司应当将其控制的所有子公司，无论是小规模的子公司还是经营业务性质特殊的子公司，均应纳入合并财务报表的合并范围。

以控制为基础确定合并财务报表的合并范围，应当强调实质重于形式，综合考虑所有相关事实和因素进行判断，如投资者的持股情况、投资者之间的相互关系、公司治理结构、潜在表决权等。

2. 母公司控制的特殊目的主体也应当纳入合并财务报表的合并范围

判断母公司能否控制特殊目的主体，应当考虑如下主要因素：

（1）母公司为融资、销售商品或提供劳务等特定经营业务，需要直接或间接设立特殊目的主体。

（2）母公司具有控制或获得控制特殊目的主体或其资产的决策权。例如，母公司拥有单方面终止特殊目的主体的权力、变更特殊目的主体章程的权力、对变更特殊目的主体章程的否决权等。

（3）母公司通过章程、合同、协议等具有获取特殊目的主体大部分利益的权力。

（4）母公司通过章程、合同、协议等承担特殊目的主体的大部分风险。

由于母公司无法对下列被投资单位实施控制，不符合合并财务报表的合并范围的标准，所以，母公司不得将其纳入合并财务报表的合并范围。这些被投资单位包括：

（1）按照破产程序，已宣布清理整顿的子公司。

（2）已宣布破产的子公司。

（3）非持续经营的所有者权益为负数的子公司。

（4）母公司不再控制的子公司。

（5）联合控制主体（合营企业）。

（6）其他非持续经营的或母公司不能控制的被投资单位。

第二节 企业合并报表的编制原则与程序

一、合并财务报表的编制原则

1. 客观性原则

合并财务报表并不是直接根据母公司和子公司账簿资料编制的，而是利用母公司和子公司编制的反映各自财务状况和经营成果的个别财务报表提供的数据，通过合并财务报表的特有方法编制的。以纳入合并范围的母公司和子公司个别财务报表为编制基础，可以说是客观性原则在合并财务报表编制时的具体体现。

2. 一体性原则

合并财务报表反映的是企业集团的财务状况和经营成果，反映由多个法人企业组成的一个会计主体的财务状况和经营成果。在编制合并财务报表时应当将母公司和子公司作为整体来看待，视为同一会计主体；母公司和子公司发生的经营活动都应当从企业集团这一整体角度进行考虑。因此，在编制合并财务报表时，对于母公司和子公司之间发生的经济业务，应当视同同一会计主体内部业务处理。

3. 重要性原则

由于合并财务报表要涉及多个法人企业，而各个法人企业在经营内容、经营活动上可能存在很大的差别。若合并财务报表对所有的内部经济业务都进行抵销处理，既不经济，也无必要。因此，在编制合并财务报表时，必须强调重要性原则的运用，必须对需要抵销的内部会计事项进行取舍。

二、合并财务报表的编制程序

1. 编制合并财务报表工作底稿

合并财务报表工作底稿是合并财务报表的草稿，是编制合并财务报表的基础。在合并工作底稿中，对母公司和纳入合并范围的子公司的个别财务报表各项目进行汇总和抵销处理，最终计算得出合并财务报表各项目的合并数。合并财务报表工作底稿的基本格式见表 3-1。

表 3-1 **合并财务报表工作底稿**

项　目	单独报表		抵销分录		合并数
	母公司	子公司	借方	贷方	
资产负债表有关项目					
货币资金					
存货					
长期股权投资					
⋮					
商誉					
短期借款					
应付债券					
⋮					
股本					
资本公积					
未分配利润					
少数股东权益					
利润表及所有者权益变动表有关项目					
营业收入					
营业成本					
⋮					
净利润					
少数股东损益					
未分配利润（年初）					
未分配利润（年末）					

2. 过入个别财务报表数字

将纳入合并范围的母公司与子公司的个别财务报表数字过入合并财务报表工作底稿，并在合并财务报表工作底稿中对母公司与子公司的个别财务报表数字进行加总，计算得出个别资产负债表、个别利润及个别所有者权益变动表各项目的合计数额。

3. 编制抵销分录，将母公司与子公司之间、子公司相互之间发生的经济业务对个别财务报表有关项目的影响进行抵销处理

编制抵销分录、进行抵销处理是合并财务报表编制的关键和主要内容。其目的在于将个别财务报表各项目加总数额中重复的因素予以抵销。这是因为母公司和各子公司之间及子公司之间发生的经济业务，从集团的角度来看，会有很多虚计的成分。

4. 计算合并数

对于资产负债表各项目可按下列公式计算。

（1）资产类项目：

“合并数”=各项目合计数+抵销分录借方发生额-抵销分录贷方发生额

（2）负债类项目：

“合并数”=各项目合计数-抵销分录借方发生额+抵销分录贷方发生额

（3）所有者权益类项目：

“合并数”=各项目合计数-抵销分录借方发生额+抵销分录贷方发生额-“少数股东权益”项目的数额

对于利润表及所有者权益变动表各项目可按下列公式计算。

（1）收入类项目：

“合并数”=各项目合计数-抵销分录借方发生额+抵销分录贷方发生额

（2）费用类项目：

“合并数”=各项目合计数+抵销分录借方发生额-抵销分录贷方发生额

5. 填列合并财务报表

根据合并财务报表工作底稿中计算出的资产、负债、所有者权益、收入、费用各项目的合并数，填列合并资产负债表、合并利润表、合并所有者权益变动表。

至于合并现金流量表则需另外编制，具体见后面有关合并现金流量表的内容。

第三节　合并资产负债表

合并资产负债表是以母公司和子公司的资产负债表为基础，在抵销母公司和子公司、子公司相互之间发生的内部交易对合并资产负债表的影响后，由母公司合并编制。

一、对子公司的个别财务报表进行调整

在编制合并财务报表时，首先应对各子公司进行分类，将其分为同一控制下企业合并中取得的子公司和非同一控制下企业合并中取得的子公司。

（一）属于同一控制下企业合并中取得的子公司

对于属于同一控制下企业合并中取得的子公司的个别财务报表，如果不存在与母公司会计政策和会计期间不一致的情况，则不需要对该子公司的个别财务报表进行调整，即不需要对该子公司的个别财务报表调整为公允价值反映的财务报表，只需要抵销内部交易对合并财务报表的影响就可以了。

（二）属于非同一控制下企业合并中取得的子公司

对于属于非同一控制下企业合并中取得的子公司，除了存在与母公司会计政策和会计期间不一致的情况，需要对该子公司的个别财务报表进行调整外，还应当根据母公司为该子公司设置的备查簿的记录，以记录的该子公司的各项可辨认净资产、负债等在购买日的公允价值为基础，通过编制调整分录，对该子公司的个别财务报表进行调整，以使子公司的个别财务报表反映为在购买日的公允价值基础上确定的各项可辨认净资产、负债及或有负债在本期资产负债表日的金额。

有关对属于非同一控制下企业合并中取得的子公司的各项可辨认净资产、负债及或有负债的金额的调整，请参见第二章的相关内容。

二、按权益法对子公司的长期股权投资进行调整

合并财务报表准则规定，合并财务报表应当以母公司及其子公司的个别财务报表为基础，根据其他有关资料，按照权益法调整对子公司的长期股权投资后，由母公司编制。

在合并财务报表工作底稿中，按权益法对子公司的长期股权投资进行调整时，应按照《企业会计准则第 2 号——长期股权投资》所规定的权益法进行调整。在确认应享有子公司净损益的份额时，对于属于非同一控制下企业合并形成的长期股权投资，应当以在备查簿中记录的子公司的各项可辨认净资产、负债等在购买日的公允价值为基础，对该子公司的净利润进行调整后确认；对于属于同一控制下企业合并形成的长期股权投资，可以直接以该子公司的净利润进行确认，但是，该子公司的会计政策和会计期间与母公司不一致的，仍需要对净利润进行调整。在采用权益法进行调整时还应对未实现内部交易损益进行调整。

在合并财务报表工作底稿中编制的调整分录为：对于当期该子公司实现净利润，按母公司应享有的份额，借记“长期股权投资”账户，贷记“投资收益”账户；对于当期该子公司发生的净亏损，按母公司应分担的份额，借记“投资收益”账户，贷记“长期股权投资”账户。对于当期收到的净利润或现金股利，借记“投资收益”账户，贷记“长期股权投资”账户。

对于子公司除净损益以外的所有者权益的其他变动，按母公司应享有的份额，借记“长期股权投资”账户，贷记“其他综合收益”“资本公积”等账户。

合并财务报表准则也允许企业直接在对子公司的长期股权投资采用成本法核算的基础上编制合并财务报表，但是所生成的合并财务报表应当符合合并财务报表准则的相关规定。

三、编制合并资产负债表时应进行抵销处理的项目

编制合并资产负债表时，主要应对下列项目进行抵销处理：

（一）长期股权投资与子公司所有者权益的抵销处理

母公司对子公司进行的股权投资，一方面表现为长期股权投资以外的其他资产的减少；另一方面表现为长期股权投资的增加。在母公司个别资产负债表中作为资产类项目中的长期股权投资列示。子公司接受这一投资时，一方面增加资产的数额；另一方面作为实收资本处理。在其个别资产负债表中，一方面表现为实收资本的增加；另一方面表现为相对应的资产的增加。从企业集团整体来看，母公司对子公司的股权投资，实际上相当于母公司将资本拨付下属核算单位，并不会引起整个企业集团的资产、负债或所有者权益的增

减变动。因此，编制合并资产负债表时，应当将母公司对子公司的长期股权投资项目与子公司的所有者权益项目予以抵销。

1. 在纳入合并范围的为全资子公司的情况下，母公司对子公司长期股权投资的数额应当与子公司所有者权益各项目的数额全额抵销。

（1）母公司对子公司长期股权投资的数额与子公司所有者权益总额相等。

【例 3-1】假设某母公司拥有一全资子公司，母公司对子公司长期股权投资为 30 000 元，正好与子公司所有者权益总额相等，其中，实收资本 20 000 元，资本公积 4 000 元，盈余公积 1 000 元，未分配利润 5 000 元。通过抵销分录将母公司对子公司长期股权投资总额、子公司所有者权益总额这些编制合并资产负债表时重复计算的因素全部抵销，消除其对企业集团合并资产负债表的影响。编制合并资产负债表时应编制如下抵销分录：

借：实收资本	20 000	
资本公积	4 000	
盈余公积	1 000	
未分配利润	5 000	
贷：长期股权投资		30 000

（2）母公司对子公司长期股权投资的数额与子公司所有者权益总额不相等。

若母公司对子公司长期股权投资的数额与子公司所有者权益总额不一致，将两者的差额作为“商誉”处理。母公司对子公司长期股权投资的数额大于子公司所有者权益总额时，则按照该差额借记“商誉”项目；母公司对子公司长期股权投资的数额小于子公司所有者权益总额时，则按照该差额贷记“营业外收入”或“留存收益”项目。

商誉，主要是由于母公司在证券市场上通过第三者取得子公司股份的情况下产生的。母公司支付给第三者的价款高于子公司发行该股份时的价格，就将产生商誉。例如，B 公司共发行股票 100 万股，每股发行价格为 1 元，B 公司实收资本为 100 万元。A 公司通过第三者取得 B 公司的全部股份，使其成为全资子公司，每股购买价格为 1.5 元，支付总价款 150 万元。这样，A 公司长期股权投资的数额为 150 万元，B 公司的实收资本为 100 万元，这 50 万元的差额就形成投资方的股权投资差额。商誉的实质是“长期股权投资——股权投资差额”在资产负债表日的摊余价值。

【例 3-2】若上例中，母公司对子公司长期股权投资为 35 000 元，其他条件不变，则母公司对子公司长期股权投资的数额超过子公司所有者权益总额 5 000 元，这一差额在合并财务报表中应作为商誉处理。在编制合并资产负债表时，编制如下抵销分录：

借：实收资本	20 000	
资本公积	4 000	
盈余公积	1 000	
未分配利润	5 000	
商誉	5 000	
贷：长期股权投资		35 000

2. 在纳入合并范围的为非全资子公司的情况下，母公司对子公司长期股权投资的数额应当与子公司所有者权益各项目的数额抵销外，还包含少数股东权益。

（1）母公司对子公司长期股权投资的数额与母公司拥有的子公司所有者权益的份额

相等。

【例 3-3】假设母公司拥有 A 公司 80%的股份。母公司对 A 公司长期股权投资的数额为 320 000 元，A 公司所有者权益总额为 400 000 元，其中，实收资本 200 000 元，资本公积 80 000 元，盈余公积 70 000 元，未分配利润 50 000 元。

母公司拥有子公司所有者权益的份额=子公司所有者权益总额×母公司持股比例

=400 000×80%

=320 000（元）

少数股东权益=子公司所有者权益总额×（1-母公司持股比例）

=400 000×（1-80%）

=80 000（元）

编制如下抵销分录：

借：实收资本	20 0000	
资本公积	80 000	
盈余公积	70 000	
未分配利润	50 000	
贷：长期股权投资		320 000
少数股东权益		80 000

母公司对 A 公司长期股权投资的数额为 320 000 元，与母公司拥有的子公司所有者权益的份额（400 000×80%）一致，因此，将母公司对 A 公司的长期股权投资与母公司拥有的子公司所有者权益的份额相抵销，将子公司所有者权益总额中少数股东拥有的份额，在合并资产负债表中作为“少数股东权益”列示。

（2）母公司对子公司长期股权投资的数额与母公司拥有的子公司所有者权益的份额不一致。

母公司对子公司长期股权投资的数额与母公司拥有的子公司所有者权益总额的份额不相等，其差额仍作为“商誉”处理。“商誉”的金额等于母公司对子公司长期股权投资的数额与母公司所拥有的子公司所有者权益的份额之间的差额。“少数股东权益”的金额等于子公司所有者权益的总额与少数股东持股比例的乘积。

【例 3-4】假设母公司拥有 A 公司 80%的股份。母公司对 A 公司长期股权投资的数额为 300 000 元，A 公司所有者权益总额 400 000 元，其中，实收资本 200 000 元，资本公积 80 000 元，盈余公积 70 000 元，未分配利润 50 000 元。

差额=母公司对子公司长期股权投资金额-母公司拥有子公司所有者权益的份额

=300 000-400 000×80%

=-20 000（元）

少数股东权益=子公司所有者权益总额×（1-母公司持股比例）

=400 000×（1-80%）

=800 000（元）

编制如下抵销分录：

借：实收资本	200 000	
资本公积	80 000	
盈余公积	70 000	

借：未分配利润 50 000
　贷：长期股权投资 300 000
　　少数股东权益 80 000
　　未分配利润 18 000
　　盈余公积 2 000

（二）内部债权与债务项目的抵销

内部债权与债务项目是指母公司与子公司、子公司之间的应收账款与应付账款、预付账款与预收账款、应付债券与债券投资等项目。从企业集团整体的角度考察，内部债权与债务属于内部资金运动，既不能增加企业集团的资产，也不会增加负债。因此，在编制合并资产负债表时也应将其抵销。

在编制合并资产负债表时需要进行抵销处理的内部债权与债务项目主要包括：应收账款与应付账款、预付账款与预收账款、应收票据与应付票据、长期债权投资与应付债券。

1. 应收账款与应付账款的抵销处理

（1）初次编制合并财务报表时内部应收账款与应付账款的抵销处理。

其抵销分录为：借记“应付账款”账户，贷记“应收账款”账户。

【例 3-5】假设本期母公司的应收账款中有 40 000 元为应收子公司的款项。

编制如下抵销分录：

借：应付账款 40 000
　贷：应收账款 40 000

应付账款抵销的是子公司的款项，应收账款抵销的是母公司的款项。

（2）内部应收账款计提坏账准备的抵销处理。

在应收账款计提坏账准备的情况下，某一会计期间坏账准备的金额是以当期应收账款为基础计提的。在编制合并财务报表时，随着内部应收账款的抵销，与此相联系，也须将按内部应收账款计提的坏账准备予以抵销。按内部应收账款计提的坏账准备抵销时，借记“坏账准备”账户，贷记“资产减值损失”账户。

【例 3-6】假设本期母公司的应收账款为 40 000 元，按 5‰的比例计提坏账准备金。

本期母公司应抵销的坏账准备金=40 000×5‰=200（元）

编制如下抵销分录：

借：坏账准备 200
　贷：资产减值损失 200

（3）内部应收账款计提坏账准备在连续编制合并财务报表中的抵销处理。

本期合并财务报表的编制是以本期母公司和纳入合并范围的子公司的当期个别财务报表为基础的，上期合并财务报表的抵销分录并未调整个别财务报表。因此，随着上期内部应收账款计提的坏账准备抵销，本期以个别财务报表为基础加总得出的“年初未分配利润”的数额必然与上期合并财务报表的“未分配利润”项目的数额不同。

连续编制合并财务报表时，首先应将本期内部的应收账款与应付账款余额进行抵销；其次抵销上期因内部应收账款计提的坏账准备对本期年初未分配利润的影响，从而保证本期合并财务报表的“年初未分配利润”与上期合并财务报表的“未分配利润”项目的一致性；最后对本期应收账款与上期应收账款的增减数额计提的坏账准备进行抵销。

①内部应收账款本期余额等于上期余额的抵销处理。内部应收账款本期余额等于上期余额，说明本期个别资产负债表中坏账准备数额中因内部交易应抵销数与上期数相同。因此，首先抵销本期内部应收应付款项余额，调整应付账款与应收账款的数额；其次抵销上期内部应收账款计提的坏账准备对本期年初未分配利润的影响，调整年初未分配利润与坏账准备的数额。内部应收账款本期余额与上期相同，计提坏账准备也相同，无须调整差额。

【例 3-7】在本期个别资产负债表中，母公司对子公司的应收账款为 40 000 元。母公司上期应收账款中，有 40 000 元为应收子公司的账款，母公司按 5‰的比例计提坏账准备金。

（a）抵销企业集团内部本期的应收账款与应付账款。

借：应付账款　　40 000

　贷：应收账款　　40 000

（b）抵销上期内部应收账款计提的坏账准备对本期年初未分配利润的影响数。上期抵销分录的“资产减值损失”在贷方，说明资产减值损失减少，本期的年初未分配利润增加，因此应增加本期的“年初未分配利润”。

调整年初未分配利润的数额=上期内部应收账款的数额×计提坏账准备比例=40 000×5‰=200（元）

借：坏账准备　　200

　贷：未分配利润——年初　　200

在编制合并工作底稿时，列入“年初未分配利润”项目的贷方，进而计入期末未分配利润，从而达到调整的目的。

②内部应收账款本期余额大于上期余额的抵销处理。若内部应收账款本期余额大于上期余额，说明本期又发生新的内部应收账款。在进行抵销处理时，首先抵销本期内部应收应付款项余额，调整应付账款与应收账款的数额；其次抵销上期内部应收账款计提的坏账准备对本期年初未分配利润的影响，调整年初未分配利润与坏账准备的数额；最后将内部应收账款本期余额大于上期应收账款而补提的坏账准备的数额抵销，调整坏账准备与资产减值损失。

【例 3-8】在本期个别资产负债表中，母公司对子公司的应收账款为 100 000 元。母公司上期应收账款中，有 80 000 元为应收子公司的账款，母公司按 5‰的比例计提坏账准备金。

（a）抵销企业集团内部本期的应收账款与应付账款。

借：应付账款　　100 000

　贷：应收账款　　100 000

（b）抵销上期内部应收账款计提的坏账准备对本期年初未分配利润的影响数。上期抵销分录的“资产减值损失”在贷方，说明资产减值损失减少，本期的年初未分配利润增加，因此应增加本期的“年初未分配利润”。

调整年初未分配利润的数额=上期内部应收账款的数额×计提坏账准备比例=80 000×5‰=400（元）

借：坏账准备　　400

贷：未分配利润——年初　　400

（c）抵销本期内部应收账款增加而计提的坏账准备。

本期应收账款余额大于上期余额，因此冲销多提数。

本期多计提的坏账准备金=（100 000−80 000）×5‰=100（元）

借：坏账准备　　100

贷：资产减值损失　　100

③内部应收账款本期余额小于上期余额的抵销处理的数额。若内部应收账款本期余额小于上期余额，说明本期内部应收账款减少。在进行抵销处理时，首先抵销本期内部应收应付款项余额，调整应付账款与应收账款的数额；其次抵销上期内部应收账款计提的坏账准备对本期年初未分配利润的影响，调整年初未分配利润与坏账准备的数额；最后将内部应收账款本期余额小于上期应收账款而冲销的坏账准备的数额予以抵销，调整坏账准备与资产减值损失，从而达到按本期计提的坏账准备调整本期期末未分配利润的目的。

【例 3-9】在本期个别资产负债表中，母公司对子公司的应收账款为 70 000 元，母公司上期应收账款中，有 80 000 元为应收子公司的账款，母公司按 5‰的比例计提坏账准备金。

（a）抵销企业集团内部本期的应收账款与应付账款。

借：应付账款　　70 000

贷：应收账款　　70 000

（b）抵销上期内部应收账款计提的坏账准备对本期年初未分配利润的影响数。

借：坏账准备　　400

贷：未分配利润——年初　　400

（c）抵销本期内部应收账款减少而冲销的坏账准备。

本期应收账款计提的坏账准备为 350 元（70 000×5‰），第二个抵销分录中已冲销 400 元坏账准备。因此，本抵销分录将本期内部应收账款减少 10 000 元而相应减少的坏账准备冲回。

借：资产减值损失　　50

贷：坏账准备　　50

2. 内部预付账款与预收账款的抵销处理

【例 3-10】在母公司的预收账款 5 000 元中，有 2 000 元为预收子公司的商品款。

编制如下抵销分录：

借：预收账款　　2 000

贷：预付账款　　2 000

3. 内部应收票据与应付票据的抵销处理

【例 3-11】在母公司的应收票据中，有 100 000 元为应收子公司的销售商品款。

编制如下抵销分录：

借：应付票据　　100 000

贷：应收票据　　100 000

4. 内部长期债权投资与应付债券及其利息的抵销处理

（1）内部长期债权投资与应付债券的抵销处理。

内部的长期债权投资是指企业集团内部成员持有集团内另一成员发行的债券，购买债券的一方作为长期债权投资核算，已列入其个别资产负债表中；发行债券的一方作为应付债券核算，需要支付利息并到期还本，也已列入其个别资产负债表中。但从企业集团这一会计主体的角度考虑，内部债券的购买与发行是资金在企业集团内部各成员之间的调拨，既不会增加企业集团的长期债权投资，也不会增加企业集团的非流动负债，因此编制合并财务报表时需抵销内部的长期债权投资与应付债券。

①内部长期债权投资与应付债券的数额相等。若发行债券方的发行价格和购买债券方的购买价格相等，直接抵销长期债权投资与应付债券。

【例 3-12】在子公司的应付债券 400 000 元中，有 200 000 元为母公司所持有，母公司的持有至到期投资的数额为 200 000 元。编制如下抵销分录：

借：应付债券	200 000	
贷：持有至到期投资		200 000

②内部长期债权投资与应付债券的数额不相等。若购买债券方不是从发行债券方购进，而是在证券市场上从第三者手中购进，这时，可能出现购买方的长期债权投资与发行债券方应付债券数额之间的差额，该差额记入商誉。

【例 3-13】在子公司的应付债券 400 000 元中，有 200 000 元为母公司所持有，母公司的持有至到期投资的数额为 230 000 元。编制如下抵销分录：

借：应付债券	200 000	
商誉	30 000	
贷：持有至到期投资		230 000

（2）内部利息收入与利息支出的抵销处理。

企业集团内部可能发生企业之间相互提供内部信贷以及相互持有对方债券的业务。对于内部债券的买卖，投资企业将获得的债券利息借记“应付利息”账户，贷记“投资收益”账户。发行债券方将负担的债券利息，资本化借记“在建工程”账户，费用化借记“财务费用”账户，贷记“应付债券——应计利息”账户。从企业集团这一会计主体的角度考虑，内部债券的购买与发行是资金在企业集团内部各成员之间的调拨，但在个别利润表中，提供信贷或持有债券的一方，已将该种业务所取得的利息收入作为投资收益增加；接受信贷或发行债券的一方，已将支付的利息作为财务费用或在建工程增加。因此，编制合并财务报表时需抵销这些重复计算的利息，抵销分录为借记“投资收益”账户，贷记“财务费用”账户或“在建工程”账户。

【例 3-14】母公司的长期债权投资中包含持有子公司的债券 200 000 元，债券的票面利率为 6%，期限为 3 年。母公司本年获得投资收益 12 000 元。在子公司本期负担的利息中，记入“在建工程”账户 4 000 元，记入“财务费用”账户 8 000 元。编制如下抵销分录：

借：投资收益	12 000	
贷：在建工程		4 000
财务费用		8 000

5. 存货价值中包含的未实现内部销售利润的抵销处理

（1）内部购销存货业务在第一期合并财务报表中的抵销处理。

从企业集团的角度来看，集团内部企业间的存货购销实际上相当于内部物资的调拨，既不会实现利润，也不会增加商品价值。在内部购销活动中，销售企业已经确认收入，并且计算利润；购买企业已将支付的价款作为存货的成本入账。

①企业内部购入的商品全部实现对外部销售的抵销处理。在企业内部购入的商品全部实现对外部销售的情况下，实际上存货的内部交易已经终结。对于企业集团来说，该存货只实现一次销售，即向企业集团外部的销售。实际上，对于内部交易的存货，企业集团内部的成员核算了两次销售。第一次销售是企业集团内部的购销业务。销售方确认“营业收入”，结转了该存货的“营业成本”；购买方按购进价，即销售方的售价作为存货的入账价值。第二次销售是向企业集团外部的销售。企业集团内部交易的购进企业成为第二次销售的销售企业，其确认了“营业收入”，按购进价结转了该存货的“营业成本”。从企业集团的角度来看，内部销售时，其销售并未真正实现，视同商品在企业集团内部的转移。而真正实现的销售只有一次，即向企业集团外部的销售。因此，必须编制抵销分录抵销重复计算的内部购销业务的销售收入和对外销售的销售成本。抵销分录为借记“营业收入”账户，贷记“营业成本”账户。

【例 3-15】母公司本期向子公司销售商品，母公司的销售价格为 20 000 元，销售毛利率为 20%。子公司从母公司购入的商品全部向企业集团外部销售，子公司的销售价格为 25 000 元，销售成本为 20 000 元。编制如下抵销分录：

借：营业收入　　20 000

　贷：营业成本　　20 000

②企业内部购入的商品全部未实现对外部销售的抵销处理。从企业集团的角度来看，在企业内部购入的商品全部未实现对企业集团外部销售的情况下，商品销售并未真正实现，只是商品在企业集团内部的转移，存放地点发生了变化。但是，在购销双方各自的会计核算中，销售方已作为“营业收入”入账，且结转了该商品的“营业成本”；购买方的存货价值中包括了内部销售中形成的存货价值，即一部分是真正的存货成本（销售企业的存货成本），一部分是销售企业的销售毛利。从企业集团的角度来看，内部的销售业务并未真正实现，存货价值中包括的这部分销售毛利也并未真正实现，将未实现的毛利称为“未实现内部销售利润”。

因此，在编制合并财务报表时，首先抵销销售企业未实现的内部销售收入、内部销售成本。抵销分录为借记“营业收入”账户，贷记“营业成本”账户；其次抵销购买企业存货价值中包括的未实现内部销售利润，抵销分录为借记“营业成本”账户，贷记“存货”账户。

【例 3-16】母公司本期向子公司销售商品，母公司的销售价格为 20 000 元，销售毛利率为 20%。子公司从母公司购入的商品在资产负债表日均未向企业集团外部销售，全部形成子公司的期末存货。

（a）按本期内部销售收入金额抵销内部购销业务。

借：营业收入　　20 000

　贷：营业成本　　20 000

抵销分录中，营业成本多抵销 4 000 元，在下一步抵销分录中调整。

（b）抵销本期期末存货中包括的未实现内部销售利润。

子公司期末存货中包括的未实现内部销售利润=购买方内部购入存货的期末价值×销售方的销售毛利率
=20 000×20%
=4 000（元）

借：营业成本　　4 000
　贷：存货　　4 000

上述两个抵销分录也可以合并成一个抵销分录：

借：营业收入　　20 000
　贷：营业成本　　16 000
　　　存货　　4 000

③企业内部购入的商品部分实现对外部销售的抵销处理。对内部购进的商品部分实现对外销售，部分形成期末存货的情况进行抵销处理时，首先将内部购销业务的金额全部抵销，借记“营业收入”账户，贷记“营业成本”账户；其次抵销购买企业存货价值中包括的未实现内部销售利润，抵销分录为，借记“营业成本”账户，贷记“存货”账户。

【例 3-17】母公司本期向子公司销售商品，母公司的销售价格为 20 000 元，销售毛利率为 20%。子公司从母公司购入的商品有一部分在资产负债表日向企业集团外部销售，销售价格为 11 000 元，销售成本为 8 000 元，其余内部购入的 12 000 元商品形成子公司的期末存货。

（a）按本期内部销售收入金额抵销内部购销业务。

借：营业收入　　20 000
　贷：营业成本　　20 000

抵销分录中，营业成本多抵销 2 400 元，在下一步抵销分录中调整。

（b）抵销本期期末存货中包括的未实现内部销售利润。

子公司期末存货中包括的未实现内部销售利润=购买方内部购入存货的期末价值×销售方的销售毛利率
=12 000×20%
=2 400（元）

借：营业成本　　2 400
　贷：存货　　2 400

（2）内部购销业务在连续编制合并财务报表中的抵销处理。

在企业连续编制合并财务报表的情况下，若上期内部购进的商品全部实现对外销售，则企业集团的期末存货中不包含未实现内部销售利润。在连续编制合并财务报表时，该抵销分录对上期合并财务报表的“期末未分配利润”没有影响，因此不涉及对本期合并财务报表“年初未分配利润”的抵销问题。若上期内部购进的商品部分或全部形成期末存货，由于期末存货中包含未实现内部销售利润，使得上期合并财务报表中的“期末未分配利润”减少（冲销的销售收入大于销售成本的差额），而上期合并财务报表中的“期末未分配利润”的数额应与本期合并财务报表中的“年初未分配利润”数额一致。但上期财务报表中的“期末未分配利润”是未经过抵销处理的不包含未实现内部销售利润的期末未分配利润，而本期以个别财务报表为基础计算求得的“年初未分配利润”是包含未实现内部销售利润的年初未分配利润。所以，本期合并财务报表中的“年初未分配利润”与上期合并财务报表中的“期末未分配利润”不一致。

因此，在企业连续编制合并财务报表时，必须将上期内部购进并全部或部分形成期末存货的情况对本期合并财务报表的“年初未分配利润”的影响予以抵销。首先将上期未实现的内部销售利润对本期年初未分配利润的影响予以抵销，调整本期年初未分配利润的数额，借记“未分配利润——年初”账户，贷记“营业成本”账户；其次对本期购进的存货进行抵销处理，抵销分录与第一期编制合并财务报表时相同。

【例 3-18】母公司上期向子公司销售商品 20 000 元，销售毛利率为 20%。子公司上期购进的商品全部未实现对外销售。

母公司本期向子公司销售商品 30 000 元，销售毛利率为 20%。子公司本期从内部购入的商品实现部分向企业集团外部销售，销售价格为 36 000 元，销售成本为 25 200 元，其余内部购入的商品形成子公司的期末存货。

①将上期抵销的存货价值中包含的未实现的内部销售利润对本期年初未分配利润的影响予以抵销。由于上期购进的商品全部未实现对外销售，上期存货价值中包含的未实现的内部销售利润为 4 000 元（20 000×20%）。编制如下抵销分录：

借：未分配利润——年初　　4 000

　贷：营业成本　　4 000

②按本期的内部销售收入抵销本期的内部销售收入与成本。

借：营业收入　　30 000

　贷：营业成本　　30 000

③抵销本期期末存货价值中包含的未实现的内部销售利润。

$$\text{本期内部购进商品形成的期末存货价值}=\text{期初内部购进存货价值}+\text{本期内部购进存货价值}-\text{本期对外销售存货成本}$$
$$=20\,000+30\,000-25\,200$$
$$=24\,800（元）$$

$$\text{本期期末存货价值中包含的未实现的内部销售利润}=\text{本期内部购进商品形成的期末存货价值}\times\text{销售方的销售毛利率}$$
$$=24\,800\times 20\%$$
$$=4\,960（元）$$

编制如下抵销分录：

借：营业成本　　4 960

　贷：存货　　4 960

6. 内部固定资产交易的抵销处理

（1）内部固定资产交易发生当期的抵销处理。

①企业集团内部企业将自用的固定资产销售给集团其他企业作为固定资产使用的抵销处理。企业集团内部企业将固定资产销售给集团其他企业作为固定资产使用时，销售方处置固定资产时通过“固定资产清理”账户核算，且将清理固定资产的收益转入“营业外收入”账户，清理固定资产的损失转入“营业外支出”账户，销售方已经将内部固定资产的清理净损益计入个别利润表；购买方按买价，即销售方的售价增加“固定资产”价值，并且将其包括在个别资产负债表中的“固定资产”项目内。

从企业集团的角度考虑，这种固定资产内部交易只是固定资产在企业集团内部的转移，存放地点发生了变化，不能增加企业集团的利润，也不能增加企业集团的固定资产价值。因此，在编制合并财务报表时，要将销售方确认的未实现的内部销售利润与购买方确认的固定资产原价中包含的未实现的利润进行抵销处理，予以扣除，借记“营业外收入”账户，贷记“固定资产——原价”账户。固定资产还涉及折旧问题，必须抵销固定资产原价中包含的未实现内部利润引起的多计提折旧的数额，借记“固定资产——累计折旧”账户，贷记“管理费用”账户等。

（a）固定资产原价中包含的未实现内部销售利润的抵销处理。在这种情况下，必须抵销固定资产原价中包含的未实现内部销售利润，调整“固定资产——原价”和“营业外收入”账户。对于双方固定资产原价上的差额，不予抵销。例如，购买方购进固定资产时有可能支付运费给运输部门，运费会增加购买方的固定资产价值，抵销时不予考虑，只抵销固定资产原价中包含的未实现内部销售利润。

【例 3-19】母公司将净值为 20 000 元的固定资产以 24 800 元的售价卖给其子公司作为固定资产使用，子公司规定该固定资产的使用年限为 4 年，采用直线法计提折旧，当年 1 月购入，当月投入管理部门使用。

该内部固定资产交易形成的未实现内部销售利润为 4 800 元。编制如下抵销分录：

借：营业外收入　　4 800

　贷：固定资产——原价　　4 800

（b）购入当期多计提折旧数额的抵销处理。管理部门计提折旧时，借记“管理费用”账户，贷记“固定资产——累计折旧”账户。因此，抵销当期多计提折旧时，应借记“固定资产——累计折旧”账户，贷记“管理费用”账户。

当期多计提折旧数额=固定资产原价中包含的未实现内部销售利润÷使用总月数×本年使用月数

=4 800÷48×11

=1 100（元）

编制如下抵销分录：

借：固定资产——累计折旧　　1 100

　贷：管理费用　　1 100

②企业集团内部企业将自身的产品销售给集团其他企业作为固定资产使用的抵销处理。企业集团内部企业将自身的产品销售给集团其他企业作为固定资产使用时，销售方按售价已经记入“营业收入”账户，且按产品成本转入“营业成本”账户，而且反映在个别利润表的相应项目中；购买方按买价，即销售方的售价增加“固定资产”价值，并且将其包括在个别资产负债表中的“固定资产”项目内。

（a）固定资产原价中包含的未实现内部销售利润的抵销处理。从企业集团的角度考虑，这种内部交易只是资产在企业集团内部的转移，存放地点发生了变化，不能增加企业集团的利润，也不能增加企业集团的固定资产价值。因此，在编制合并财务报表时，要将销售方确认的未实现的内部销售利润与购买方确认的固定资产原价中包含的未实现的利润进行抵销处理，予以扣除，借记“营业收入”账户，贷记“营业成本”账户、“固定资产——原价”账户。固定资产还涉及折旧问题，必须抵销固定资产原价中包含的未实现内部利润引起的多计提折旧的数额，借记“固定资产——累计折旧”账户，贷记“管理费用”账户等。

【例 3-20】母公司将其生产的销售成本为 30 000 元的产品，以 60 000 元的售价卖给其子公司作为固定资产使用，子公司规定该固定资产的使用年限为 4 年，采用直线法计提折旧，上年 12 月购入，当月投入管理部门使用。

将该内部交易的固定资产的内部销售收入、销售成本及固定资产原价中包含的未实现内部销售利润予以抵销。

编制如下抵销分录：

借：营业收入　60 000

　贷：营业成本　30 000

　　固定资产——原价　30 000

（b）购入当期多计提折旧数额的抵销处理。编制合并财务报表时，必须对当期多计提折旧数额进行抵销处理，调整“固定资产——累计折旧”和有关的费用账户。这是因为购买企业本期是以包含的未实现内部销售利润的固定资产原价作为计提折旧的依据，在相同的使用年限下，其各期计提的折旧数额必然大于不包含未实现内部销售利润的固定资产原价时计提的折旧数额，因此要进行抵销处理。

当期多计提折旧数额=未实现内部销售利润÷使用年限=30 000÷4=7 500（元）

编制如下抵销分录：

借：固定资产——累计折旧　7 500

　贷：管理费用　7 500

（2）内部固定资产交易使用期间的抵销处理。

在企业连续编制合并财务报表时，内部交易的固定资产不仅影响本期合并财务报表的编制，还会影响以后期间合并财务报表的编制。

首先，必须将内部交易固定资产原价中包含的未实现内部销售利润对年初未分配利润的影响数予以抵销，这是因为以前会计期间内部交易固定资产的未实现内部销售利润已包括在销售企业的个别财务报表中，并且作为当期期末未分配利润的一部分结转到下期个别财务报表的年初未分配利润项目，使得本期以个别财务报表为基础编制的合并财务报表的“年初未分配利润”项目与上期合并财务报表的“期末未分配利润”项目不等。因此，编制本期合并财务报表时，必须将“年初未分配利润”中包含的未实现内部销售利润的数额抵销。同时，本期个别资产负债表的“固定资产”项目中仍然包含内部交易的购进固定资产的未实现内部销售利润的数额，也必须抵销。只要固定资产仍在正常使用，每年都要编制借记“未分配利润——年初”账户，贷记“固定资产——原价”账户的抵销分录。其次，将以前年度累计多计提折旧数额对年初未分配利润的影响数予以抵销，调整“固定资产——累计折旧”和“未分配利润——年初”账户的数额。由于内部未实现利润的存在，一方面该固定资产在以前年度多计提折旧，增加了本期个别财务报表期初“固定资产——累计折旧”数额；另一方面由于企业折旧费用的增加，使企业期末未分配利润减少，使得本期个别财务报表的年初未分配利润减少，在以后年度要将这种影响予以抵销，调减“固定资产——累计折旧”账户，调增“未分配利润——年初”账户。只要固定资产仍在正常使用，每年都要编制借记“固定资产——累计折旧”账户，贷记“未分配利润——年初”账户的抵销分录。最后，将内部交易固定资产在本期使用并多计提的折旧费用予以抵销，调整“固定资产——累计折旧”和有关的费用账户。由于本期固定资产仍在正常使用，个别财务报表也是以包含内部未实现利润的固定资产原价为基础计提折旧的，因此必须抵销本期多计提的折旧费用。

【例 3-21】假设【例 3-20】中的固定资产在第二、第三年仍在正常使用，编制企业集团第二、第三年的合并财务报表时，需要编制如下和内部交易固定资产有关的抵销分录。

企业第二年应编制如下抵销分录：

①抵销固定资产原价中包含的未实现内部销售利润对年初未分配利润的影响。将固定资产原价中包含的未实现内部销售利润 30 000 元抵销，并相应调减年初未分配利润。

借：未分配利润——年初　　30 000
　贷：固定资产——原价　　30 000

②抵销以前年度累计多计提的折旧数额对年初未分配利润的影响。将第一年内部交易固定资产多计提折旧 7 500 元抵销，相应调减年初未分配利润。

借：固定资产——累计折旧　　7 500
　贷：未分配利润——年初　　7 500

③抵销本期多计提折旧数额。抵销本期多计提折旧数额的方法与第一年相同。

借：固定资产——累计折旧　　7 500
　贷：管理费用　　7 500

同理，第三年编制合并财务报表时，企业需要编制如下抵销分录。

①抵销固定资产原价中包含的未实现内部销售利润对年初未分配利润的影响。将固定资产原价中包含的未实现内部销售利润 30 000 元抵销，并相应调减年初未分配利润。

借：未分配利润——年初　　30 000
　贷：固定资产——原价　　30 000

②抵销以前年度累计多计提的折旧数额对年初未分配利润的影响。企业第一、第二年多计提的折旧数额之和为 15 000 元。

借：固定资产——累计折旧　　15 000
　贷：未分配利润——年初　　15 000

③抵销本期多计提折旧数额。抵销本期多计提折旧数额的方法与第一、第二年相同。

借：固定资产——累计折旧　　7 500
　贷：管理费用　　7 500

（3）内部固定资产交易清理期间的抵销处理。

固定资产清理可能出现三种情况：一是期满清理；二是超期清理；三是提前清理。

①内部固定资产交易期满清理的抵销处理。随着内部交易固定资产使用期满，一方面，由于固定资产实体已经退出集团公司，其原值已经注销，期初未分配利润中固定资产内部交易的未实现利润随之转为实现，所以，不存在抵销固定资产原价中包含的未实现利润的问题；另一方面，由于不存在未实现利润，随着固定资产的清理，其累计折旧额也已经注销，也就不存在对按未实现利润多提折旧的抵销问题。但是，需要将当年度按期初未实现利润多提的折旧而导致本年度管理费用与期初未实现利润进行调整，应当编制的会计分录为借记“未实现利润——年初”账户，贷记“管理费用”账户等。

②内部固定资产交易超期清理的抵销处理。对于超期使用的内部交易固定资产，其抵销分为两种情况：一是内部交易的固定资产超期使用，但未进行清理前会计期间的合并财务报表，由于该固定资产仍处于使用中，且在购买企业的财务报表中列示，需要进行有关的抵销处理。抵销时，首先将固定资产原价中包含的未实现内部销售收入予以抵销，调整年初未分配利润；其次由于期初累计折旧仍然包括内部交易以前年度累计多计提的折旧数，必须将多计提的累计折旧予以抵销调整年初未分配利润的数额。由于超期使用的固定资产不计提折旧，因而不涉及抵销本期多计提折旧的问题。二是对于清理当期的合并财务报表，由于内部交易固定资产已经清理，实物已不存在，固定资产与累计折旧已经随着固定资产的清理而核销，超期使用的固定资产也不计提折旧，因此对于该内部交易的固定资产不需要进行抵销处理。

【例 3-22】假设【例 3-20】中的固定资产，由于使用状态良好，企业在第五年仍继续使用，尚未报废。

企业在编制第五年合并财务报表时，应编制如下抵销分录：

（a）抵销未实现内部销售利润对年初未分配利润的影响。

借：未分配利润——年初　　30 000

　贷：固定资产——原价　　30 000

（b）抵销以前年度累计多计提折旧数额对年初未分配利润的影响。

借：固定资产——累计折旧　　30 000

　贷：未分配利润——年初　　30 000

③内部固定资产交易提前清理的抵销处理。在这种情况下的抵销分录，与内部交易固定资产期满的抵销分录基本相同，由于固定资产的实体已不复存在，抵销分录中不涉及“固定资产——原价”“固定资产——累计折旧”账户，仍然作“营业外收入”账户处理。进行抵销处理时，首先将固定资产原价中包含的未实现内部销售收入予以抵销，调整年初未分配利润。其次由于期初累计折旧仍然包括内部交易以前年度累计多计提的折旧数，必须将多计提的累计折旧予以抵销调整年初未分配利润的数额。最后抵销本期多计提的折旧数额。

【例 3-23】假设【例 3-20】中的固定资产，由于不能继续使用，企业在第三年年末对该固定资产进行清理。清理净收益为 10 000 元。

企业在编制第三年合并财务报表时，应编制如下抵销分录：

（a）抵销未实现内部销售收入对年初未分配利润的影响。

借：未分配利润——年初　　30 000

　贷：营业外收入　　30 000

（b）抵销以前年度累计多计提折旧数额 15 000 元（7 500×2）对年初未分配利润的影响。

借：营业外收入　　15 000

　贷：未分配利润——年初　　15 000

（c）抵销本年度多计提的折旧费用。

借：营业外收入　　7 500

　贷：管理费用　　7 500

（三）调整合并盈余公积的数额

在对母公司的长期股权投资与子公司所有者权益进行抵销时，已将子公司以前年度及本期提取的全部盈余公积从合并财务报表中扣除。但根据我国《公司法》的规定，盈余公积必须由单个企业按照当期实现的税后净利润计提；但对于企业集团来说，即使编制合并财务报表，母公司、子公司也应分别计提盈余公积。因此，合并资产负债表中的盈余公积数额，除包括母公司计提的盈余公积数额外，还应当包括子公司计提的盈余公积数额。

调整子公司盈余公积时，只调整子公司盈余公积中母公司拥有的部分，对于少数股东拥有的部分不予考虑，这是本调整分录与前两种调整分录的差别。编制调整分录时，一般将子公司资产负债表中的盈余公积分解为本期提取盈余公积和期初盈余公积，并分别进行调整。

1. 本期提取盈余公积的调整

（1）全资子公司。

当纳入合并范围的是全资子公司时，子公司的盈余公积全部归母公司所有，应当按照子公司本期提取的全部盈余公积数额调整合并资产负债表中的盈余公积数额。

【例 3-24】假设母公司拥有子公司的全部股份，子公司本期提取的盈余公积为 85 000 元。编制如下抵销分录：

借：提取盈余公积	85 000	
贷：盈余公积		85 000

（2）非全资子公司。

当纳入合并范围的是非全资子公司时，应以子公司本期提取的盈余公积中属于母公司的数额进行调整。金额上等于子公司本期提取的盈余公积与母公司持股比例的乘积。

【例 3-25】假设母公司拥有子公司 80%的股份，子公司本期提取的盈余公积为 85 000 元。编制如下抵销分录：

母公司拥有的盈余公积数额=子公司本期提取的盈余公积×母公司持股比例

=85 000×80%=68 000（元）

借：提取盈余公积	68 000	
贷：盈余公积		68 000

2. 期初盈余公积的调整

期初盈余公积的调整，实际上涉及的是连续编制合并财务报表的抵销分录问题。企业在连续编制合并财务报表时，本期合并财务报表的“年初未分配利润”项目与上期合并财务报表的“未分配利润”项目的数额必须相同，否则就是错误的。与个别财务报表不同的是：本期合并财务报表的“年初未分配利润”的数额不是从上期合并财务报表的“未分配利润”过入，而是按合并财务报表的编制程序，由当年母、子公司个别财务报表的“年初未分配利润”项目合计计算求得的。但是，上年编制合并财务报表的抵销分录只调整了上年的合并财务报表，并未调整母、子公司个别财务报表，使得本期以个别财务报表计算的“年初未分配利润”数额与上期合并财务报表的“未分配利润”数额出现差额。

为了解决上述问题，必须对上一期抵销分录中影响合并财务报表的“未分配利润”的数额进行调整，即调整本期合并财务报表的“年初未分配利润”项目，保证两者在数额上相等。对于盈余公积而言，“提取盈余公积”项目减少了当期合并财务报表的“期末未分配利润”项目，从而直接影响下一会计期间合并财务报表的“年初未分配利润”的数额。因此，在编制本期合并财务报表时，除调整本期计提的盈余公积外，还必须将子公司以前年度提取的盈余公积进行调整，从而调整本期合并财务报表的“年初未分配利润”的数额，保证本期合并财务报表的“年初未分配利润”项目与上期合并财务报表的“期末未分配利润”项目的数额相等。

对于子公司的期初盈余公积，在纳入合并范围的为全资子公司的情况下，应当按照期初盈余公积的全部数额调整合并资产负债表中的盈余公积的数额；当纳入合并范围的为非全资子公司时，应当按照子公司期初盈余公积中母公司所拥有的数额进行调整。调整期初盈余公积时，要减少企业集团“年初未分配利润”的数额，应借记“未分配利润——年初”账户，贷记“盈余公积”账户。

【例 3-26】假设母公司拥有子公司 80%的股份，子公司个别资产负债表中，盈余公积项目的数额为 70 000 元。其中，本期计提的盈余公积为 15 000 元，上年度提取的盈余公积的数额为 55 000 元。

本期编制合并财务报表时，应作抵销处理。

①调整期初盈余公积对年初未分配利润的影响。

母公司拥有期初盈余公积的数额=子公司期初盈余公积×母公司持股比例=55 000×80%=44 000（元）

编制如下抵销分录：

借：未分配利润——年初　　44 000

　贷：盈余公积　　44 000

在列入合并财务报表工作底稿时，列入“年初未分配利润”项目的借方，进而记入“未分配利润”账户，从而达到调整未分配利润的目的。

②调整当期提取的盈余公积。

母公司拥有当期提取盈余公积的数额=子公司本期计提的盈余公积×母公司持股比例

=15 000×80%=12 000（元）

编制如下抵销分录：

借：提取盈余公积　　12 000

　贷：盈余公积　　12 000

四、合并资产负债表的格式

合并资产负债表的格式综合考虑了企业集团中一般工商企业和金融企业的财务状况列报的要求。与个别资产负债表的格式基本相同，主要增加了四个项目：一是在“无形资产”项目之下增加了“商誉”项目，用于反映同一控制下企业合并中取得的商誉；二是在所有者权益项目之下增加了“归属于母公司所有者权益合计”项目，用于反映企业集团的所有者权益中归属于母公司所有者权益的部分；三是在所有者权益项目之下增加了“少数股东权益”项目，用于反映非全资子公司的所有者权益中不属于母公司的份额；四是在“未分配利润”项目之后，“归属于母公司所有者权益合计”项目之前，增加了“外币报表折算差额”项目，用于反映境外经营的资产负债表折算为人民币表示的资产负债表时所发生的折算差额中归属于母公司所有者权益的部分。合并资产负债表的格式见表 3-2。

表 3-2　**合并资产负债表**

编制单位：　　　　年　月　日　　　　单位：元

资　产	期末余额	年初余额	负债和所有者权益（或股东权益）	期末余额	年初余额
流动资产：			流动负债：		
货币资金			短期借款		
结算备付金			向中央银行借款		
拆出资金			吸收存款及同业存放		
以公允价值计量且其变动计入当期损益的金融资产			拆入资金		
应收票据			以公允价值计量且其变动计入当期损益的金融负债		
应收账款			应付票据		
预付款项			应付账款		
应收保费			预收款项		
应收分保账款			卖出回购金融资产款		
应收分保合同准备金			应付手续费及佣金		
应收利息			应付职工薪酬		
其他应收款			应交税费		
买入返售金融资产			应付利息		
存货			其他应付款		
一年内到期的非流动资产			应付分保账款		
其他流动资产			保险合同准备金		
流动资产合计			代理买卖证券款		
非流动资产：			代理承销证券款		
发放贷款及垫款			一年内到期的非流动负债		
可供出售金融资产			其他流动负债		
持有至到期投资			流动负债合计		
长期应收款			非流动负债：		
长期股权投资			长期借款		
投资性房地产			应付债券		
固定资产			长期应付款		

续表

资　产	期末余额	年初余额	负债和所有者权益（或股东权益）	期末余额	年初余额
在建工程			专项应付款		
工程物资			预计负债		
固定资产清理			递延所得税负债		
生产性生物资产			其他非流动负债		
油气资产			非流动负债合计		
无形资产			负债合计		
开发支出			所有者权益（或股东权益）：		
商誉			实收资本（或股本）		
长期待摊费用			资本公积		
递延所得税资产			减：库存股		
其他非流动资产			其他综合收益		
非流动资产合计			盈余公积		
			一般风险准备		
			未分配利润		
			外币报表折算差额		
			归属于母公司所有者权益合计		
			少数股东权益		
			所有者权益合计		
资产总计			负债和所有者权益（或股东权益）总计		

第四节　合并利润表

合并利润表应当以母公司和子公司的利润表为基础，在抵销母公司和子公司、子公司相互之间发生的内部交易对合并利润表的影响后，由母公司合并编制。

一、在编制合并利润表时需要进行抵销的项目

在编制合并利润表时需要进行抵销的项目主要包括：①营业收入和营业成本；②固定资产折旧或无形资产摊销；③投资收益与利息费用；④内部应收账款坏账准备；⑤内部存货跌价准备。

在编制合并利润表时需要特别加以抵销处理的是母公司内部投资收益项目与子公司利润分配项目。

（一）内部营业收入和内部营业成本的抵销处理

内部营业收入是指企业集团内部母公司和子公司、子公司相互之间发生的商品销售（或劳务提供，下同）活动所产生的营业收入。内部营业成本是指企业集团内部母公司和子公司、子公司相互之间发生的商品销售活动所产生的营业成本。

在企业集团内部母公司和子公司、子公司相互之间发生内部购销交易的情况下，母公司和子公司都从自身的角度，以自身独立的会计主体进行核算反映其损益情况。对于销售企业来说，以其内部销售确认当期销售收入并结转相应的销售成本，计算当期内部销售商品损益。对于购买企业来说，其购进的商品可能用于对外销售，也可能作为固定资产、工程物资、在建工程、无形资产等资产使用。在购买企业将内部购进的商品用于对外销售时，可能出现以下三种情况：第一种情况是内部购进的商品全部实现对外销售；第二种情况是内部购进的商品全部未实现对外销售，形成期末存货；第三种情况是内部购进的商品部分实现对外销售、部分形成期末存货。该类抵销处理参见第二节有关“存货价值中包含未实现内部销售利润的抵销处理”的内容。

（二）购买企业购进商品作为固定资产、无形资产等资产使用时的抵销处理

企业集团内母公司和子公司、子公司相互之间将自身的产品销售给其他企业作为固定资产使用的抵销处理，参见本章第二节有关“内部交易形成的固定资产在购入当期的抵销处理”的内容。

（三）内部应收款项计提的坏账准备等减值准备的抵销处理

编制合并资产负债表时，需要将内部应收账款与应付账款相互抵销，与此相适应，需要将内部应收账款计提的坏账准备予以抵销。相关抵销处理，参见本章第二节有关“应收账款与应付账款的抵销处理”的内容。

（四）内部投资收益（利息收入）和利息费用的抵销处理

企业集团内部母公司和子公司、子公司相互之间可能发生相互提供信贷，以及相互之间持有对方债券的内部交易。在持有母公司或子公司发行的企业债券的情况下，发行债券的企业支付的利息费用作为“财务费用”处理，并在其个别利润表“财务费用”项目中列示；而持有债券的企业，将购买的债券在其个别资产负债表“持有至到期投资”项目中列示，当期获得的利息收入则作为“投资收益”处理，并在其个别利润表“投资收益”项目中列示。在编制合并财务报表时，应当在抵销内部发行的应付债券和持有至到期投资等内部债权债务的同时，将应付债券和持有至到期投资相关的利息费用与投资收益相互抵销，即将内部债券投资收益与内部发行债券的利息费用相互抵销，参见第二节有关“内部利息收入与利息支出的抵销处理”的内容。

（五）母公司、子公司相互之间持有对方长期股权投资的投资收益的抵销处理

内部投资收益是指母公司对子公司长期股权投资所取得的收益，在金额上等于子公司的税后净利润与母公司持股比例的乘积。在子公司为全资子公司的情况下，母公司的投资收益就是子公司本期的净利润；在子公司为非全资子公司的情况下，子公司本期的净利润包括母公司的投资收益和少数股东损益两部分。内部投资收益在金额上等于子公司本期的净利润与母公司持股比例的乘积。

编制合并利润表，是以母公司与子公司的利润表为基础，将母、子公司的收入、成本、费用等项目进行合并，实际上是将子公司本期的净利润还原为各项收入、成本、费用

等项目。母公司确认的投资收益是按子公司本期的净利润计算的。为了避免对子公司净利润的重复计算，必须将母公司取得的内部投资收益予以抵销。

1. 全资子公司的抵销处理

在子公司为全资子公司的情况下，母公司的投资收益就是子公司本期实现的全部净利润数额。子公司年初未分配利润加上本期实现的全部净利润就是当年利润分配的来源。子公司本期利润分配各项目和期末未分配利润的数额合计就是本年利润分配的去向。利润分配的来源和去向数额是相等的，正好相互抵销。

【例 3-27】假设母公司拥有甲子公司的全部股份，甲子公司的年初未分配利润为20 000 元，本期实现的全部净利润为 100 000 元，甲子公司在本年利润分配中，共提取盈余公积 15 000 元，应付给投资者股利 55 000 元，期末未分配利润 50 000 元。

子公司的年初未分配利润 + 子公司本期实现的全部净利润（母公司的内部投资收益） = 子公司本年利润分配 + 期末未分配利润

编制如下抵销分录：

借：投资收益	100 000	
未分配利润——年初	20 000	
贷：提取盈余公积		15 000
应付普通股股利		55 000
未分配利润——年末		50 000

2. 非全资子公司的抵销处理

在子公司为非全资子公司的情况下，母公司本期对子公司的内部投资收益和少数股东损益两部分之和就是子公司本期的净利润。母公司内部投资收益、少数股东损益、子公司的年初未分配利润之和与子公司本期利润分配各项目和期末未分配利润之和正好相等，相互抵销。

【例 3-28】假设母公司拥有甲子公司 80%的股份，其他资料同【例 3-27】。

子公司的年初未分配利润 + 子公司本期实现的全部净利润（母公司的内部投资收益） + 少数股东损益 = 子公司本年利润分配 + 子公司的期末未分配利润

母公司的内部投资收益=子公司本期实现的全部净利润×母公司持股比例

=100 000×80%

=80 000（元）

“少数股东损益”的数额=子公司本期实现的全部净利润×（1-母公司持股比例）

=100 000×（1-80%）

=20 000（元）

编制如下抵销分录：

借：投资收益	80 000	
少数股东损益	20 000	
未分配利润——年初	20 000	
贷：提取盈余公积		15 000
应付普通股股利		55 000
未分配利润——年末		50 000

二、合并利润表的基本格式

合并利润表的基本格式综合考虑了企业集团中一般工商企业和金融企业的经营成果列

报的要求。

合并利润表主要反映以下几方面的内容：（1）营业总收入，反映企业集团营业收入总额，其中，营业收入反映企业集团中一般工商企业实现的营业收入，包括主营业务收入和其他业务收入；利息收入反映企业集团中金融企业实现的利息收入；保费净收入反映企业集团中金融企业保费收入扣除提取未到期责任准备金后的净收入；手续费及佣金收入反映企业集团中金融企业实现的手续费及佣金收入。（2）营业总成本，具体项目与营业总收入的项目对应，还包括期间费用等。（3）营业利润，营业总收入减去营业总成本，加上（或减去）公允价值变动收益（损失）、投资收益（损失）、汇兑收益（损失），即为营业利润。（4）利润总额，营业利润加上营业外收入，减去营业外支出，即为利润总额。（5）净利润，利润总额减去所得税费用，即为净利润。净利润也等于归属于母公司所有者的净利润加上少数股东损益。（6）综合收益总额，净利润加上其他综合收益，即为综合收益总额。

合并利润表与个别利润表的格式基本相同，主要增加了五个项目，即在“净利润”项目下增加“归属于母公司所有者的净利润”和“少数股东损益”两个项目，分别反映净利润中由母公司所有者所享有的份额和非全资子公司当期实现的净利润中属于少数股东的份额，即不属于母公司享有的份额。在属于同一控制下企业合并增加的子公司当期的合并利润表中还应在“净利润”项目下增加“其中：被合并方在合并以前实现的净利润”项目，用于反映同一控制下企业合并中取得的被合并方在合并以前实现的净利润。但是，“被合并方在合并以前实现的净利润”应当在母公司所有者和少数股东之间进行分配，如果全部不属于母公司所有者，则应同时列示在“少数股东损益”项目之中，仍然保持“合并净利润=归属于母公司所有者的净利润+少数股东损益”的平衡关系。在“综合收益”项目下增加“归属于母公司所有者的综合收益总额”和“归属于少数股东的综合收益总额”两个项目，分别反映综合收益总额中由母公司所有者所享有的份额和非全资子公司当期综合收益总额中属于少数股东的份额，即不属于母公司享有的份额，仍然保持“综合收益总额=归属于母公司所有者的综合收益总额+归属于少数股东的综合收益总额”的平衡关系，合并利润表的一般格式见表 3-3。

表 3-3 **合并利润表**

编制单位： 年度 单位：元

项　目	本期金额	上期金额
一、营业总收入		
其中：营业收入		
利息收入		
保费净收入		
手续费及佣金收入		
二、营业总成本		
其中：营业成本		
利息支出		

续表

项　目	本期金额	上期金额
手续费及佣金支出		
退保金赔付支出净额		
提取保险责任准备金净额		
保单红利支出		
分保费用		
税金及附加		
销售费用		
管理费用		
财务费用		
资产减值损失		
加：公允价值变动收益（损失以“-”号填列）		
投资收益（损失以“-”号填列）		
其中：对联营企业和合营企业的投资收益		
汇兑收益（损失以“-”号填列）		
三、营业利润（亏损以“-”号填列）		
加：营业外收入		
减：营业外支出		
其中：非流动资产处置损失		
四、利润总额（亏损以“-”号填列）		
减：所得税费用		
五、净利润（亏损以“-”号填列）		
归属于母公司所有者的净利润		
少数股东损益		
六、其他综合收益的税后净额		
七、综合收益		
归属于母公司所有者的综合收益总额		
归属于少数股东的综合收益总额		
八、每股收益		
（一）基本每股收益		
（二）稀释每股收益		

第五节 合并现金流量表

合并现金流量表是用以反映母公司及其子公司组成的企业集团在一定期间的现金流入量、现金流出量及其增减变动情况的报表。

合并现金流量表的编报是随着现金流量表的运用而逐步发展为各国会计实务的重要内容的。20 世纪 70 年代末，美国财务会计准则委员会（FASB）就已认识到了现金流量信息对决策的高度有用性，在它公布的财务会计概念公告第 1 辑（SFAC1）（1978）和财务会计概念公告第 5 辑（SFAC5）（1984）中都有论述。公告第 1 辑（SFAC1）认为，财务报告应当提供信息借以帮助现在的和潜在的投资者、债权人和其他使用者评估来自股利或利息的预期现金收入以及来自证券或贷款的出售或到期收回的实得收入的金额、时间间隔和不确定性。这些现金收入的前景受到企业能否产生足够的现金来偿还其到期债务和满足经营活动的其他现金需要，重新投资于经营活动以及支付现金股利的能力的影响。公告第 1 辑（SFAC1）还认为，由于企业产生有利的现金流量的能力影响了其股利和利息的支付能力及其证券的市价，因此，投资者和债权人的预期现金流动与他们所投资或所贷款的企业的预期现金流动是联系在一起的，并且财务报告应该提供关于企业如何获得和使用现金、借款和还款、资本（权益）事项，包括支付给业主的现金股利和企业资源的其他分配及可能影响企业的变现能力或清偿能力的其他因素的信息。公告第 5 辑（SFAC5）认为，为某个时期编制的一套完整的财务报表必须反映该期的现金流动。公告第 5 辑（SFAC5）还认为，现金流量信息是关于一个主体通过经营活动产生现金据以偿还债务，分派股利或重新投资以保持或扩大经营能力等活动的有用信息；是关于其融资活动的有用信息，包括债务资本和股权资本的筹措；是关于其投资或耗用现金的有用信息；是帮助评价企业的变现能力、财务弹性、盈利能力及财务风险的重要信息。

1987 年，美国财务会计准则公告第 95 号（SFAS95）（现金流量表）正式发布并取代了财务状况变动表，对现金流量信息的重要作用做出了较为全面的归纳，即现金流量信息有助于使用者在如下一些方面做出判断：(1) 企业在未来产生有利的净现金流量的能力；(2) 企业偿还债务的能力、分派股利的能力以及对外融资的需求；(3) 净收益与相关的现金收支产生差异的原因；(4) 当期的现金和非现金投资及理财事项对企业财务状况的影响。

合并现金流量表与单个企业现金流量表的编制在原理和程序上是一致的。我国现金流量表准则把企业的现金流量划分为经营活动、投资活动和筹资活动三类。

经营活动是指企业投资活动和筹资活动以外的所有交易和事项。经营活动导致的现金流入量主要包括：(1) 销售商品、提供劳务收到的现金；(2) 收到的经营租赁的租金收入；(3) 收到的增值税销项税额和退回的增值税款；(4) 收到的除增值税以外的其他税费返还；(5) 收到其他与经营活动有关的现金。

经营活动导致的现金流出量主要包括：(1) 购买商品、接受劳务支付的现金；(2) 经营租赁所支付的租金支出；(3) 支付给职工以及为职工支付的现金；(4) 支付的增值税进项税额和实际缴纳的增值税款；(5) 支付的所得税款；(6) 支付的除增值税、所得税以外的其他税费；(7) 支付其他与经营活动有关的现金。

投资活动是指企业长期资产的购建和不包括在现金等价物范围内的投资及其处置活动。投资活动导致的现金流入量主要包括：（1）收回投资收到的现金；（2）分得股利或利润收到的现金；（3）取得债券利息收入收到的现金；（4）处置固定资产、无形资产和其他长期资产收回的现金净额；（5）收到其他与投资活动有关的现金。

投资活动导致的现金流出量主要包括：（1）购建固定资产、无形资产和其他长期资产支付的现金；（2）权益性投资支付的现金；（3）债券性投资支付的现金；（4）支付其他与投资活动有关的现金。

筹资活动是指导致企业资本及债务规模和构成发生变化的活动。筹资活动导致的现金流入量主要包括：（1）吸收权益性投资收到的现金；（2）发行债券收到的现金；（3）借款收到的现金；（4）收到其他与筹资活动有关的现金。

筹资活动导致的现金流出量主要包括：（1）偿还债务支付的现金；（2）发生筹资费用支付的现金；（3）分配股利或利润支付的现金；（4）偿付利息支付的现金；（5）融资租赁支付的现金；（6）减少注册资本支付的现金；（7）支付其他与筹资活动有关的现金。

一、编制合并现金流量表时应进行抵销处理的项目

编制合并现金流量表时应进行抵销处理的项目，主要有：

（一）企业集团内部当期以现金投资或收购股权增加的投资所产生的现金流量的抵销处理

母公司直接以现金对子公司进行的长期股权投资或以现金从子公司的其他所有者处收购股权，表现为母公司现金流出，在母公司个别现金流量表中作为投资活动现金流出列示。子公司接受这项投资时，表现为现金流入，在其个别现金流量表中反映为筹资活动的现金流入。从企业集团整体来看，母公司以现金对子公司进行的长期股权投资实际上相当于母公司将资本拨付下属核算单位，并不引起整个企业集团现金流量的增减变动，因此，在编制合并现金流量表时，应当在母公司与子公司现金流量表数据简单相加的基础上，将母公司当期以现金对子公司长期股权投资所产生的现金流量予以抵销。

（二）企业集团内部当期以投资收益收到的现金与分配股利、利润或偿付利息支付的现金的抵销处理

母公司对子公司进行的长期股权投资和债权投资，在持有期间收到子公司分派的现金股利或债券利息，表现为现金流入，在母公司个别现金流量表中作为“取得投资收益收到的现金”列示。子公司向母公司分派的现金股利或支付的债券利息，表现为现金流出，在其个别现金流量表中反映为“分配股利、利润或偿付利息支付的现金”。从企业集团整体来看，这种投资收益的现金收支，并不引起整个企业集团现金流量的增减变动，因此，在编制合并现金流量表时，应当在母公司与子公司现金流量表数据简单相加的基础上，将母公司当期取得投资收益收到的现金与子公司分配股利、利润或偿付利息支付的现金予以抵销。

（三）企业集团内部当期以现金结算债权与债务所产生的现金流量的抵销处理

母公司对子公司、子公司相互之间当期以现金结算应收账款或应付账款等债权债务，表现为现金流入或现金流出，在母公司个别现金流量表中作为“收到其他与经营活动有关的现金”或“支付其他与经营活动有关的现金”列示。在子公司个别现金流量表中作为“支付其他与经营活动有关的现金”或“收到其他与经营活动有关的现金”列示，从企业

集团整体来看，这种现金结算债权与债务的方式，并不引起整个企业集团现金流量的增减变动，因此，在编制合并现金流量表时，应当在母公司与子公司现金流量表数据简单相加的基础上，将企业集团内部当期以现金结算债权与债务所产生的现金流量予以抵销。

（四）企业集团内部当期销售商品所产生的现金流量的抵销处理

母公司向子公司当期销售商品所收到的现金，表现为现金流入，在母公司个别现金流量表中作为“销售商品、提供劳务收到的现金”列示。子公司向母公司支付购货款，表现为现金流出，在子公司个别现金流量表中作为“购买商品、接受劳务支付的现金”列示。从企业集团整体来看，这种内部商品购销现金收支，并不会引起整个企业集团现金流量的增减变动，因此，在编制合并现金流量表时，应当在母公司与子公司现金流量表数据简单相加的基础上，将母公司与子公司、子公司相互之间当期销售商品所产生的现金流量予以抵销。

（五）企业集团内部处置固定资产等收回的现金净额与购建固定资产等支付的现金的抵销处理

母公司向子公司处置固定资产等非流动资产，表现为现金流入，在母公司个别现金流量表中作为“处置固定资产、无形资产和其他长期资产收回的现金净额”列示。子公司表现为现金流出，在子公司个别现金流量表中反映为“购建固定资产、无形资产和其他长期资产支付的现金”。从企业集团整体来看，这种固定资产处置与购置的现金收支，并不会引起整个企业集团现金流量的增减变动，因此，在编制合并现金流量表时，应当在母公司与子公司现金流量表数据简单相加的基础上，将母公司与子公司、子公司相互之间处置固定资产、无形资产和其他长期资产收回的现金净额与购建固定资产、无形资产和其他长期资产支付的现金相互抵销。

二、合并现金流量表的格式

合并现金流量表的基本格式综合考虑了企业集团中一般工商企业和金融企业的现金流入和现金流出的要求，与个别现金流量表的格式基本相同，主要增加了反映金融企业行业特点和经营活动现金流量的项目。合并现金流量表的基本格式见表 3-4。

表 3-4 **合并现金流量表**

编制单位： 年度 单位：元

项　目	上年金额	本年金额
一、经营活动产生的现金流量		
销售商品、提供劳务收到的现金		
客户存款和同业存放款项净增加额		
向中央银行借款净增加额		
向其他金融机构拆入资金净增加额		
收到原保险合同保费取得的现金		
收到再保险业务现金净额		
保户储金及投资款净增加额		
处置交易性金融资产净增加额		
收取利息、手续费及佣金净增加额		
拆入资金净增加额		
回购业务资金净增加额		
收到的税费返还		

续表

项　目	上年金额	本年金额
收到其他与经营活动有关的现金		
经营活动现金流入小计		
购买商品、接受劳务支付的现金		
客户贷款及垫款净增加额		
存放中央银行和同业款项净增加额		
支付原保险合同赔付款项的现金		
支付利息、手续费及佣金的现金		
支付保单红利的现金		
支付给职工以及为职工支付的现金		
支付的各项税费		
支付其他与经营活动有关的现金		
经营活动现金流出小计		
经营活动产生的现金流量净额		
二、投资活动产生的现金流量		
收回投资收到的现金		
取得投资收益收到的现金		
处置固定资产、无形资产和其他长期资产收回的现金净额		
处置子公司及其他营业单位收到的现金净额		
收到其他与投资活动有关的现金		
投资活动现金流入小计		
购建固定资产、无形资产和其他长期资产支付的现金		
投资支付的现金		
质押贷款净增加额		
取得子公司及其他营业单位支付的现金净额		
支付其他与投资活动有关的现金		
投资活动现金流出小计		
投资活动产生的现金流量净额		
三、筹资活动产生的现金流量		
吸收投资收到的现金		
其中：子公司吸收少数股东投资收到的现金		
取得借款收到的现金		
发行债券收到的现金		
收到其他与筹资活动有关的现金		
筹资活动现金流入小计		
偿还债务支付的现金		
分配股利、利润或偿付利息支付的现金		
其中：子公司支付给少数股东的股利、利润		
支付其他与筹资活动有关的现金		
筹资活动现金流出小计		
筹资活动产生的现金流量净额		
四、汇率变动对现金及现金等价物的影响		
五、现金及现金等价物净增加额		
加：年初现金及现金等价物余额		
六、年末现金及现金等价物余额		

第六节 合并所有者权益变动表

合并所有者权益变动表是以母公司和子公司的所有者权益变动表为基础，在抵销母公司和子公司、子公司相互之间发生的内部交易对合并所有者权益变动表的影响后，由母公司合并编制。

在编制合并所有者权益变动表的过程中，企业应当对下列项目进行抵销处理：

（1）母公司对子公司的长期股权投资应当与母公司在子公司的所有者权益中所享有的份额相互抵销。

（2）母公司对子公司、子公司相互之间持有对方长期股权投资的投资收益应当抵销。

（3）母公司对子公司、子公司相互之间发生的其他内部交易对所有者权益变动的影响应当抵销。

合并所有者权益变动表也可以根据合并资产负债表和合并利润表进行编制。有少数股东的，应当在合并所有者权益变动表中增加“少数股东权益”栏目，用以反映少数股东权益变动的情况。

本章小结

合并财务报表又称合并会计报表。它是指反映母公司及其全部子公司所形成的企业集团整体财务状况、经营成果和现金流量的财务报表。编制合并财务报表的目的是为了反映和报告在共同控制之下的一个企业集团的财务状况、经营成果和现金流量的总括情况，以满足报表使用者对于一个经济主体而不是法律主体的会计信息的需求。合并资产负债表是以母公司和子公司的资产负债表为基础，在抵销母公司和子公司、子公司相互之间发生的内部交易对合并资产负债表的影响后，由母公司合并编制。合并利润表是以母公司和子公司的利润表为基础，在抵销母公司和子公司、子公司相互之间发生的内部交易对合并利润表的影响后，由母公司合并编制。合并现金流量表是用以反映母公司及其子公司组成的企业集团在一定期间的现金流入量、现金流出量及其增减变动情况的报表。合并所有者权益变动表是以母公司和子公司的所有者权益变动表为基础，在抵销母公司和子公司、子公司相互之间发生的内部交易对合并所有者权益变动表的影响后，由母公司合并编制。

复习思考题

1. 为什么要编制合并财务报表？其特点是什么？
2. 简述合并财务报表与联合报表、汇总报表的异同点。
3. 简述母公司理论、实体理论和所有权理论的特点。
4. 简述应纳入和不应纳入合并财务报表的范围及其原因。
5. 简述合并财务报表的编制特点和要求与个别财务报表的区别。
6. 在编制合并财务报表时，为什么要编制一系列的抵销分录？

个案分析

企业合并

A公司为B公司的母公司。（1）2×16年年初双方有关资料如下：B公司股本800 000

元、资本公积 100 000 元、未分配利润 100 000 元；长期股权投资余额 700 000 元，其中对 B 公司的长期股权投资余额 600 000 元。A 公司拥有 B 公司 60%的股权。A 公司的年初未分配利润为 80 000 元，A 公司、B 公司的应收账款分别为 40 000 元、3 000 元，其中应收对方的金额分别为 2 000 元、1 000 元。A 公司、B 公司的存货分别为 50 000 元、35 000 元，B 公司的存货中有 10%是上年从 A 公司购入的。（2）A 公司和 B 公司均按应收账款余额的 5‰计提坏账准备，A 公司的毛利率为 10%，B 公司的毛利率为 20%。（3）本年 A 公司和 B 公司双方利润表的相关资料见表 3-5。

表 3-5　**利润表相关资料**　单位：元

项　目	本年累计数	
	A公司	B公司
营业收入	2 000 000	1 000 000
营业成本	1 600 000	700 000
税金及附加	188 000	95 000
管理费用	10 000	6 000
财务费用	6 000	6 000
销售费用	4 000	2 000
资产减值损失	12 000	5 000
投资收益	3 000	0
营业外收入	2 000	4 000
营业外支出	1 000	10 000

请您根据上述资料分析回答以下问题：

（1）在编制合并财务报表时对所有的交易或事项是否都要进行抵销和调整？为什么？

（2）计算确定本年度 A 公司和 B 公司的净利润。

（3）计算本年度合并利润表中“净利润”项目的合并数。

第四章

外币业务会计

学习目标

本章阐述外币折算的基本原理及会计处理方法。通过本章学习，应掌握外币业务的会计处理方法、外币报表折算的意义和目的；重点掌握外币业务发生时及资产负债表日的会计处理、我国财务报表折算的相关规范。

第一节　外币业务概述

在经济日益全球化的趋势下，资本的跨国流动和国际贸易不断扩大。一方面，外币资本参股内资银行，外资企业在我国内地开办外商独资、合资企业，向内资企业或国内市场不断注入外币资本；另一方面，内资企业与国际市场之间的业务往来不断增加，逐步向国际市场拓展业务，参与国际资本市场竞争的程度和规模呈增长趋势，正在由资本输入向资本输出转变。在这种情况下，企业经常会涉及外币业务，本章着重学习外币业务的会计问题。

一、外汇与外币

外汇是以外币表示的用于国际结算的支付凭证。国际货币基金组织对外汇的解释为：外汇是货币行政当局（中央银行、货币机构、外汇平准基金组织和财政部）以银行存款、财政部国库券、长短期政府证券等形式所保有的在国际收支逆差时可以使用的债权，包括外国货币、外币存款、外币有价证券（政府公债、国库券、公司债券、股票等）、外币支付凭证（票据、银行存款凭证、邮政储蓄凭证等）。

外汇不等于外币，外汇除包括外币外，还包括外币有价证券、外币支付凭证；外币并非都是外汇，在通常情况下，只有可以自由兑换的外币才是外汇，因为外汇的实质是国际支付手段，如果某种货币不能自由兑换则不能成为外汇。

会计学上的外币概念和以上一般意义上的外币概念并不相同，其具有独特的使用方法。它指记账本位币以外的货币，如企业以人民币为记账本位币，那么各种外国货币均为外币，包括中国港澳台地区的货币；若企业以某种非人民币货币（如美元）为记账本位币，则美元以外的各种货币，包括人民币均是外币。为了与一般意义上的外币概念相区别，会计学上的外币概念通常以非记账本位币来替代，即记账本位币以外的货币在会计上称为外币。

二、外币业务

外币业务包括外币交易和外币报表折算。

（一）外币交易

外币交易是指以外币计价或结算的交易。根据企业会计准则的规定，不论企业以何种货币作为记账本位币，均可能存在外币交易，如果企业以外币（如美元）作为记账本位币，该企业与其他企业发生的以人民币计价的交易则为外币交易。尽管外币交易本身是以非记账本位币计量的，但会计上计量和记录这些交易时必须将其表述为记账本位币，主要包括：

（1）买入或者卖出以外币计价的商品或者劳务，通常情况下指以外币买卖商品，或者以外币结算劳务合同。这里所说的商品，可以是有实物形态的存货、固定资产等，也可以是无实物形态的无形资产、债权或股权等。例如，以人民币为记账本位币的国内甲公司向国外乙公司出口商品，以美元结算货款；企业与银行发生货币兑换业务，都属于外币交易。

（2）借入或者贷出外币资金，指企业向银行或非银行金融机构借入以记账本位币以外的货币表示的资金，或者银行或非银行金融机构向人民银行、其他银行或非银行金融机构借贷以记账本位币以外的货币表示的资金，以及发行以外币计价或结算的债券等。

（3）其他以外币计价或者结算的交易，指以记账本位币以外的货币计价或结算的其他交易，如接受外币现金捐赠等。

（二）外币报表折算

外币报表折算是指为了特定目的将以某一货币表述的财务报表换用另一种货币表述。一般来讲，外币报表折算只是改变表述的货币种类，并不改变报表项目之间的关系。

外币业务会计要着重解决记账本位币的确定、外币交易的会计处理和外币财务报表的折算问题。

三、记账本位币及其确定

记账本位币是指企业经营所处的主要经济环境中的货币。通常这一货币是企业主要收、支现金的经济环境中的货币。例如，我国企业一般以人民币作为记账本位币。

（一）企业记账本位币的确定

我国《会计法》规定，业务收支以人民币以外的货币为主的单位，可以选定其中一种货币作为记账本位币，但是编报的财务报告应当折算为人民币。《会计法》允许企业选择非人民币作为记账本位币，但是，究竟如何选择，《会计法》没有给出详细的说明，《企业会计准则第 19 号——外币折算》对如何选择记账本位币进行了规范，并规定了确定记账本位币需要考虑的因素。企业选择记账本位币，应当考虑下列因素：

（1）该货币主要影响商品和劳务销售价格，通常以该货币进行商品和劳务销售价格的计价和结算。

（2）该货币主要影响商品和劳务所需人工、材料和其他费用，通常以该货币进行上述费用的计价和结算。

企业在选定记账本位币时，上述两项因素应综合考虑，不能仅考虑其中一项。

在有些情况下，企业根据收支情况难以确定记账本位币，需要在收支基础上结合融资活动获得的资金或保存从经营活动中收取款项时所使用的货币，进行综合分析后做出判断。

【例 4-1】国内甲公司为外贸自营出口企业，超过 70%的营业收入来自向欧盟各国的出口，其商品销售价格主要受欧元的影响，以欧元计价，因此，从影响商品和劳务销售价格的角度看，甲公司应选择欧元作为记账本位币。

【例 4-2】上例中，如果甲公司除厂房设施、30%的人工成本在国内以人民币采购外，生产所需原材料、机器设备及 70%的人工成本以欧元在欧盟市场采购，则可确定甲公司的记账本位币是欧元。但是，如果甲公司的人工成本、原材料及相应的厂房设施、机器设备等 95%以上在国内采购并以人民币计价，则难以判定甲公司的记账本位币应选择欧元还是人民币，还需要兼顾考虑以下因素，以确定甲公司的记账本位币：融资活动获得的资金以及保存从经营活动中收取款项时所使用的货币。

如果甲公司取得的欧元营业收入在汇回国内时直接换成人民币存款，且甲公司对欧元波动产生的外币风险进行了套期保值，甲公司可以确定其记账本位币应为人民币。

【例 4-3】乙公司为国内一家婴儿配方奶粉加工企业，其原材料牛奶全部来自澳大利亚，主要加工技术、机器设备及主要技术人员均由澳大利亚方面提供，生产的婴儿配方奶粉面向国内出售。为满足采购原材料牛奶等所需澳元的需要，乙公司向澳大利亚某银行借款 10 亿澳元，期限为 20 年，该借款是乙公司当期流动资金净额的 4 倍。由于原材料采购以澳元结算，且企业经营所需要的营运资金，即融资获得的资金也使用澳元，因此，乙公司应当以澳元作为记账本位币。

需要说明的是，在确定企业的记账本位币时，上述因素的重要程度因企业具体情况不同而不同，需要企业管理层根据实际情况进行判断，但是，这并不能说明企业管理层可以根据需要随意选择记账本位币，企业管理层根据实际情况确定的记账本位币只能是一种货币。企业选择的记账本位币一经确定，不得改变，除非与确定记账本位币相关的企业经营所处的主要经济环境发生重大变化。

（二）境外经营记账本位币的确定

境外经营是指企业在境外的子公司、合营企业、联营企业、分支机构。当企业在境内的子公司、联营企业、合营企业或者分支机构，选定的记账本位币不同于企业的记账本位币时，也应当视同境外经营。此处所说的境外经营是个广义的概念，子公司、合营企业、联营企业、分支机构是否属于境外经营，不是以位置是否在境外为判定标准，而是要看其选定的记账本位币是否与企业相同。

企业选定境外经营的记账本位币，除考虑前面所讲的因素外，还应考虑下列因素：

（1）境外经营活动对其所从事的活动是否拥有很强的自主性。如果境外经营所从事的活动是视同企业经营活动的延伸，该境外经营应当选择与企业记账本位币相同的货币作为记账本位币，如果境外经营所从事的活动拥有极大的自主性，境外经营不能选择与企业记账本位币相同的货币作为记账本位币。

（2）境外经营活动与企业的交易在境外经营活动中是否占有较大比重。如果境外经营与企业的交易在境外经营活动中所占的比重较大，境外经营应当选择与企业记账本位币相同的货币作为记账本位币；反之，应选择其他货币。

（3）境外经营活动产生的现金流量是否直接影响企业的现金流量、是否可以随时汇回。如果境外经营活动产生的现金流量直接影响企业的现金流量，并可随时汇回，境外经营应当选择与企业记账本位币相同的货币作为记账本位币；反之，应选择其他货币。

（4）境外经营活动产生的现金流量是否足以偿还其现有债务和可预期的债务。如果境外经营活动产生的现金流量在企业不提供资金的情况下，难以偿还现有债务和正常情况下可预期的债务，则境外经营应当选择与企业记账本位币相同的货币作为记账本位币；反之，应选择其他货币。

（三）记账本位币的变更

企业选择的记账本位币一经确定，不得改变，除非与确定记账本位币相关的企业经营所处的主要经济环境发生了重大变化。主要经济环境发生重大变化，通常是指企业主要收入和支出现金的环境发生重大变化，使用该环境中的货币最能反映企业的主要交易业务的经济结果。

企业因经营所处的主要经济环境发生重大变化，确需变更记账本位币的，应当采用变更当日的即期汇率将所有项目折算为变更后的记账本位币，折算后的金额作为新的记账本位币的历史成本。由于采用同一即期汇率进行折算，因此，不会产生汇兑差额。但是，企业需要提供确凿的证据证明企业经营所处的主要经济环境确实发生了重大变化，并应当在附注中披露变更的理由。

企业记账本位币发生变更的，其比较财务报表应当以可比当日的即期汇率折算所有资产负债表和利润表项目。

四、外汇汇率

汇率，又称汇价，是以一国货币表示另一国货币的价格，亦即将一国货币换算成另一国货币的比率。

（一）汇率的标价

汇率的标价，是以外国货币表示本国货币的价格或以本国货币表示外国货币的价格，可用以下两种方式加以表述：

1. 直接标价法

直接标价法是以一定单位的外国货币为标准折合成一定数额的本国货币。其特点是：外国货币数额固定不变，本国货币的数额随着汇率的高低变化而变化，本国货币币值的大小与汇率的高低呈反比。目前，世界上大多数国家汇率的标价均采用直接标价法，我国也采用这种方法。

2. 间接标价法

间接标价法是以一定单位的本国货币为标准折合成一定数额的外国货币。其特点是：本国货币数额固定不变，外国货币的数额随着汇率的高低变化而变化，本国货币币值的大小与汇率的高低呈正比。英国、美国通常采用这种方法，但美国对英国的汇率标价采用直接标价法。

（二）汇率的种类

汇率根据不同的要求，具有不同的分类，现介绍几种主要的分类。

1. 现行汇率、历史汇率和平均汇率

现行汇率，是指资产负债表日本国货币与外国货币之间的比率。

历史汇率，是指取得外币资产或承担外币债务时的汇率。

现行汇率和历史汇率一般是相对于取得外币资产或承担外币债务而言的，当取得外币资产或承担外币债务之日就是资产负债表日时，这两种汇率是相同的；在记录外币交易之日，应用的折算汇率是现行汇率，但此日一过，这种汇率就变成历史汇率了。

平均汇率，是将现行汇率或历史汇率按简单算术平均或加权平均计算出的汇率。

2. 即期汇率和即期汇率的近似汇率

无论是在交易日对外币交易进行初始确认，还是在资产负债表日对外币交易余额进行处理，抑或对外币财务报表进行折算，均涉及折算汇率的选择。我国企业会计准则规定，企业在处理外币交易和对外币报表进行折算时，应当采用交易发生日的即期汇率将外币金额折算为记账本位币金额反映；也可以采用按照系统合理的方法确定的，与交易日即期汇率近似的汇率折算。

即期汇率，通常是指中国人民银行公布的当日人民币外汇牌价的中间价。通常情况下，人民币汇率是以直接汇率表示的。在银行，汇率有三种表示方式：买入价、卖出价和中间价。买入价指银行买入其他货币的价格；卖出价指银行出售其他货币的价格；中间价是银行买入价与卖出价的平均价。银行的卖出价一般高于买入价，以获取其中的差价。

无论买入价还是卖出价，均是立即交付的结算价格，也就是即期汇率，即期汇率是相对于远期汇率而言的，远期汇率是在未来某一日交付时的结算价格。即期汇率一般指当日中国人民银行公布的人民币汇率的中间价。企业发生单纯的货币兑换交易或涉及货币兑换的交易时，仅用中间价不能反映货币买卖的损益，需要使用买入价或卖出价折算。

即期汇率的近似汇率，是指按照系统合理的方法确定的，与交易发生日即期汇率近似的汇率，通常采用当期平均汇率或加权平均汇率等。例如，以美元兑换人民币的周平均汇率为例，假定美元兑人民币每天的即期汇率为：周一 6.30、周二 6.40、周三 6.32、周四 6.40、周五 6.38，周平均汇率为 6.36（（6.30+6.40+6.32+6.40+6.38）÷5）。月平均汇率的计算方法与周平均汇率的计算方法相同。月加权平均汇率需要采用当月外币交易的外币金额作为权重进行计算。当汇率变动不大时，为简化核算，企业在外币交易日或对外币报表的某些项目进行折算时也可以选择即期汇率的近似汇率。

无论是采用平均汇率还是加权平均汇率，或者其他方法确定的即期汇率的近似汇率，都应在前后各期保持一致。如果汇率波动使得采用即期汇率的近似汇率折算不适当，应当采用交易发生日的即期汇率折算。至于何时不适当，需要企业根据汇率变动情况及计算即期汇率的近似汇率的方法等进行判断。

3. 记账汇率和账面汇率

记账汇率也称现行汇率，是指企业会计记账当时所采用的汇率。这个汇率可以采用记账当天的汇率，也可以采用当月 1 日的汇率。会计上所用的记账汇率一般采用中间汇率，根据情况也可以采用银行的买入汇率，由企业选定，但一经确定，不能随意改变。

账面汇率也称历史汇率，是指企业以外币业务发生时所采用的已经登记入账的汇率，即过去的记账汇率。会计账面上已经入账的所有外币业务的汇率都是账面汇率。它的确定有几种方法，如先进先出法、加权平均法、移动加权平均法或个别认定法等。

五、汇兑损益

（一）汇兑损益的概念

发生的外币业务在折算为记账本位币记账时，由于业务发生的时间不同，所采用的汇率不同而产生的记账本位币的差额，或者是不同货币兑换，由于采用的汇率不同而产生的折算为记账本位币的差额，给企业带来收益或者损失，即汇兑损益。

（二）汇兑损益的分类

1. 外币业务汇兑损益根据其业务不同的分类

外币业务汇兑损益根据其业务划分，一般可分为四种经常性汇兑损益：

（1）交易外币汇兑损益，是指在发生以外币计价的交易业务时，因收回或偿付债权、债务而产生的汇兑损益；

（2）兑换外币汇兑损益，是指在发生外币与记账本位币，或一种外币与另一种外币进行兑换时产生的汇兑损益；

（3）调整外币汇兑损益，是指在会计期末将所有外币性债权、债务和外币性货币资金账户，按期末规定的汇率进行调整而产生的汇兑损益；

（4）折算外币汇兑损益，是指在会计期末为了合并财务报表或为了重新修正会计记录和重编财务报表，而把外币计量单位的金额转化为记账本位币计量单位的金额，在此过程中产生的汇兑损益。

2. 汇兑损益按其是否已经在本期实现的分类

汇兑损益按其是否已经在本期实现分类，可分为已实现的汇兑损益和未实现的汇兑损益。

（1）已实现的汇兑损益，是指产生汇兑损益的外币业务在本期内已经全部完成所产生的汇兑损益。例如，收到的外币存款在实际支付时、应收的外币债权在实际收回时、应付的外币债务在实际偿还时、不同货币在实际兑换时的汇兑损益均已实现。一般来说，交易外币汇兑损益和兑换外币汇兑损益属于已实现的汇兑损益。

（2）未实现的汇兑损益，是指产生汇兑损益的外币业务尚未完成。例如，收到的外币存款尚未实际支付、应收的外币债权尚未实际收回、应付的外币债务尚未实际偿还、一种货币尚未兑换为另一种货币的汇兑损益均未完成。一般来说，调整外币汇兑损益和折算外币汇兑损益属于未实现的汇兑损益。

（三）汇兑损益的确认

对于汇兑损益的确认，存在着两种不同的观点：

一种认为对于计入本期损益的汇兑损益应按收付实现制作为核算基础，即本期实现的汇兑损益应确认为本期损益，本期未实现的汇兑损益不能确认为本期损益。这种处理方法能够真实地反映本期损益，但是由于企业其他业务都采用权责发生制核算基础，唯独外币业务采用收付实现制，有悖于一致性原则。

另一种认为对于计入本期损益的汇兑损益应按权责发生制作为核算基础，即不管它是已实现的汇兑损益还是未实现的汇兑损益都应计入本期损益，只要汇率发生变动，就应确认其汇兑损益已经实现，因此期末应对各项外币性债权、债务和货币资金按现行汇率调整所有外币账户的余额，产生的汇兑损益不管是否在本期内实现，均应计入本期损益。这种观点在运用中又有两种做法：一种是每年调整一次，即在年末根据规定的汇率调整外币账户；另一种是每月调整一次，即在月末根据规定的汇率调整外币账户。这种处理方法与企业整个经济业务的处理一致，但是在汇率波动较大或汇率持续单向变动时，账面所反映的损益会长期虚增或虚减。

在我国会计准则中，对于调整外币汇兑损益采用的是第二种观点，而且每月月末进行调整；对于外币报表折算汇兑损益则先作递延处理，待处置境外经营时再计入当期损益。

（四）我国会计准则对汇兑损益的处理

按照《企业会计准则第19号——外币折算》的规定，汇兑损益应按照下列规定进行处理：

1. 外币货币性项目

外币货币性项目应采用资产负债表日即期汇率折算。因资产负债表日即期汇率与初始确认或者前一资产负债表日即期汇率不同而产生的汇兑损益，计入当期损益。

2. 以历史成本计量的外币非货币性项目

以历史成本计量的外币非货币性项目仍采用交易发生日的即期汇率折算，不改变其记账本位币金额，由于已在交易发生日按当日即期汇率折算，资产负债表日不应改变其原记账本位币金额，不产生汇兑损益。

3. 以公允价值计量的外币非货币性项目

以公允价值计量的外币非货币性项目，如交易性金融资产（股票、基金等），采用公允价值确定日的即期汇率折算，折算后的记账本位币金额与原记账本位币金额的差额，作为公允价值变动（含汇率变动）处理，计入当期损益。

4. 企业收到投资者以外币投入的资本项目

企业收到投资者以外币投入的资本项目应当采用交易发生日的即期汇率折算，不得采用合同约定汇率或即期汇率的近似汇率折算。外币投入资本项目与相应的货币性项目的记账本位币金额之间不产生外币资本折算差额。

5. 企业编制合并财务报表涉及境外经营的，如有实质上构成对外经营净投资的外币货币性项目

企业编制合并财务报表涉及境外经营的，如有实质上构成对外经营净投资的外币货币性项目，因汇率变动而产生的汇兑差额，应在所有者权益“外币报表折算差额”项目中列示；处置境外经营时，计入当期损益。

第二节 外币交易的会计处理

外币交易包括：买入或者卖出以外币计价的商品或者劳务；借入或者贷出外币资金；其他以外币计价或者结算的交易。

一、外币交易会计处理的两种基本方法

外币交易业务所涉及的外币债权债务账户，由于发生和结算采用不同汇率进行折算会产生差额。对于这种折算差额是单独确认为当期损益，还是调整原来业务的相应账户，在会计处理上存在两种方法，即单项交易观和两项交易观。

（一）单项交易观

单项交易观认为应将外币交易的发生和以后结算视为一笔交易的两个阶段，该交易只

有在清偿有关的应收、应付外币账款后才算完成。在这个过程中，由于汇率变动而产生的折算为记账本位币金额的差额应调整该项交易的成本或收入。按照这种观点，购货付款或销货收款是一体的，结算时产生的汇兑损益源于以往发生的交易业务，故应追溯调整以前原业务涉及的成本或收入等账户，不单独确认当期损益。

【例 4-4】假设我国某公司于 12 月 10 日向国外某公司赊销产品，账款约定按美元计算，销售额为 20 000 美元，实际成本为 120 000 元；双方于下一年度 1 月 20 日实际结算货款。我国公司以人民币为记账本位币。在此期间，汇率变动情况如下：12 月 10 日，1 美元=7 元人民币；12 月 31 日，1 美元=7.25 元人民币；次年 1 月 20 日，1 美元=7.125 元人民币。

在单项交易观下，相关的会计处理如下：

（1）12 月 10 日，销售商品时：

借：应收账款（20 000×7.0） 140 000

　贷：主营业务收入 140 000

（2）12 月 31 日，调整报表数额，对外报告时：

借：应收账款 5 000

　贷：主营业务收入 5 000

（3）次年 1 月 20 日，实际结算货款时：

借：银行存款——美元户（20 000×7.125） 142 500

　　主营业务收入 2 500

　贷：应收账款 145 000

在单项交易观下，销售方由于汇率变动，实际货款的结算产生收益 2 500 元，全部计入该项交易实现的收入中。

（二）两项交易观

两项交易观认为外币交易的发生和结算应作为两笔相互独立的交易处理，该交易在结算时由于汇率变动而产生的折算成记账本位币的差额，不应调整原来的成本或收入账户，而应作为当期损益的一个明细账户或单独设置“汇兑损益”账户进行反映。其确认方法可以是当期确认或递延确认。

仍以【例 4-4】为例，在两项交易观下，相关的会计处理如下：

（1）12 月 10 日，销售商品时：

借：应收账款（20 000×7.0） 140 000

　贷：主营业务收入 140 000

（2）12 月 31 日，调整报表数额，对外报告时：

借：应收账款 5 000

　贷：财务费用——汇兑损益（或递延汇兑损益） 5 000

（3）次年 1 月 20 日，实际结算货款时：

借：银行存款——美元户（20 000×7.125） 142 500

　　财务费用——汇兑损益 2 500

　贷：应收账款 145 000

或　借：银行存款——美元户 142 500

借：递延汇兑损益 5 000
　贷：应收账款 145 000
　　财务费用——汇兑损益 2 500

与单项交易观相比，两项交易观下收入不发生变化。

（三）两种会计处理基本方法的比较

单项交易观下，汇率的变动虽然也作为账项调整的依据，但最终商品的采购成本或销售收入是以外币结算日的汇率为依据的，因此不会产生汇兑损益。但当结算日期较长时，要不断调整商品的采购成本或销售收入，使核算工作复杂。

两项交易观下，商品的采购成本或销售收入以交易日的现行汇率确认，此后由于汇率变动形成的汇兑差额，作为汇兑损益，单独设置账户核算，计算清晰、简便。已为大多数国家所采用。我国也采用两项交易观。

二、外币业务的记账方法

我国《企业会计准则》规定："会计核算以人民币为记账本位币，业务收支以某外币为主的企业，也可以选定该种外币作为记账本位币，但编制的财务报表应当折算为人民币。"外币业务的记账方法有外币统账制和外币分账制两种方法。企业在对外币业务进行会计核算时，可根据实际情况选择记账方法。

1. 外币统账制

外币统账制也称为"记账本位币制"，是以记账本位币作为统一记账金额的记账方法。

在这种记账方法下，所有外币的收支，都应折算为记账本位币金额进行反映，外币金额只在账上作为补充资料进行反映。我国企业一般应以人民币作为记账本位币，所以，在外币统账制下，当企业发生外币业务时，一般按人民币统一设账、统一记录，外币业务的金额均要换算为人民币金额后入账反映，同时要设置不同外币种类的二级辅助账户，反映外币资金和外币债权、债务的增减情况。

外币统账制适用于涉及外币种类较少，而且外币收支业务不多的企业。本章主要介绍企业选择外币统账制所进行的外币业务核算。

2. 外币分账制

外币分账制又称原币记账制或分别记账制。在这种记账方法下，企业的记账本位币业务和外币业务均应分别设置账户反映，即有几种币种入账，就应设置几套账户。在发生外币业务时，以原币记账，而不立即折算为记账本位币金额记账。如果发生两种货币之间的兑换业务，应通过单独设置的"外币兑换"账户作为两种账户之间的桥梁来进行会计处理，分别与原币的对应账户构成借贷关系。到会计期末，再按一定汇率将各种外币账户的余额换算成记账本位币，进而编制财务报表。各种外币的"外币兑换"账户期末余额按期末即期汇率折算成记账本位币金额，与记账本位币的"外币兑换"账户金额之间的差额，作为汇兑损益处理。

外币分账制适用于涉及外币种类较多，而且外币收支较大的企业，如商业银行等。

采用外币分账制记账方法，只是账务处理方法不同，但其产生的汇兑差额的确认、计量和列报，应当与外币统账制处理结果一致。

三、外币交易的会计处理

外币交易的会计处理主要涉及两个环节：一是在交易日对外币交易进行初始确认，将外币金额折算为记账本位币金额；二是在资产负债表日对相关项目进行折算，因汇率变动产生的差额计入当期损益。

（一）交易日的会计处理

企业发生外币交易的，应当在初始确认时采用交易日的即期汇率或即期汇率的近似汇率将外币金额折算为记账本位币金额。

1. 外币兑换业务的会计处理

（1）卖出外币时，将实际收取的记账本位币（按银行买入价折算）登记入账，同时将付出的外币折算成按市场汇率折算的记账本位币金额，两者的差额作为汇兑损益，计入财务费用。

【例 4-5】甲公司将 100 美元出售给银行，当日银行买入价为 1 美元=7 元人民币；市场汇率（中间价）为 1 美元=7.1 元人民币。有关账务处理如下：

借：银行存款——人民币户（实际收到金额）（100×7.0）	700	
财务费用	10	
贷：银行存款——美元户（原币×市场汇率）（100×7.1）		710

（2）买入外币时，将实际支付的记账本位币（按银行卖出价折算）登记入账，同时将收到的外币折算成按市场汇率折算的记账本位币金额，两者的差额作为汇兑损益，计入财务费用。

【例 4-6】甲公司从银行购入 100 美元，当日银行卖出价为 1 美元=7.2 元人民币；市场汇率（中间价）为 1 美元=7.1 元人民币。有关账务处理如下：

借：银行存款——美元户（原币×市场汇率）（100×7.1）	710	
财务费用	10	
贷：银行存款——人民币户（实际支付金额）（100×7.2）		720

2. 外币购销业务的会计处理

企业以外币购入原材料和固定资产，按市场汇率将支付（或应付）的外币折算为记账本位币，以确定购入货物及债务的入账价值，同时按照外币的金额登记有关外币账户。

【例 4-7】甲公司属于增值税一般纳税企业，选择确定的记账本位币为人民币，其外币交易采用交易日即期汇率折算。2×17 年 3 月 12 日，甲公司从美国乙公司购入某种工业原料 500 吨，每吨价格为 4 000 美元，当日的即期汇率为 1 美元=6.6 元人民币，进口关税为 1 520 000 元人民币，支付进口增值税 2 842 400 元人民币，货款尚未支付，进口关税及增值税由银行存款支付。有关账务处理如下：

借：原材料（500×4 000×6.6+1 520 000）	14 720 000	
应交税费——应交增值税（进项税额）	2 842 400	
贷：应付账款——乙公司（美元）		13 200 000
银行存款		4 362 400

企业出口商品，按照市场汇率将外币销售收入折算为记账本位币；对于取得的款项或发生的外币债权，按照折算为记账本位币的金额入账，同时按照外币金额登记有关外币账户。

【例 4-8】甲公司出口商品一批，共 50 万美元（款项已收），当日市场汇率为 1 美元=7.1 元人民币。假设不考虑相关税费。有关账务处理如下：

借：银行存款——美元户（500 000×7.1）　　3 550 000

　贷：主营业务收入　　3 550 000

3. 外币借款的会计处理

企业借入外币时，按照借入外币时的市场汇率折算为记账本位币入账，同时按照借入外币的金额登记相关的外币账户。

【例 4-9】甲公司从银行借入 1 000 万美元（期限为 6 个月），当日市场汇率为 1 美元=7.1 元人民币。有关账务处理如下：

借：银行存款——美元户（10 000 000×7.1）　　71 000 000

　贷：短期借款——美元户（10 000 000×7.1）　　71 000 000

4. 接受外币投资的会计处理

根据《关于外商投资的公司审批登记管理法律适用若干问题的执行意见》（工商外企字〔2006〕81 号），外商投资公司的注册资本只能采用收到出资当日的即期汇率，不再使用合同汇率，也不使用即期汇率的近似汇率。与其相对应的资产类账户也不使用即期汇率的近似汇率，这样，外币投入资本不会产生汇兑差额，资产类账户在期末仍分别货币性项目与非货币性项目处理。

虽然“实收资本”账户的金额不能反映股权比例，但并不改变企业分配和清算的约定比例，这一约定比例通常已经包括在合同中。

【例 4-10】甲公司接受外商投资，收到 400 万美元，当日市场汇率为 1 美元=7.1 元人民币。投资协议约定的汇率为 1 美元=7.3 元人民币。有关账务处理如下：

借：银行存款——美元户（4 000 000×7.1）　　28 400 000

　贷：实收资本——外商（4 000 000×7.1）　　28 400 000

（二）资产负债表日及结算日的会计处理

1. 外币货币性项目的会计处理

外币货币性项目，是指企业持有的货币资金和将以固定金额或可确定的金额收取的资产或者偿付的负债。货币性项目分为货币性资产和货币性负债。货币性资产包括库存现金、银行存款、应收账款、其他应收款和长期应收款等；货币性负债包括短期借款、应付账款、其他应付款、长期借款、应付债券和长期应付款等。对于外币货币性项目，因采用资产负债表日的即期汇率折算而产生的汇兑差额，计入当期损益，同时调增或调减外币货币性项目的记账本位币金额。

在资产负债表日，企业应对各种外币货币性账户的期末余额，按照期末即期汇率折算为记账本位币金额。将按期末即期汇率折算的记账本位币金额与原账面记账本位币金额之间的差额，作为汇兑损益，记入“财务费用”或有关账户。在资产负债表日，外币货币性账户余额的调整程序如下：

（1）根据各外币货币性账户的期末外币余额，按照期末即期汇率折算出记账本位币余额；

（2）将期末所折算的记账本位币余额与调整前原账面记账本位币余额进行比较，计算出记账本位币余额的差额；

（3）根据应调整的记账本位币差额，确定所产生的汇兑损益的数额；

（4）进行调整各外币货币性账户账面余额的账务处理，并将汇兑损益记入“财务费用”账户。

【例 4-11】承【例 4-7】，2×17 年 3 月 31 日，甲公司尚未向乙公司支付所欠工业原料款。当日即期汇率为 1 美元=6.55 元人民币。应付乙公司货款按期末即期汇率折算为 13 100 000 元人民币（500×4 000×6.55），与该货款原记账本位币金额之差 100 000 元人民币冲减当期损益。相关会计分录如下：

借：应付账款——乙公司（美元户）　100 000

　贷：财务费用——汇兑损益　100 000

【例 4-12】某公司采用业务发生日的即期汇率作为折算汇率。5 月末有关外币账户余额见表 4-1。

表 4-1　**外币账户余额表**

项　目	外币金额（美元）	折算汇率	折算人民币金额（元）
银行存款	30 000	6.5	195 000
应收账款——A 公司	15 000	6.5	97 500
应收账款——B 公司	10 000	6.5	65 000
应付账款——C 公司	5 000	6.5	32 500
应付账款——D 公司	20 000	6.5	130 000

该公司 6 月发生的外币业务如下：

（1）收回 A 公司应收账款 5 000 美元；当日汇率为 1：6.6。

（2）销售给 B 公司产品价款 20 000 美元，货款未收到；当日汇率为 1：6.6。

（3）支付 D 公司应付账款 20 000 美元；当日汇率为 1：6.6。

（4）借入短期借款 30 000 美元；当日汇率为 1：6.6。

（5）从 C 公司进口材料，价款 10 000 美元，材料已入库，款项尚未支付；当日汇率为 1：6.6。

（6）月末计算汇兑损益并调整外币账户余额，本月月末汇率为 1：6.7。

本例中，该公司 6 月份所发生业务的会计处理如下：

（1）收回 A 公司应收账款时：

借：银行存款——美元户（5 000×6.6）　33 000

　贷：应收账款——A 公司（美元户）（5 000×6.5）　32 500

　　财务费用　500

（2）销售给 B 公司产品时：

借：应收账款——B 公司（美元户）（20 000×6.6）　132 000

　贷：主营业务收入　132 000

（3）支付 D 公司应付账款时：

借：应付账款——D 公司（美元户）（20 000×6.5）　130 000

　　财务费用　2 000

　贷：银行存款——美元户 （20 000×6.6）　132 000

（4）借入短期借款时：

借：银行存款——美元户 （30 000×6.6） 198 000

贷：短期借款——美元户 （30 000×6.6） 198 000

（5）从 C 公司进口材料时：

借：原材料 66 000

贷：应付账款——C 公司（美元户）（10 000×6.6） 66 000

（6）6 月末，对外币账户进行调整：

银行存款账户月末余额调整数=45 000×6.7−（195 000+33 000−132 000+198 000）=7 500（元）

应收账款——A 公司账户月末余额调整数=（15 000−5 000）×6.7−（97 500−32 500）=2 000（元）

应收账款——B 公司账户月末余额调整数=（10 000+20 000）×6.7−（65 000+132 000）=4 000（元）

应付账款——C 公司账户月末余额调整数=（5 000+10 000）×6.7−（32 500+66 000）=2 000（元）

应付账款——D 公司账户月末余额调整数=（20 000−20 000）×6.7−（130 000−130 000）=0

短期借款账户月末余额调整数=30 000×6.7−198 000=3 000（元）

编制会计分录如下：

借：银行存款——美元户 7 500

应收账款——A 公司（美元户） 2 000

——B 公司（美元户） 4 000

贷：应付账款——C 公司（美元户） 2 000

短期借款——美元户 3 000

财务费用 8 500

2. 外币非货币性项目的会计处理

非货币性项目，是指货币性项目以外的项目，如存货、长期股权投资、以公允价值计量且其变动计入当期损益的金融资产、预付账款、可供出售金融资产、固定资产、长期股权投资等。

（1）以历史成本计量的外币非货币性项目，仍采用交易发生日的即期汇率折算，不改变其记账本位币金额，不产生汇兑差额。因为这些项目在取得时已按即期汇率折算，从而构成这些项目的历史成本，如果再按资产负债表日的即期汇率折算，就会导致这些项目的价值不断变动，从而使这些项目的折旧、摊销和减值亦不断地随之变动，将与这些项目的实际情况不符。

【例 4-13】某公司的记账本位币是人民币，2×16 年 12 月 16 日进口设备一台，该设备价款为 500 万美元，设备价款尚未支付，当天的即期汇率为 1 : 6.8。当年 12 月 31 日的即期汇率为 1 : 6.9，该台设备属于企业的固定资产，在购入时已按交易发生日的即期汇率折算为 3 400 万元人民币，由于固定资产属于非货币性项目，因此，在 2×16 年年末无需对其进行调整。

（2）对于以成本与可变现净值孰低计量的存货，如果其可变现净值以外币确定，则在确定存货的期末价值时，应先将可变现净值折算为记账本位币，再与以记账本位币反映的存货成本进行比较。

【例 4-14】某上市公司以人民币为记账本位币。2×16 年 11 月 20 日，以 1 000 美元/台的价格从美国某供货商处购入国际最新型号的甲器材 12 台（该器材在国内市场尚无供应），并于当日支付了相应货款（假定该上市公司有美元存款）。2×16 年 12 月 31 日，已经售出甲器材 2 台，库存尚有 10 台，国内市场仍无甲器材供应，其在国际市场的价格已降至 980 美元/台。11 月 20 日的即期汇率是 1∶7.2，12 月 31 日的即期汇率是 1∶7.1。假定不考虑增值税等相关税费，试确定该存货的期末价值。

本例中，由于存货在资产负债表日采用成本与可变现净值孰低计量，因此，在以外币购入存货并且该存货在资产负债表日获得的可变现净值以外币反映时，在计提存货跌价准备时应当考虑汇率变动的影响。因此，该公司应进行如下账务处理：

2×16 年 12 月 31 日对甲器材计提的存货跌价准备=10×1 000×7.2−10×980×7.1=2 420（元）

借：资产减值损失　　2 420

　贷：存货跌价准备　　2 420

（3）以公允价值计量的外币非货币性项目，如以公允价值计量且其变动计入当期损益的金融资产（股票、基金等），采用公允价值确定日的即期汇率折算，折算后的记账本位币金额与原记账本位币金额的差额，作为公允价值变动（含汇率变动）处理，计入当期损益。

【例 4-15】国内甲公司的记账本位币为人民币。2×16 年 12 月 5 日以每股 3.5 港元的价格购入乙公司的 H 股 10 000 股作为交易性金融资产，当日汇率为 1 港元=1 元人民币，款项已支付。2×16 年 12 月 31 日，当月购入的乙公司 H 股的市价变为每股 3 港元，当日汇率为 1 港元=1.2 元人民币。假定不考虑相关税费的影响。

（1）2×16 年 12 月 5 日，甲公司对上述交易应进行如下账务处理：

借：交易性金融资产（3.5×10 000×1）　　35 000

　贷：银行存款——港元户　　35 000

（2）2×16 年 12 月 31 日，该项交易性金融资产应按 36 000 元人民币（3×10 000×1.2）入账，相应的账务处理如下：

借：交易性金融资产　　1 000

　贷：公允价值变动损益　　1 000

（3）2×17 年 2 月 27 日，甲公司将所购乙公司 H 股按当日市价每股 4 港元全部售出，所得价款为 40 000 港元，当日汇率为 1 港元=1.1 元人民币。

售出当日甲公司应进行如下账务处理：

借：银行存款——港元户（40 000×1.1）　　44 000

　贷：交易性金融资产　　36 000

　　　投资收益　　8 000

借：公允价值变动损益　　1 000

　贷：投资收益　　1 000

第三节　外币财务报表折算方法

一、外币财务报表折算的意义

外币财务报表折算是指为了特定目的将以某一货币表示的财务报表换用另一种货币表述。外币财务报表折算的目的在于：

（1）在母公司拥有境外经营子公司的情况下，在编制合并报表之前，需对纳入合并范围的境外经营子公司以外币表示的财务报表折算为以母公司记账本位币表示的财务报表。

（2）为了向国外股东和其他报表使用者提供适合他们使用的报表，就需要将以本国货币表示的财务报表折算为以某一外国货币表示的财务报表。

（3）为了在国外证券市场上发行股票和债券，就需要将以本国货币表示的财务报表折算为以某一外国货币表示的财务报表。

本书所阐述的外币报表折算主要是针对第一个目的。

在外币财务报表折算中，会计上要处理以下两个基本问题：一是如何选择折算标准，即外币报表中的各个项目按什么汇率进行折算，可供选择的汇率有现行汇率、历史汇率、平均汇率；二是如何处理折算差额，是计入当期损益，还是作为递延损益处理。

二、外币财务报表折算方法概述

外币财务报表折算主要是将以外币表示的资产、负债、收入、费用项目金额乘以折算汇率表示为各项目的记账本位币金额，但在折算汇率的选择上，针对财务报表中的不同项目有多种汇率的选择方法，从而衍生出以下四种财务报表折算方法：区分流动项目与非流动项目法、区分货币性项目与非货币性项目法、时态法和现行汇率法。

（一）区分流动项目与非流动项目法

这种方法是将资产负债表项目按其流动性划分为流动项目和非流动项目两类。基本要点如下：

（1）对资产负债表中的流动资产和流动负债按报表日期（年末）的即期汇率折算为记账本位币金额；非流动资产和非流动负债则按取得各资产或承担各负债项目时的历史汇率进行折算；公司的实收资本（股本），总是按股份发行时的历史汇率折算，留存收益则为轧算的平衡数额。

（2）对利润表项目，除固定资产折旧费用和无形资产的摊销费用等应按历史汇率折算外，对其他所有费用项目和收入项目，由于费用和收入的交易是经常而且大量地发生的，则可以整个报告期（年度）的平均汇率（简单平均或加权平均）为基础进行折算。

采用这种方法的理论依据是，非流动资产在短期内不会转变为现金，所以它们不受现行汇率变动的影响。这种方法的缺点是它所依据的理论并不充分，即不能说明流动项目和非流动项目要采用不同汇率的原因。例如，按现行汇率折算流动资产，表明货币性资产和存货均要承受同样的汇率波动风险，但这对按历史成本计价的存货项目来说就不合理了。同时，如果两个会计期间汇率变化较大时，会使合并利润表上所折算的经营成果失实。

（二）区分货币性项目与非货币性项目法

这种方法是将资产负债表项目分为货币性项目和非货币性项目两类。基本要点如下：

（1）对资产负债表项目，货币性项目按期末的即期汇率进行折算；而非货币性项目按取得时的历史汇率进行折算；在所有者权益（股东权益）部分，公司的实收资本（股本）总是按股份发行时的历史汇率折算，也可以把它归入非货币性项目，留存收益则是轧算的平衡数额。

（2）对利润表项目，则与前述的区分流动项目与非流动项目法中的程序类似，即：除折旧费和摊销费应按取得有关固定资产或无形资产时的历史汇率折算外，其他费用项目和收入项目都按报告期的平均汇率（简单平均或加权平均）折算。销售成本则需依据“期初存货+本期购货-期末存货”的关系式对存货和购货分别折算后确定。

采用这种方法的主要理由是外币应收、应付款等货币性项目代表着在以后期间将要收回或付出的一笔固定的外币债权和外币债务，这些外币债权和外币债务的币值，随着汇率的变动会有所增减，因而这些外币项目按编表日的现行汇率进行折算是合理的，即这种方法是依据汇率波动对企业资产、负债及所有者权益的影响程度来选择折算汇率的，货币性项目要承受汇率变动的风险，要按现行汇率折算；而非货币性项目不受汇率变动的影响，则按历史汇率折算。不赞成这种方法的理由是，外币的折算涉及的是计量而不是分类，因此，合理的折算方法不一定与资产、负债的分类有关，非货币性项目并不一定都按历史汇率折算才合理，当某项非货币性项目是以历史成本计价的，按历史汇率折算是合理的；但当某项非货币性项目是以现行成本计价的，若再按历史汇率折算就不合理了。

（三）时态法

这种方法是针对资产负债表及利润表项目的计量方法和时间的不同，而选择不同汇率进行折算的一种方法。基本要点如下：

（1）对于资产负债表项目，库存现金和应收账款、应付账款等货币性项目，不论在历史成本计量模式下还是在现行成本计量模式下，都要按资产负债表日的即期汇率（期末汇率）折算。按历史成本表述的非货币性项目要按历史汇率折算，按现行成本表述的非货币性项目要按现行汇率折算。对于所有者权益（股东权益），公司的实收资本（股本）总是按股份发行时的历史汇率折算，留存收益则为轧算的平衡数额。

（2）对于利润表项目，收入和费用按交易发生时的实际汇率折算，但因为收入或费用交易是经常而且大量发生的，可以应用平均汇率（加权平均或简单平均）折算，对折旧费和摊销费要按取得有关固定资产或无形资产时的历史汇率折算，销售成本则要在对年初存货、本年购货和年末存货按不同的适用汇率折算后算出。

采用这种方法的理由是，外币报表的折算是一个计量变换过程，它不会改变被计量项目的属性和计量基础，而只会改变计量单位，因此，货币资金总是按照资产负债表日持有的金额计量的；应收款和应付款则是按照资产负债表日可望在未来收回或偿付的货币金额计量的，这是货币性资产和负债项目的属性。对于非货币性资产和负债项目，在历史成本计量属性下，是按取得或承担时的货币价格计量的，因此应采用历史汇率折算；在现行成本计量属性下，则是按照它们在资产负债表日的货币价格计量的，因此应按资产负债表日的即期汇率折算。例如，对于存货项目，以可变现净值计量的存货按现行汇率折算，而以历史成本计量的存货则应按历史汇率折算。

（四）现行汇率法

现行汇率法，是对外币资产负债表中的所有资产负债项目均按现行汇率折算的一种方法。基本要点如下：

（1）对于资产负债表项目（除实收资本项目外）均按现行汇率折算，对于实收资本项目，按发生时的历史汇率折算；

（2）对于利润表中的收入和费用项目，均按平均汇率折算。

现行汇率法采用单一汇率对各项资产负债进行折算，相当于对各项目乘以一个常数，因而计算简便，而且折算后报表中各项目之间的比例关系能够与原外币报表中各项目之间的比例关系保持一致。这种方法的缺点是，将外币报表中按历史成本表示的资产项目按编表日现行汇率折算，其折算结果既不是资产的历史成本，也不是资产的现行市价，而是外币资产的历史成本与资产负债表日现行汇率两个不同时点数字的乘积。此外，现行汇率法假设所有外币资产都将受汇率变动的影响，这显然与实际情况不符。

三、外币财务报表折算差额的处理

外币财务报表折算差额，是指在外币财务报表折算时，由于不同项目所采用的汇率不同而产生的差额。企业无论采用哪种折算方法都会产生折算差额，即折算损益。外币财务报表折算差额的会计处理有两种方法：

1. 递延法

在递延法下，将折算差额列入所有者权益，并单列项目反映。

主张这种方法的人认为，折算损益只是外币报表重新表述过程的产物，这种折算损益有可能永远不能实现。它不会影响境外经营子公司所创造的当地货币的现金流量，把它作为当期损益计入利润表，可能会使人产生误解。因此，它应作为合并业主权益的一部分单独积累，即将折算损益以单独项目列示于资产负债表的所有者权益（股东权益）内，作为累计递延项目处理。而且递延处理有利于保持财务报表有关项目原有的比例关系，便于进行财务比率分析。

然而，有些人认为，这种会计处理方法不符合全面收益观，因为这种观念要求在利润表内包括一切非正常和非营业性的损益项目。

2. 损益法

在损益法下，将折算差额计入损益，列入利润表。这样做的优点是能真实反映企业所承受的汇率风险，但是将未实现的损益计入当期损益，有可能引起报表使用者对财务报表的误解。

主张这种方法的人认为，汇率变动会引起资产和负债折算后价值的改变，而资产净额的变动必然会使企业收益受到影响。只有将折算损益计入当期损益，才能给报表使用者以真实的信息。但是，在通货膨胀的情况下，将大幅度的汇率变动所造成的外币折算损益计入当期损益，利润表中企业的收益反映不出企业的正常经营成果。另外，把未实现的折算损益计入当期损益，合并财务报表提供的信息也容易使人产生误解。

四、我国外币财务报表折算的相关规范

（一）境外经营财务报表的折算

根据我国《企业会计准则第19号——外币折算》的规定，企业将境外经营的财务报表并入本企业财务报表时，应遵循下列规定进行折算：

（1）资产负债表中的资产和负债项目，采用资产负债表日的即期汇率折算，所有者权益项目除“未分配利润”项目外，其他项目均采用发生时的即期汇率折算。

（2）利润表中的收入和费用项目，采用交易发生日的即期汇率或即期汇率的近似汇率折算。

（3）产生的外币财务报表折算差额，在编制合并财务报表时，应在合并资产负债表中所有者权益项目下单独作为“外币报表折算差额”项目列示。

比较财务报表的折算比照上述规定处理。

【例4-16】国内甲公司的记账本位币为人民币，该公司在境外有一子公司乙公司，乙公司确定的记账本位币为美元。根据合同约定，甲公司拥有乙公司70%的股权，并能够对乙公司的财务和经营政策施加重大影响。甲公司采用当期平均汇率折算乙公司利润表项

目。乙公司的有关资料如下：

2×16 年 12 月 31 日的汇率为 1 美元=6.7 元人民币，2×16 年的平均汇率为 1 美元=6.6 元人民币，股本、资本公积发生日的即期汇率为 1 美元=7 元人民币。2×15 年 12 月 31 日的股本为 500 万美元，折算为人民币为 3 500 万元；累计盈余公积为 50 万美元，折算为人民币为 355 万元；累计未分配利润为 120 万美元，折算为人民币为 852 万元，甲、乙公司均在年末提取盈余公积，乙公司当年提取的盈余公积为 70 万美元。

外币财务报表折算见表 4-2、表 4-3 和表 4-4。

表 4-2 **利润表**

2×16 年度

项　目	期末数（万美元）	折算汇率[1]	折算为人民币金额（万元）
一、营业收入	2 000	6.6	13 200
减：营业成本	1 500	6.6	9 900
税金及附加	40	6.6	264
管理费用	100	6.6	660
财务费用	10	6.6	66
加：投资收益	30	6.6	198
二、营业利润	380	—	2 508
加：营业外收入	40	6.6	264
减：营业外支出	20	6.6	132
三、利润总额	400	—	2 640
减：所得税费用	120	6.6	792
四、净利润	280	—	1 848
五、每股收益			

表 4-3 **所有者权益变动表**

2×16 年度

项　目	实收资本（股本）			盈余公积			未分配利润		外币报表折算差额（万元）	股东权益合计
	万美元	折算汇率	万元人民币	万美元	折算汇率	万元人民币	万美元	万元人民币		万元人民币
一、本年年初余额	500	7[2]	3 500	50		355[3]	120	852[3]		4 707
二、本年增减变动金额										
（一）净利润							280	1 848[4]		1 848
（二）直接计入所有者权益的利得和损失										-190
其中：外币报表折算差额									-190[6]	-190
（三）利润分配										
提取盈余公积				70	6.6	462	-70	-462		0
三、本年年末余额	500	7	3 500	120		817	330	2 238[5]	-190	6 365

表 4-4 资产负债表

2×16 年 12 月 31 日 单位：万元

资　产	期末数（万美元）	折算汇率	折算为人民币（万元）	负债和股东权益	期末数（万美元）	折算汇率	折算为人民币（万元）
流动资产：				流动负债：			
货币资金	190	6.7	1 273	短期借款	45	6.7	301.5
应收账款	190	6.7	1 273	应付账款	285	6.7	1 909.5
存货	240	6.7	1 608	其他流动负债	110	6.7	737
其他流动资产	200	6.7	1 340	流动负债合计	440	—	2 948
流动资产合计	820	—	5 494	非流动负债：			0
非流动资产：				长期借款	140	6.7	938
长期应收款	120	6.7	804	应付债券	80	6.7	536
固定资产	550	6.7	3 685	其他非流动负债	90	6.7	603
在建工程	80	6.7	536	非流动负债合计	310	—	2 077
无形资产	100	6.7	670	负债合计	750		5 025
其他非流动资产	30	6.7	201	股东权益：			
非流动资产合计	880	—	5 896	股本	500	7	3 500
				盈余公积	120		817⑦
				未分配利润	330		2 238⑦
				外币报表折算差额			−190⑧
				股东权益合计	950		6 365
资产总计	1 700		11 390	负债和股东权益总计	1 700		11 390

注：①折算汇率为 2×16 年的平均汇率 1 美元=6.6 元人民币。

②实收资本的折算汇率按接受投资时的汇率。

③年初盈余公积和未分配利润上年折算报表中相关项目的折合本位币金额，本例中 2×15 年盈余公积为 50 万美元，折算为人民币为 355 万元，累计未分配利润为 120 万美元，折算为人民币为 852 万元。

④净利润为表 4-2 折算后的利润表转入，利润分配项目采用 2×16 年平均汇率 1 美元=6.6 元人民币折算。

⑤年末未分配利润（2 238）=本年年初余额（852）+本年净利润（1 848）−本年利润分配数（462），且该数字转入资产负债表中。

⑥外币报表折算差额由资产负债表转入。

⑦股本、盈余公积、未分配利润见表 4-3 中本年期末数。

⑧外币报表折算差额（−190）=折算后的资产（11 390）−折算后的负债（5 025）−折算后的股本（3 500）−折算后的盈余公积（817）−折算后的未分配利润（2 238）。

（二）恶性通货膨胀经济中境外经营财务报表的折算

企业对处于恶性通货膨胀经济中的境外经营财务报表进行折算时，需要先对其财务报表进行重述：对资产负债表项目运用一般物价指数予以重述，对利润表项目运用一般物价指数予以重述。然后，再按资产负债表日即期汇率进行折算。运用一般物价指数对财务报表进行重述的方法，请详阅本书关于物价变动会计的相关部分。

在境外经营不再处于恶性通货膨胀经济中时，应当停止重述，按照停止之日的价格水平重述的财务报表进行折算。

当一个国家经济环境显示出（但不局限于）以下特征时，应当判定该国处于恶性通货膨胀经济中：

（1）3年累计通货膨胀率接近或超过100%；

（2）利率、工资和物价与物价指数挂钩，物价指数是物价变动趋势和幅度的相对数；

（3）一般公众不是以当地货币，而是以相对稳定的外币作为衡量货币金额的基础；

（4）一般公众倾向于以非货币性资产或相对稳定的外币来保存自己的财富，持有的当地货币立即用于投资以保持购买力；

（5）即使信用期限很短，赊销、赊购交易仍按补偿信用期预计购买力损失的价格成交。

（三）境外经营的处置

企业可能通过出售、清算、返还股东或放弃全部或部分权益等方式处置其在境外经营中的利益。企业应在处置境外经营的当期，将已列入合并财务报表所有者权益的外币报表折算差额中与该境外经营相关部分，自所有者权益项目转入当期损益。如果是部分处置境外经营，应当按处置的比例计算处置部分的外币报表折算差额，转入当期损益。

五、外币折算信息的披露

我国企业会计准则要求在附注中披露与外币折算有关的如下信息：

（1）企业及其境外经营选定的记账本位币及选定的原因；记账本位币发生变更的，说明变更的理由。

（2）采用即期汇率的近似汇率的，说明即期汇率的近似汇率的确定方法。

（3）计入当期损益的汇兑差额。

（4）处置境外经营对外币财务报表折算差额的影响。

本章小结

本章主要阐述了以记账本位币以外的货币进行交易和财务报表编制的企业如何进行会计确认、计量、记录和报告，重点讲述了记账本位币的确定方法、外币交易的会计处理及外币财务报表的折算方法。

记账本位币是指企业经营所处的主要经济环境中的货币，企业在确定记账本位币时，需要管理层根据实际情况进行判断。

对于外币交易，在初始确认时采用交易日的即期汇率或即期汇率的近似汇率将外币金额折算为记账本位币金额。在资产负债表日应当分别货币性项目和非货币性项目进行处理：对于外币货币性项目，按照资产负债表日即期汇率折算为记账本位币金额，因按即期汇率折算的记账本位币金额与原账面记账本位币金额之间的差额，作为汇兑损益，记入“财务费用”账户或有关账户；对于以历史成本计量的外币非货币性项目，仍采用交易发生日的即期汇率折算，不改变其记账本位币金额，不产生汇兑差额；而对于以公允价值（或成本与可变现净值孰低）计量的外币非货币性项目，采用公允价值确定日的即期汇率折算，折算后的记账本位币金额与原记账本位币金额的差额，作为公允价值变动（含汇率变动）处理，计入当期损益。

我国的外币财务报表折算采用现行汇率法，对于资产负债表中的资产、负债项目采用资产负债表日的即期汇率折算，所有者权益项目除未分配利润外均采用确认时的即期汇率折算，未分配利润项目由所有者权益变动表转入，折算后的资产、负债、所有者权益的差额列为外币折算差额；利润表项目可采用业务发生时的即期汇率或平均汇率折算；所有者权益变动表中实收资本（股本）、资产公积采用确认时的即期汇率折算，盈余公积及利润分配项目可采用平均汇率或业务发生时的即期汇率折算。

复习思考题

1. 什么是外币业务？外币业务有哪几种类型？
2. 何为记账本位币？企业在选定记账本位币时应考虑哪些因素？
3. 记账本位币变动时应根据哪些规定进行处理？
4. 什么是汇兑损益？它有几种类型？对其如何进行确认？
5. 我国企业会计准则对汇兑损益的处理有哪些规定？
6. 外币交易的基本会计处理方法有哪些？各有哪些特点？
7. 会计期末对外币货币性项目应如何折算？
8. 会计期末对外币非货币性项目应如何折算？
9. 什么是外币财务报表折算？什么是外币财务报表折算差额？外币财务报表折算差额应如何处理？
10. 我国企业会计准则对外币财务报表折算有哪些规定？

个案分析

记账本位币的选择

甲公司为境内注册的公司，其30%的收入来自于出口销售，其余收入来自于国内销售；生产产品所需原材料有30%进口，出口产品和进口原材料通常以欧元结算。2×16年12月31日，甲公司应收账款余额为200万欧元，折算的人民币金额为1 380万元；应付账款余额为350万欧元，折算的人民币金额为2 415万元。

2×17年甲公司出口产品形成应收账款1 000万欧元，按交易日的即期汇率折算的人民币金额为6 880万元；进口原材料形成应付账款650万欧元，按交易日的即期汇率折算的人民币金额为4 446万元。2×17年12月31日欧元与人民币的汇率为1：6.80。

甲公司拥有乙公司80%的股权。乙公司在美国注册，在美国生产产品并全部在当地销售，生产所需原材料直接在美国采购。2×17年年末，甲公司应收乙公司款项1 000万美元，2×16 年 12 月 31 日折算的人民币金额为 6 800 万元。2×17 年 12 月 31 日美元与人民币的汇率为 1∶6.40。

根据上述资料，不考虑其他因素，完成下列各题。

（1）甲公司应选择的记账本位币是什么？并说明理由。

（2）根据上述资料选定甲公司的记账本位币，计算甲公司 2×17 年度因汇率变动产生的汇兑损益。

第五章

独资与合伙会计

学习目标

本章主要讲述独资与合伙企业的含义、性质及特征，独资企业的账户设置与财务报表编制，合伙企业设立与经营，合伙企业权益变动以及合伙企业清算的会计核算。通过学习，要求熟练掌握独资企业与合伙企业投资设立时、日常经营活动发生时的会计处理方法与程序；了解合伙企业权益变动的会计核算；掌握合伙企业解散和清算的程序步骤及会计处理方法，了解现金计划表。

第一节　独资企业与合伙企业概述

一、企业组织形式

企业是以营利为目的的经济组织，是国家经济活动的直接载体。企业按照投资主体的组织形式不同，可以分为独资企业、合伙企业和公司三种。

1. 独资企业

独资企业是最古老的企业组织形式，现在在我国主要有个人独资企业和国有独资企业两种。

（1）个人独资企业，是指在中国境内设立，由一个自然人投资，财产为投资人个人所有，投资人以其个人财产对企业债务承担无限责任的经营实体。我国城镇的个体工商户和农村专业户都属于个人独资企业的组织形式。

（2）国有独资企业，是指企业全部资产归国家所有，国家依照所有权和经营权分离的原则授予企业经营管理，国有独资企业依法取得法人资格，实行自主经营、自负盈亏、独立核算，以国家授予其经营管理的财产承担民事责任。

2. 合伙企业

合伙企业，是指自然人、法人和其他组织依法在中国境内订立合伙协议，共同出资、合伙经营、共享收益、共担风险，对合伙企业债务承担无限连带经济责任的营利性组织。合伙企业主要有普通合伙企业和有限合伙企业两种类型。

（1）普通合伙企业由两个以上普通合伙人组成，合伙人对合伙企业债务承担无限连带责任。

（2）有限合伙企业由至少一个普通合伙人和一个或以上有限合伙人组成，普通合伙人对合伙企业债务承担无限连带责任，有限合伙人以其认缴的出资额为限对合伙企业债务承担责任，可以回避普通合伙人应承担的无限责任，但不得参加合伙企业的经营管理。

3. 公司

公司是指依照公司法在中国境内设立的有限责任公司和股份有限公司。其出资人可以是政府、法人单位或自然人，一经成立，就具有独立的法人地位，相对于个人独资企业和合伙企业，其资本规模较大，风险承担能力较强。公司的特征主要是：

（1）独立法人。公司有独立的法人财产，享有法人财产权，是法律主体，具备民事主体资格。股东对公司进行投资后，只是对公司的净资产拥有要求权，公司的财产和债务是法人的财产和债务，而不是股东的。

（2）责任有限。股东在出资后，仅就其认缴的出资额对公司承担有限责任。股东不必清偿因公司资不抵债而给债权人造成的损失。

（3）纳税主体。公司是独立的法人，其生产经营取得的收益按照税法的规定必须缴纳企业所得税，同时股东要根据分到的现金股利缴纳个人所得税。

二、个人独资企业概述

1. 个人独资企业的概念

个人独资企业，是指由一个自然人投资在中国境内设立，财产为投资人个人所有，投资人以其个人财产对企业债务承担无限责任的营利性经营组织。

2. 个人独资企业的特征

个人独资企业的特征主要是：非独立法人、责任无限、经营利益独享、非纳税主体。

3. 个人独资企业的优缺点

（1）个人独资企业的优点

个人独资企业是企业制度序列中最初始和最古典的形态，也是民营企业主要的企业组织形式。其主要优点为：

①企业资产所有权、控制权、经营权、收益权高度统一，这有利于保守与企业经营和发展有关的秘密，有利于业主个人创业精神的发扬。

②企业业主自负盈亏和对企业的债务负无限责任成为强硬的预算约束。企业经营好坏同业主个人的经济利益乃至身家性命紧密相连，因而业主会尽心竭力地把企业经营好。

③企业的外部法律法规等对企业的经营管理、决策、进入与退出、设立与破产的制约较小。

（2）个人独资企业的缺点

个人独资企业有如上的优点，但它也有比较明显的缺点：

①难以筹集大量资金。因为一个人的资金终归有限，以个人名义贷款的难度也较大。因此，独资企业限制了企业的扩张和大规模经营。

②投资者风险巨大。企业业主对企业负无限责任，在硬化了企业预算约束的同时，也带来了业主承担风险过大的问题，从而限制了业主向风险较大的部门或领域进行投资的活动。这对新兴产业的形成和发展极为不利。

③企业连续性差。企业所有权和经营权高度统一的产权结构，虽然使企业拥有充分的

自主权，但这也意味着企业是自然人的企业，业主的病、死，个人及家属知识和能力的缺乏，都可能导致企业破产。

④企业内部的基本关系是雇佣劳动关系，劳资双方利益目标的差异，构成企业内部组织效率的潜在危险。

4. 个人独资企业的解散

个人独资企业的解散条件是：（1）投资人决定解散；（2）投资人死亡或者被宣告死亡，无继承人或者继承人决定放弃继承；（3）被依法吊销营业执照；（4）法律、行政法规规定的其他情形。

个人独资企业解散后，原投资人对个人独资企业存续期间的债务仍应承担偿还责任，但债权人在5年内未向债务人提出偿债请求的，该责任消灭。

个人独资企业解散的，财产清偿顺序为：（1）所欠职工工资和社会保险费用；（2）所欠税款；（3）其他债务。

清算期间，个人独资企业不得开展与清算目的无关的经营活动。在按前条规定清偿债务前，投资人不得转移、隐匿财产。个人独资企业财产不足以清偿债务的，投资人应当以其个人的其他财产予以清偿。

三、合伙企业概述

1. 合伙企业的概念

合伙企业，是指自然人、法人和其他组织依照《中华人民共和国合伙企业法》（以下简称《合伙企业法》）在中国境内设立的，由两个或两个以上的合伙人订立合伙协议，为经营共同事业，共同出资、合伙经营、共享收益、共担风险的营利性组织。

2. 合伙企业的特征

（1）非独立法人。合伙企业一般无法人资格，也不是独立的法律主体。

（2）责任无限。在合伙企业中，每一个合伙人都要对合伙企业的所有债务负责，当合伙企业无力偿还债务时，合伙人都有可能被要求使用个人的资产来偿还合伙企业债务，或是其他合伙人以合伙企业的名义承诺的合伙债务。

（3）经营期有限。合伙企业的法定经营期一般会随着新合伙人的入伙、原合伙人的退伙或死亡，以及合伙人同意解散、破产等原因产生的非自愿解散而终止。但是合伙人的解散，并不意味着作为一个独立的企业主体或会计主体的合伙企业的解散，合伙企业的经营通常还会持续下去，只是合伙人发生了变化。

（4）合伙人互相代理。在法律上看，合伙企业中的每一个合伙人均被认为是所有合伙业务的代理人，每一个合伙人的行为都能够代表合伙企业，同时对其他所有合伙人均有约束力。

（5）共享财产和收益。当某一个合伙人将其资产投资于合伙企业后，即对该资产丧失了要求权，但是凭借其投资到合伙企业中的资产，对合伙企业所有的资产取得了要求权，同样，合伙人凭借其投资，对合伙企业产生的合伙盈利也具有要求权。

3. 合伙协议

合伙企业属于私营企业范畴，其合伙人对合伙企业的债务负有无限连带责任。为了明确合伙人之间的权利和义务，我国《合伙企业法》中明确规定合伙企业在设立时应当遵循自愿、公平、平等、诚实守信的原则，共同签订书面合伙协议。协议中应明确各合伙人享有的权利和应承担的义务、合伙企业的利润分配方案、亏损分担方法、合伙人出资转让及解散清算程序等。一般应包括如下内容：

（1）合伙人名称和主要经营场所的地点；

（2）合伙目的和合伙企业的经营范围；

（3）合伙人姓名及住所；

（4）合伙人出资方式、数额和缴付出资的期限；

（5）合伙企业的设定存续期限；

（6）合伙人的权利和义务；

（7）利润分配和亏损分担方法；

（8）合伙企业事务执行；

（9）入伙与退伙规定；

（10）付给合伙人贷款的利息；

（11）允许合伙人增减抽回的资本，允许合伙人定期提取资金的限额；

（12）付给合伙人的工资额；

（13）合伙人死亡的处理及继承人权益的处理；

（14）合伙企业的解散和清算；

（15）合伙企业及合伙人的违约责任。

合伙协议订立后须全体合伙人签字后才生效。企业在经营过程中如对协议条款进行修改，也须全体合伙人同意后，才能进行修改或补充。

4. 合伙企业财务报告

合伙企业的财务报告主要是为了满足合伙人、债权人和税务机关使用者的需要，财务报告提供的会计信息可以帮助合伙人控制以及计划企业的经营活动，为合伙人的投资决策提供相关参考，一般情况下，除非合伙协议另有严格规定，各合伙人均有权随时查询合伙企业的财务报告。

第二节　合伙企业的会计核算

一、合伙企业相关核算账户

合伙企业作为独立的会计主体，其会计核算同公司会计核算一样，也分为资产、负债、所有者权益、收入、费用和利润，在进行会计核算时，也遵循权责发生制的计量基础。但是由于合伙企业中合伙人负有无限连带责任，国家的相关法律对合伙企业的对外投资、资本额的增减变动以及利润分配等方面都没有太多限制，远不如公司会计规定得详细和明确。

在合伙企业的所有者权益中，不必划分实收资本、资本公积、盈余公积和未分配利润这些账户进行核算，但是为了区分所有者权益的来龙去脉及其变动，合伙企业一般会设置“合伙人投资”“合伙人往来”“损益汇总”三个权益账户来进行权益核算。

1.“合伙人投资”账户

“合伙人投资”账户，用于记录合伙人投入的相对稳定的、长期性资本数额，从而形成合伙人拥有的在合伙企业中的权益，贷方登记增加额，借方登记减少额，余额在贷方，反映各合伙人在合伙企业中拥有的权益数额。此账户通常按照合伙人的姓名设置明细账户。

2.“合伙人往来”账户

“合伙人往来”账户，用于核算合伙人暂时性的资本变化数额，贷方登记合伙人暂时存入的资本数额、应得工资数和应得利润数额；借方登记合伙人的实际提款数额。此账户通常按照合伙人的姓名设置明细账户。

3.“损益汇总”账户

“损益汇总”账户，用于反映企业损益的形成及分配过程，贷方登记全部收入转入数额，借方登记全部成本、费用和税金账户转入的数额以及利润的分配，期末一般无余额。但是，合伙企业经营活动产生的利润应按照协议分配给各合伙人，如有规定需要向职工分配红利的，则应在向职工分配红利后再向合伙人分配利润。

二、合伙企业设立及经营业务

1. 设立时的业务核算

在设立合伙企业时，各合伙人依据合伙协议的约定向合伙企业出资。合伙人可以用其合法的货币资金、实物、土地使用权等财产出资。在个别情况下，合伙人还可以以劳务出资，但是须由各合伙人协商决定。

合伙人以现金投入的资本，按照实际投入的金额，借记“银行存款”账户，贷记“合伙人投资”账户。

合伙人以非现金资产投资，应按照所投资产评估确认的公允价值或合伙人协商确定的价值，借记“固定资产”“存货”“无形资产”等账户，贷记“合伙人投资”账户。

通常情况下，各合伙人按照合伙协议中规定的出资额出资，与其获得的权益比例是相等的。但是有时也会出现合伙人出资额比例与其所有者权益比例不一致的情况，一般来说，由于某合伙人良好的社会信誉和社会关系、特殊的专业能力和个人才干，使其实际出资额少于其按所有者权益比例应投入的资产价值，应用如下方法进行处理：

（1）投资净额法

在这种方法下，每一位合伙人的资本账户均按其投入合伙企业的可辨认净资产的公允价值入账。

【例 5-1】A、B、C、D 四人合伙成立一企业，合伙协议中规定四人在企业中的权益相等，各占 25%，而其各自投入的资产公允价值见表 5-1。

表 5-1 各合伙人投入的资产公允价值 单位：元

资产项目	A	B	C	D	合　计
货币资金	50 000		40 000	40 000	130 000
存货	20 000		40 000	20 000	80 000
固定资产	30 000	60 000	20 000		110 000
无形资产		40 000			40 000
合　计	100 000	100 000	100 000	60 000	360 000

借：货币资金　　130 000
　　存货　　80 000
　　固定资产　　110 000
　　无形资产　　40 000
　贷：合伙人投资——A　　100 000
　　　　　　　　——B　　100 000
　　　　　　　　——C　　100 000
　　　　　　　　——D　　60 000

在此法下，由于各合伙人投入的净资产不同，其取得的资本份额也不相同。

（2）商誉法

当某合伙人实际出资额小于其所有者权益比例时，将其实际出资额与应投入资本的差额作为商誉入账。这是因为该合伙人具备可以给企业带来超额收益的个人特质。

【例 5-2】承【例 5-1】，因为 D 具有很好的社会关系，经其他 3 人同意，D 以较少的出资额与其他人共享企业权益，其少投入的 40 000 元可列作合伙企业的商誉。分录如下：

借：货币资金　　130 000
　　存货　　80 000
　　固定资产　　110 000
　　无形资产　　40 000
　　商誉　　40 000
　贷：合伙人投资——A　　100 000
　　　　　　　　——B　　100 000
　　　　　　　　——C　　100 000
　　　　　　　　——D　　100 000

在此法下，某合伙人由于特殊的原因可以以少于其他合伙人的出资额得到与其他合伙人相同的权益。其得到的这部分权益视为其为企业创造的商誉。

（3）红利法

当某合伙人实际出资额小于其所有者权益比例时，首先将各合伙人实际出资额记入“合伙人投资”账户，然后按照其他合伙人赠予该合伙人的投资，调整“合伙人投资”账户的明细金额。这种做法认为其他合伙人拿出部分自己的投资额赠予了该投资人。

【例 5-3】承【例 5-1】，A、B、C 同意 D 出资，同时由 A、B、C 从自己的出资额中各分 10 000 元，作为红利赠予 D，分录如下。

①各合伙人实际出资时：

借：货币资金　　130 000
　　存货　　80 000
　　固定资产　　110 000
　　无形资产　　40 000
　贷：合伙人投资——A　　100 000
　　　　　　　　——B　　100 000
　　　　　　　　——C　　100 000

贷：合伙人投资——D　　60 000

②将A、B、C的出资额中各10 000元赠予D：

借：合伙人投资——A　　10 000

——B　　10 000

——C　　10 000

贷：合伙人投资——D　　30 000

在此法下，经过投资和赠予业务处理后，各合伙人的所有者权益数额都是90 000元。某合伙人还是以少于其他合伙人的出资额得到与其他合伙人相同的权益。但是其得到的这部分权益视为其从企业分得的红利，而此红利来自其他合伙人的投资，不是合伙企业在生产经营中创造的利润。

可以看出，虽然各合伙人的实际出资额没有变化，但是在不同的方法下，各投资人的权益在账面上反映出不同的数额，合伙企业可以根据各合伙人的意见，决定采用哪种方法。

2. 日常经营中的业务核算

（1）合伙人提款业务

合伙企业是私营企业，合伙人时常会从合伙企业中提取款项或商品，用于个人的生活，这些活动将会引起合伙企业权益的变动，而且这种变动多是暂时性的，一般视为合伙人对合伙企业利润的预分配或是依据合伙协议领取的工资。因此为了明确每位合伙人当期的提款情况，一般不会直接冲减“合伙人投资”账户，而是在提款业务发生时，先记入“合伙人往来”账户，待会计期末再将余额转入“合伙人投资”账户。该账户在日常记录中可以监控各合伙人的提款金额，使其控制在允许的范围之内。

【例5-4】某经营期间，合伙企业的甲、乙合伙人分别提取现金6 000元和5 000元，企业的库存商品5 000元和4 000元（成本价），并分别提取使用了企业的闲置资产各一台，该资产账面价值2 500元，市场价值约为1 500元。完成提款和结转的分录如下：

借：合伙人往来——甲（6 000+5 000+1 500）　　12 500

——乙（5 000+4 000+1 500）　　10 500

损益汇总（2 500×2−1 500×2）　　2 000

贷：库存现金　　11 000

库存商品　　9 000

固定资产　　5 000

借：合伙人投资——甲　　12 500

——乙　　10 500

贷：合伙人往来——甲　　12 500

——乙　　10 500

本题中若各合伙人的提款限额为10 000元，则合伙人超限额提款，可以作为其在企业中的减值，或者是减少其期末应分得的利润数额。

（2）合伙人增资业务

合伙企业在经营运作过程中，可能会因为资金短缺或经营规模扩大，原合伙人增加了资金投入，即为合伙企业的增资。其相关的条款和处理原则，在合伙协议订立时都应做出明确的规定。

增资的会计处理和设立时的会计处理是一致的。

三、合伙企业权益变动

1. 新合伙人入伙业务

合伙企业在经营一段时间后，可能会有新的合伙人希望加入。一般是由原合伙人将自己的部分或者全部权益转让给新合伙人，或者是新合伙人向合伙企业投入新的资本。

（1）新合伙人向原合伙人购买所有权

经原合伙人同意，某合伙人将自己的所有者权益份额全部或部分转让给新入伙的合伙人。

【例 5-5】甲、乙、丙三个合伙人成立合伙企业后，经全体合伙人同意，甲将自己的所有者权益中的 50%，即 20 000 元，转让给新加入的丁合伙人，分录如下：

借：合伙人投资——甲	20 000	
贷：合伙人投资——丁		20 000

（2）新合伙人向合伙企业投资入伙

新合伙人通过向合伙企业投入资本，而不是向原合伙人购买所有者权益实现对合伙企业投资的目的，合伙企业的资产规模会扩大，各合伙人的权益比例会发生相应变化，为使变化相对合理，要对资产进行重新估价。

【例 5-6】合伙企业原合伙人甲、乙的出资额各为 100 000 元，在接受新合伙人丙投资时，对其原有资产进行重估时，增值 100 000 元，丙实际投入现金 150 000 元，获得 1/3 的股权，有关分录如下：

借：固定资产	100 000	
贷：合伙人投资——甲		50 000
——乙		50 000
借：库存现金	150 000	
贷：合伙人投资——丙		150 000

2. 合伙人退伙及死亡业务

现有合伙人因故退出合伙企业，从而丧失其合伙人的地位，称为退伙。某合伙人要求退伙时，必须征得其他合伙人的同意。合伙人在退伙时，可以将其全部权益出售给其他合伙人（只改变合伙企业的合伙关系），也可以从合伙企业中抽回资本（将会缩小合伙企业的经营规模）。

合伙人退伙时将自己的全部权益出售给其他合伙人时，只改变合伙关系，不改变合伙企业资产和资本的增减变化，只需要在资本明细账中反映变更即可，不需要做账务处理。

如果退伙人从合伙企业抽回资本，将会引起合伙企业的资产和资本相应减少，而且在某些情况下，退伙人实际抽回的资本和其账面资本不相等，有可能会出现相当于商誉的业务核算。为了对退伙人的权益做出公平衡量，要对其资本账户进行调整，使之余额能反映公平的清算价格。该业务主要包括以下的调整：

（1）会计数字的更正；

（2）资产、负债账面价值与公允价值的差额调整；

（3）合伙协议中退伙人权益支付的特别约定（如资产重估、商誉的计算方法等）。

合伙人死亡，即为自然退伙，现存的合伙企业即解散。在这种情况下，尽管其他的合伙人还会照常经营下去，却是在新的合伙关系基础上经营的。同时，合伙人死亡后，其继承人有权收到其在合伙企业的全部权益，有权参加自上次结算日至合伙人死亡日产生的权益的分配。相关事宜要根据合伙协议的约定处理。

四、合伙企业损益及分配

合伙企业的净收益或净损失要按照合伙协议的规定在各合伙人之间进行分配；如果合伙协议中没有规定损益分配标准，则由合伙人协商决定；若协商不成，则由合伙人按照实际出资比例分配；若连出资比例也无法确定，则由合伙人平均分配。

1. 损益分配影响因素

合伙企业在损益分配时，应考虑如下因素：

（1）各合伙人投入的资本比例；

（2）各合伙人为合伙企业提供的服务价值的大小，以及参与企业生产经营的不同程度；

（3）其他事项：合伙人担任的职务、在行业领域的声望、与出资有关的风险承担程度。

2. 损益分配方法

（1）约定比例分配法。

约定比例分配法是指合伙人在考虑了影响收益分配的各因素后，由合伙人事先商定分配的比例，在合伙协议中加以规定的损益分配方法。

【例 5-7】甲、乙、丙合伙经营企业，开业时各自投入的资本为 100 000 元、50 000 元、50 000 元，当年实现净利润 80 000 元，合伙协议中约定的分配比例为 2∶1∶1，分录如下：

借：损益汇总	80 000	
贷：合伙人投资——甲		40 000
——乙		20 000
——丙		20 000

（2）资本比例分配法。

资本是任何一个企业开展生产经营最基本的资源，因此可以用资本的投入比例作为企业收益分配的标准，但是由于合伙企业的资本额会经常产生变动，用此法分配损益时，需要明确具体的时期和比例。该法一般以原始资本比例、期初资本比例、期末资本比例或加权平均资本比例为标准。

【例 5-8】甲、乙、丙三个合伙人初始投资及变动情况见表 5-2。

表 5-2 **各合伙人初始投资及变动情况** 金额单位：元

合伙人	初始投资额（2×16-01-01）		增减资金额		期末投资额（2×16-12-31）		加权平均投资额*	
	金额	比例	金额	时间	金额	比例	金额	比例
甲	100 000	50%	-40 000	2×16-04-01	60 000	25%	70 000	34%
乙	50 000	25%	10 000	2×16-07-01	60 000	25%	55 000	26%
丙	50 000	25%	70 000	2×16-07-01	120 000	50%	85 000	40%
合　计	200 000		40 000		240 000		210 000	

注：*加权平均投资额=初始投资额±增减资金额×（12-增减资月份）÷12

2×16 年该合伙企业的净利润为 80 000 元，则分配情况见表 5-3。

表 5-3　**各合伙人收益分配情况**　单位：元

合伙人	期初资本比例分配法	期末资本比例分配法	加权平均资本比例分配法
甲	40 000	20 000	27 200
乙	20 000	20 000	20 800
丙	20 000	40 000	32 000
合　计	80 000	80 000	80 000

其会计核算和约定比例分配法相同，只是选择不同的资本比例会产生不同的分配金额。

（3）先工资后分配法。

如果合伙人提供的劳务是合伙企业营业收入和利润的主要来源，且各合伙人提供的劳务并不相同，则通常在合伙协议中会规定将合伙企业的净利润以薪酬的形式分配给合伙人，分配后剩余的利润再向合伙人分配。

【例 5-9】承【例 5-8】，合伙人各方约定，甲、乙、丙三人每月可从企业各获得工资津贴 2 000 元、1 000 元和 1 000 元，其他情况同前例，则分配情况见表 5-4。

表 5-4　**各合伙人获得工资津贴的收益分配情况**　单位：元

合伙人	净利润	合伙人工资	可分配金额	按期初资本比例分配	分配金额合计
甲		24 000		16 000	40 000
乙		12 000		8 000	20 000
丙		12 000		8 000	20 000
合　计	80 000	48 000	32 000	32 000	80 000

如果企业当年亏损，也按照资本比例分配，若该企业当年的盈利为 28 000 元，则分配情况见表 5-5。

表 5-5　**企业亏损时各合伙人收益分配情况**　单位：元

合伙人	净利润	合伙人工资	可分配金额	按期初资本比例分配	分配金额合计
甲		24 000		−10 000	14 000
乙		12 000		−5 000	7 000
丙		12 000		−5 000	7 000
合　计	28 000	48 000	−20 000	−20 000	28 000

其会计分录和约定比例分配法相同。

第三节　合伙企业的清算

原合伙人因某种原因解散了合伙企业，也就是作为法律主体的合伙企业终止，原合伙企业解散后，如果在旧的合伙关系的基础上，重新成立了新的合伙企业并继续经营，则不需要进行清算；当解散后各合伙人都不再继续经营，则需要结束原合伙事务，进入清算程序。

一、散伙的原因

我国《合伙企业法》规定，合伙企业解散，清算人由全体合伙人担任，合伙人未能全体参加清算的，需要全体合伙人半数以上同意，可由合伙企业解散后 15 日内指定清算人，15 日内未能指定的，合伙人或其利益关系人可提请法院指定清算人。

当出现下列情况之一，合伙企业可以解散：

（1）合伙协议中约定的经营期限届满，且合伙人不愿继续合伙经营的；

（2）合伙协议中约定的散伙事项发生；

（3）经全体合伙人同意，决定散伙；

（4）合伙人未达到法定人数；

（5）合伙协议中约定的合伙目的未达到，或无法达到；

（6）由于某种原因，合伙企业被依法吊销营业执照，丧失营业资格。

二、清算程序

当合伙企业结束经营，进行清算时，应按照下列程序进行：

（1）将企业的全部非现金资产变卖，变现收入和资产账面价值的差额通过“清算损益”账户进行核算；

（2）收回企业的债权，清偿各项债务；

（3）支付清算时发生的人工费、手续费等；

（4）按照合伙协议账户的规定比例分配剩余财产。

需要指出的是，由于合伙企业的特殊性，解散后，合伙人对合伙企业未能偿付的债务仍负有连带责任，但是连带责任一般以 5 年为上限。

三、清算的核算方法

为了核算合伙企业清算过程中发生的清算损失、清算费用及收益，企业应设置“清算损益”账户，借方核算合伙企业在清算过程中发生的清算费用和资产变现时的损失；贷方核算资产变现时的收益，借贷抵减后的清算损益分配结转到“合伙人投资”账户，在清算结束后，该账户无余额。由于合伙人无法控制清算时间的长短，在会计核算上，可以分为一次清算法和分次付款清算法。

1. 一次清算法

一次清算法是指在清算时，合伙企业在很短的时间内将所有非现金资产变现，然后用现金清偿全部的债务，如果有剩余现金，则按比例分配给合伙人的清算方法。此法要求合伙人在清偿全部债务前不得向合伙人分配财产，以避免出现人为的资不抵债。

【例 5-10】甲、乙、丙三人共同合伙经营某企业，合伙协议中规定三个合伙人分别按照 3∶4∶3 的比例分配损益，2×16 年 5 月 31 日全体合伙人决定对合伙企业进行清算，清算时的资产负债表见表5-6。清算时，收回全部应收账款（含坏账准备10 000元），并将存货变卖共获得现金205 000元。

表5-6　　资产负债表

2×16年5月31日　　单位：元

资　产	金　额	权　益	金　额
货币资金	40 000	应付账款	50 000
应收账款	140 000	合伙人资本——甲	60 000
		合伙人资本——乙	80 000
存货	70 000	合伙人资本——丙	60 000
合　计	250 000	合　计	250 000

（1）变卖非现金资产时：

借：货币资金　　205 000
　　坏账准备　　10 000
　　清算损益　　5 000
　贷：应收账款　　150 000
　　　存货　　70 000

（2）偿还合伙人债务时：

借：应付账款　　50 000
　贷：货币资金　　50 000

（3）分配清算损益时：

借：合伙人投资——甲　　1 500
　　　　　　　——乙　　2 000
　　　　　　　——丙　　1 500
　贷：清算损益　　5 000

（4）分配合伙企业的财产时：

借：合伙人投资——甲　　58 500
　　　　　　　——乙　　78 000
　　　　　　　——丙　　58 500
　贷：货币资金　　195 000

2. 分次付款清算法

在大多数清算中，合伙企业的资产变现时间都会比较长，合伙人陆续将变卖非现金资产取得的现金先用于偿付债务，然后再分几次向合伙人分配，这种方法比较谨慎。

在这种方法下，合伙企业规定的损益分配比例与合伙人资本账户的余额往往并不一致，为避免现金的超额分配，即不至于发生在现金分配给合伙人后又要求合伙人退回的现象，合伙企业需要在清算前编制现金分配计划。

现金分配计划又称安全付款计划，可用以确定合伙企业在每一次清偿时的现金分配情况，一般遵循如下步骤：

（1）结算合伙人资本余额，以确定可抵销某合伙人资本余额的最小资产变现损失；

（2）按损益分配比例分配可抵销的资产变现损失给各合伙人的资本账户；

（3）对仍然有资本余额的合伙人，再次重复以上两步，确定其可抵销的最小资产变现损失，并按损益分配比例分配；

（4）多次重复，直至将所有合伙人的资本余额全部抵销。

【例 5-11】处于清算过程中的某合伙企业的合伙人甲、乙、丙的损益分配比例为 5∶3∶2，清算开始前各账户余额见表 5-7。

表 5-7 **清算开始前各账户余额** 单位：元

资　产	金　额	权　益	金　额
货币资金	18 000	应付账款	35 000
其他资产	85 000	合伙人资本——甲	20 000
		合伙人资本——乙	30 000
		合伙人资本——丙	18 000
合　计	103 000	合　计	103 000

现金分配计划的编制顺序如下：

①按合伙人损益分配比例计算各合伙人负担资产变现损失的潜在能力（见表 5-8）。

表 5-8 **各合伙人负担资产变现损失的潜在能力** 金额单位：元

合伙人	合伙资本余额	合伙损益分配比例（%）	可抵销资产变现损失
甲	20 000	50	20 000÷50%=40 000
乙	30 000	30	30 000÷30%=100 000
丙	18 000	20	18 000÷20%=90 000

②抵销最小资产变现损失后各合伙人的资本账户余额（见表 5-9）。

表 5-9 **各合伙人抵销最小资产变现损失后的资本账户余额** 单位：元

	合伙人甲	合伙人乙	合伙人丙
清算前资本余额	20 000	30 000	18 000
可抵销资产变现损失	20 000	（40 000-20 000）×60%=12 000	（40 000-20 000）×40%=8 000
抵销后资本余额	0	18 000	10 000

③第二次计算合伙人乙、丙负担资产变现损失的潜在能力（见表 5-10）。

表 5-10 **合伙人乙、丙负担资产变现损失的潜在能力** 金额单位：元

合伙人	合伙资本余额	合伙损益分配比例（%）	可抵销资产变现损失
乙	18 000	60	18 000÷60%=30 000
丙	10 000	40	10 000÷40%=25 000

④计算抵销第二次最小资产变现损失后合伙人乙、丙的资本账户余额（见表 5-11）。

表 5-11 合伙人乙、丙抵销第二次最小资产变现损失后的资本账户余额 单位：元

	合伙人乙	合伙人丙
第二次抵销前资本余额	18 000	10 000
可抵销资产变现损失	25 000×60%=15 000	25 000×40%=10 000
抵销后资本余额	3 000	0

（5）完成现金分配计划（见表 5-12）。

表 5-12 各合伙人现金分配情况 金额单位：元

	现金金额	现金受让人	分配比例
第一次	35 000	债权人	
第二次	3 000	合伙人乙	100%
第三次	25 000	合伙人乙、丙	60%、40%
第四次	40 000	合伙人甲、乙、丙	50%、30%、20%

这种方法比较谨慎，保护了债权人的权益，没有闲置浪费现金，同时使各合伙人在清算期间避免出现先分得现金，后资本亏损的现象。

本章小结

在市场经济条件下，企业的组织形式一般有独资企业、合伙企业和公司三种。本章主要介绍了独资企业和合伙企业的概念及特征；合伙企业的设立及日后的生产经营业务核算实务；合伙企业权益变动时的会计核算，合伙企业解散和清算的程序及核算等内容。本章的重点和难点是合伙企业设立与日常经营的业务处理，合伙企业权益变动时的核算，以及清算解散时的核算。

复习思考题

1. 合伙企业和公司有什么不同？合伙企业的特征有哪些？
2. 请简述独资企业会计的特点。
3. 简述合伙企业资本变动的具体情况及其会计处理。
4. 简述合伙企业损益分配的几种方法。
5. 简述合伙企业清算程序。

个案分析

合伙会计案例

彩龙合伙企业由于合伙人 C 破产导致该合伙企业解散，必须进行清算，合伙企业的资产负债表见表 5-13（损益分配比例为 5∶3∶2）。

表 5-13

彩龙合伙企业的资产负债表

2×16 年 5 月 31 日

单位：美元

资　产	期末余额	负债和权益	期末余额
货币资金	60 000	负债	
应收账款	120 000	应付账款	140 000
存货	240 000	其中：应付合伙人B的贷款	110 000
固定资产（净额）	90 000	负债合计	250 000
商誉	40 000	权益	
		合伙人资本——A	280 000
		合伙人资本——B	80 000
		合伙人资本——C	(60 000)
资产总计	550 000	负债和权益总计	550 000

在合伙人会议上，假定你被要求负责合伙企业的清算工作。根据合伙人 B 的主张，合伙企业在偿付完外部债权人的应付账款后，必须先偿还 B 的贷款 110 000 美元，你根据“抵销权利”这一条文谈了你的看法：你认为合伙企业的存货和设备的变现金额是不确定的，并指出这些资产的变现损失是多少。同时你认为合伙企业的商誉是不可实现的价值，应立即冲销合伙人的资本账户。

你的陈述引起合伙人 A 和 B 的不安。B 指出他一直在承担企业大部分的经营亏损，他对企业的贷款必须以现金补偿。A 反对承担冲销商誉的任何一部分，并提醒合伙人 B、C 和你，C 投资高回报率的 A 和 B 合伙企业时，其商誉已经确认。因为 C 个人资不抵债是她同一个企业委托人的关系恶化所造成的，A 和 B 强烈要求因 C 减少商誉要给其资本账户处以 40 000 美元的罚款。

经过激烈的争论后，三个合伙人要求你提出最佳的解决合伙人 A 和 B 问题的建议。

要求：根据合伙人提出的要求编制一份建议书。

第六章

物价变动会计

学习目标

本章阐述了物价变动会计的含义及形式，物价变动对会计的影响、物价变动会计的理论基础和物价变动会计的主要模式。通过学习，了解物价变动的原因及基本形式，理解物价变动会计的基本理论，深刻理解资本保全理论与物价变动会计的关系，重点掌握一般物价水平会计模式、现行成本会计模式的基本原理、程序和方法。要求学生能针对实际情况学以致用，在工作实践中对当前频繁变动的物价能够采取相应的会计对策。

第一节　物价变动会计与传统财务会计

物价变动会计是利用一定的物价资料，对企业传统的财务报表和会计模式做出调整修正，以反映或消除物价变动对会计信息的影响所采用的会计程序和方法。

一、物价变动及其形式

物价亦即一般称谓的价格，指商品或劳务在市场上的交换价值。以一定单位的货币购买商品或换取劳务的数量即为货币购买力。物价变动就是商品或劳务价格的上涨或下跌。物价指数是反映两个时期商品、劳务价格动态的指标。物价变动会计则是研究物价变动对会计的影响。

引起物价变动的原因主要有以下几个方面：（1）劳动生产率的提高；（2）新技术革命；（3）货币价值的波动；（4）市场供求关系的变化；（5）竞争与垄断；（6）政治原因。

物价变动可分为个别物价变动、一般物价水平变动两种类型。个别物价变动指某一特定、具体的商品（劳务）在同一市场的不同时期的价格变化；一般物价水平变动是以全部商品（劳务）的价格为对象，从综合的角度看一个国家或地区商品价格的变动情况，通常以一般物价指数（我国用社会商品零售物价总指数）来衡量，一般物价指数可通过报告期物价水平与基期物价水平相比较获得。个别物价变动与一般物价水平变动既有联系又有区别。

$$\text{一般物价指数}=\frac{\sum \text{报告期代表商品单价}\times\text{权数}}{\sum \text{基期代表商品单价}\times\text{权数}}\times 100\%$$

【例 6-1】假设以 2×16 年的物价水平为基期，以 2×17 年的物价水平为报告期，则要将基期的2×16年的一般物价指数定为100%，再按各类商品、劳务的单位价格变动情况和所占的比重（权数），计算出2×17年的一般物价指数。现列表说明一般物价指数的计算，详见表6-1。

表6-1 **物价指数计算表** 金额单位：元

代表商品（劳务）类别	单价		权数（%）	金额	
	2×16年	2×17年		2×16年	2×17年
甲	15	18	30	450	540
乙	25	30	40	1 000	1 200
丙	40	45	30	1 200	1 350
合计			100	2 650	3 090

$$2×17\text{年的一般物价指数}=\frac{3\,090}{2\,650}×100\%=116.60\%$$

在此情况下，每货币单位的购买力有所下降。可用下面的公式计算：

$$\text{每货币单位的购买力}=\frac{100\%}{116.60\%}×100\%=85.76\%$$

上述计算结果说明，2×17年比2×16年的一般物价水平上涨了16.60%（116.60%-100%），而2×17年度的每货币单位购买力只相当于2×16年的85.76%，即比2×16年下降了14.24%（100%-85.76%）。

一般物价指数的计算取决于对代表商品的选择及权数的选用。由于物价变动对社会经济活动有着巨大的影响，所以，一般物价指数是由政府部门或专业团体计算并对外公布的。例如，美国商业部按季度公布国民总值物价指数，劳工部按月公布消费品物价指数；英国劳动部定期计算并公布零售物价指数；我国国家统计局按月、季度和年度计算并公布社会商品零售物价总指数。

个别物价的普遍涨跌会导致一般物价水平的涨跌（虽然个别商品的价格变动幅度也可能与一般物价水平升降的幅度有一定差异），因此一般物价水平变动以个别物价变动为基础，反过来又对个别物价变动施加影响。

个别物价变动与交换并存，一般物价水平变动与纸币的流通相关，并常与通货膨胀或通货紧缩连在一起。从这点看，个别物价变动属于微观现象，具有多样化的特点；一般物价水平变动属于宏观现象，具有普遍性的特点。

二、物价变动对会计的影响

传统会计一直采用历史成本会计模式，即以币值不变的假设为前提，以历史成本原则为计价基础。然而，物价的大幅度变动对会计理论和实务均产生了重大影响。

（一）对会计理论的影响

1. 对币值不变假设的冲击

货币计量的前提是币值稳定，即使发生变动，其变动幅度必须很小，不会影响它的计量功能。但在通货膨胀时期，特别是发生恶性通货膨胀时，物价变动厉害，货币急剧贬值，这时以货币为统一尺度来计量经济业务就会产生歪曲的数据。

2. 对历史成本原则的冲击

历史成本原则是传统会计最基本的计量原则，它建立在币值不变的基础上。在物价大幅度地持续上涨或下跌的情况下，资产的账面价值以历史成本计价就不能确切地反映资产的价值了，会歪曲企业的财务状况；可能因而产生少计费用，高估利润的结果，歪曲企业的经营成果，影响会计数据的质量。

3. 对会计目标及会计信息有用性的挑战

会计的目标是为使用者提供决策有用的会计信息。然而，物价的大幅度变动，动摇了会计的计量属性。会计信息的失真，严重影响了会计信息的有用性，会计信息的使用者无法对企业经营业绩进行衡量，无法利用这种会计信息做出预测和决策，进而影响会计目标的实现。

（二）对会计实务的影响

（1）财务报表不能真实反映企业的财务状况和经营成果。

以通货膨胀为例，企业的财务状况和经营成果主要表现在：①低估了非货币性资产的价值。②没有反映货币性资产的购买力变动损失和货币性负债购买力变动收益。在通货膨胀时期，企业固定金额的货币性资产所代表的商品或劳务的数量会直接减少，从而产生货币购买力损失；相反，用贬值的货币偿还原欠的相同金额的负债，会产生货币购买力收益。③高估收益。虽然历史成本原则强调收入与费用的配比，但由于以现时价格计量收入，以历史成本计量费用，此时成本并未真正得到回收，结果必然高估企业收益。

（2）不能保证企业固定资产的更新，从而使企业生产经营能力削弱。

在物价持续上涨的情况下，按历史成本计提的折旧费小于更新固定资产需要的金额。由于不能保证固定资产的重置，企业的生产经营规模会不断萎缩，其生产经营能力相应削弱。

（3）无法正确反映投入资本的保全情况。

企业所有者投资的目的主要是获取收益，而资本保全是其前提条件。由于按历史成本原则计量的资产账面价值低于报告期的现时价值，形成少计费用和虚增收益，还要按虚增的收益多交所得税和支付股利，最后必然会形成企业虚盈实亏的情况，进而使企业所有者的产权资本受到侵蚀。

（4）由于财务报表提供企业虚假的盈利能力和偿债能力，据此做出的决策会导致严重的失误。

第二节　资本保全理论与物价变动会计

一、资本保全与物价变动会计

资本保全（资本保持）可理解为“保本”，即怎样才能保证初始投入资本的安全完整，是指依据资本循环规律，运用一定方法，通过对资本循环时投入的资本量与资本循环结束时收回的资本量进行比较，来保证投入资本价值量的完整和再生产的正常进行，从而使资本不受侵蚀，进而保障业主权益的一种资本管理制度。

按照资本保全理论，企业确认的收益必须以保证资本完整无损为前提，即企业的资本流入，只有超过所需补偿资本的数额，才可视为收益。

（一）资本保全理论是物价变动会计的理论基础

资本保全问题产生于持续的通货膨胀。在剧烈的通货膨胀经济环境里，不同时期货币的购买力不同，不同时期同一项资产的价格不同。历史成本会计下的收入按现时的货币购买力计量，某些重要的费用则按前期的货币购买力计量，因而资本的回收和维护很难保证。应该说，物价持续大幅度地变动，是产生物价变动会计的外在条件；而资本保全和真实确认收益的要求，才是物价变动会计产生的内在动因。

（二）财务资本、实物资本及其保全

资本保全理论是物价变动会计的理论基础。资本保全概念中的"资本"一般分为财务资本、实物资本两种。

财务资本是指企业所有者投入企业的货币资本（或购买力），它所代表的价值以货币表示，因此与传统会计中的净资产相同。

实物资本是指企业的实物资产，反映企业实际具有的生产能力或经营能力，而企业的生产经营能力一般以一定时期企业生产的产品或劳务的实物数量表示。

在持续通货膨胀的情况下，产生了两种不同的资本保全，即财务资本保全和实物资本保全。

根据财务资本保全观念，只有企业当期期末净资产的金额扣除当期所有者的投资和对所有者的分配额，超过当期期初净资产的金额时，其超出金额才是当期收益。财务资本保全的计量属性一般采用历史成本，计量单位既可用名义货币，也可用不变币值（即一般购买力）的货币。不过，采用历史成本（名义货币）核算，是传统会计的做法，它没有考虑物价上涨对资本购买力的影响，保全的仅仅是贬值了的原始资本数额，所确认的利润代表这一时期名义货币资本的增加。采用历史成本（不变币值）核算，考虑了通货膨胀对资本购买力的影响，保持了原有资本的购买力，所确认的利润代表这一时期购买力的增加。

根据实物资本保全观念，只有企业当期期末实物生产能力或经营能力在扣除了当期对所有者的分配额和所有者的投资后，超过当期期初的实物生产能力或经营能力时，其超出金额才可确认为当期收益。实物资本保全观念要求采用现行成本的计量属性，以反映现有资产的现行价值，已耗用资产在未得到重置之前，不确认营业收益，至于计量单位，可采用名义货币或不变币值的货币。可见，按照实物资本保全的要求，会计上使用的收入与费用配比原则有现时收入与现行成本的配比，利润代表了这一时期实物资本的增加。所有影响企业资产、负债的价格变动，都被认为是企业实物生产能力计量上的变动，变动金额应作为权益中的资本保全调整处理，不确认为收益。

（三）物价变动下的资本保全和净收益的确认

在物价变动情况下，使用不同的资本概念和不同的资本保全方式，都会对资产的计价及相关的净收益确认产生明显的影响。

【例 6-2】某公司于 2×16 年年初购入固定资产和商品并开始营业。购入商品中有价值 100 万元的商品已于 2×16 年售出，获得价款 150 万元。与该批商品相关的物价指数为：购进商品时的物价指数为 100，2×16 年年末的一般物价指数为 120，而售出商品的分类物价指数为 130。该公司固定资产价值为 100 万元，按 10 年计提折旧，2×16 年该固定资产的分类物价指数也为 120。该公司 2×16 年的其他销售费用为 10 万元。

分析：据资料可知，若以财务资本概念考虑资本保全，以名义货币为计量单位，亦即按照财务资本保全概念，该公司可完全按历史成本确认收益。其收益计算见表 6-2。

表 6-2 财务资本保全（名义货币）概念下收益计算表 单位：元

项目	金额
营业收入	1 500 000
营业成本	1 000 000
销售费用	200 000
其中：折旧费用	100 000
营业利润	300 000

若该公司按照不变币值资本保全概念，则应按一般物价指数来调整按历史成本计量的资产价值。其收益计量见表 6-3。

表 6-3 财务资本保全（不变币值）概念下收益计算表 单位：元

项目	金额
营业收入	1 500 000
营业成本（$1\ 000\ 000\times\frac{120}{100}$）	1 200 000
销售费用	220 000
其中：折旧费用（$1\ 000\ 000\times\frac{1}{10}\times\frac{120}{100}$）	120 000
营业利润	80 000

若该公司按照实物资本保全概念时，又会有两种情况。使用现行成本为计量单位时。其收益计量见表 6-4。

表 6-4 实物资本保全（现行成本）概念下收益计算表 单位：元

项目	金额
营业收入	1 500 000
营业成本（$1\ 000\ 000\times\frac{130}{100}$）	1 300 000
销售费用	220 000
其中：折旧费用（$1\ 000\ 000\times\frac{1}{10}\times\frac{120}{100}$）	120 000
营业利润	-20 000

若该批商品在售出日的重置成本为 135 万元，固定资产的重置成本为 125 万元，该公司按重置成本计量时。其收益计量见表 6-5。

表 6-5 实物资本保全（重置成本）概念下收益计算表 单位：元

项目	金额
营业收入	1 500 000
营业成本	1 350 000
销售费用	225 000
其中：折旧费用（$1\ 250\ 000\times\frac{1}{10}$）	125 000
营业利润	-75 000

将上述不同的资本保全概念和不同的计量方式，以及带来的结果汇总分析可得表 6-6。

表 6-6 不同资本保全概念及净收益比较表 单位：元

概　念	需保全的资本	净收益
财务资本保全（名义货币）	历史成本资本	300 000
财务资本保全（不变币值）	按一般物价指数调整的资本	80 000
实物资本保全（现行成本）	按分类物价指数调整的资本	-20 000
实物资本保全（重置成本）	按重置成本调整的资本	-75 000

二、物价变动会计的主要模式

会计计量模式是计量单位与计量属性的有机结合。会计采用货币作为计量单位，由于物价发生变动，货币本身的购买力或价值也会发生变动。通常将不考虑购买力变动的货币单位称为名义货币，而将具有相同购买力的货币单位称为稳值货币。计量单位主要解决名义货币单位或不变币值（一般购买力）货币单位的选择问题，计量属性主要解决同一计量对象的不同货币表现问题。可用于计量的属性有历史成本、现行成本、现行市价、可变现净值、未来现金流量现值五种。计量单位、计量属性是会计模式最基本的构成要素。

可用的四种计量模式是：(1) 历史成本/名义货币单位；(2) 历史成本/不变购买力货币单位；(3) 现行成本/名义货币单位；(4) 现行成本/不变购买力货币单位。

历史成本/名义货币单位会计计量模式，是目前采用的传统会计计量模式。它以币值稳定为前提，不考虑物价变动对会计信息的影响，不能体现资本保全概念。

历史成本/不变购买力货币单位、现行成本/名义货币单位、现行成本/不变购买力货币单位三种计量模式，目的都是消除物价变动对财务报表的影响，体现资本保全的要求，因而都属于物价变动会计模式。

历史成本/不变购买力货币单位的计量模式，构成一般物价水平会计（又称通货膨胀会计），它仍然保持原始成本会计制度，只是它的计量单位不再是名义货币，而是以币值固定、购买力相等的货币为计量单位。其目的是消除一般物价水平变动对财务报表的影响。具体做法是，采用政府有关部门公布的一般物价指数，调整该模式所产生的财务报表。

现行成本/名义货币单位的计量模式，构成现行成本会计，这种模式以现行成本为计量属性，计量单位仍采用名义货币。现行成本一般采用重置成本，即所持资产在编表时的取得成本，或重置生产成本，即重新生产某一资产所需要的成本。以现行成本替代原始成本计量资产及其消耗成本，可以消除现行成本与原始成本不一致时对财务报表的影响。主张采用这一模式的理由是一般物价水平的升降对各企业的影响并不完全一致，对一个具体企业来说，更关心的是它持有或消耗资产的现行成本，即要反映特定物价的变动，采用现行成本可以提供更为相关的信息。

历史成本/不变购买力货币单位会计模式与现行成本/名义货币会计模式的着眼点不同。前者调整的是计量单位，后者调整的是计量属性，两者都不能全面反映物价变动的影响。

现行成本/不变购买力货币单位的计量模式，构成现行成本不变币值会计，这一模式不仅以现行成本作为计量属性，而且还以购买力相同的货币为计量单位，试图同时反映一般物价水平和特定物价水平变动的影响。由于这种模式调整、计算过于复杂，且又难以克服以上两种方法的不足，故未得到更大范围的应用。

第三节　历史成本/不变币值会计模式

一、一般物价水平会计的基本原理

历史成本/不变币值会计模式是指按本期一般物价指数将历史成本财务报表中各项会计数据加以调整，从而消除一般物价水平变动的影响，按期末货币的现时购买力反映企业的财务状况和经营成果。因为它是用一般物价指数消除物价变动的影响，故又称为一般物价水平会计或一般购买力单位会计。一般物价水平会计是通货膨胀条件下的产物。根据美国财务会计原则委员会的定义，通货膨胀是指一般物价和平均物价的持续上升，或是货币购买力的持续下降。

既然如此，物价变动会计就应改变计量单位，以不变币值来代替不断贬值的货币单位，作为计量企业财务状况和经营成果的尺度；计量属性则仍以历史成本为准。

一般物价水平会计采用历史成本/不变币值会计模式，与传统的历史成本会计区别不大。

（1）在日常的会计核算方面，不需要进行特殊的或单独的会计处理，与历史成本会计模式相同。

（2）由于货币计量单位的改变，期末需要按一般物价指数对历史成本/名义货币单位下的财务报表数据进行调整，以消除物价变动的影响。

应用不变币值会计模式需要解决两个问题：一是如何计算调整系数，二是应该采用何时的购买力作为不变币值财务报表的不变币值货币。

对于第一个问题，通常的做法是借助于政府公布的物价指数。美国财务会计准则委员会建议采用政府按月公布的城镇居民消费价格指数，英国会计准则委员会规定采用零售物价指数。我国目前未实行物价变动会计，如果需要充分揭示财务信息，在编制不变币值财务报表时，采用我国国家统计局按月、季度和年度计算并公布的社会商品零售物价总指数。

对于第二个问题，通常的做法是采用报告期期末的一般物价指数或者报告期的平均一般物价指数将历史成本报表金额换算成反映报告期期末或者报告期平均购买力的货币金额。

二、一般物价水平会计的会计处理程序和方法

一般物价水平会计的会计处理程序和方法，主要就是在期末根据一般物价指数和传统财务报表数据，重新编制一般物价水平的报表。其基本程序主要包括：（1）将资产负债表中的项目区分为货币性项目和非货币性项目；（2）将非货币性项目的金额按一般物价指数进行调整（把名义货币换算为稳值货币）；（3）计算持有货币性项目所发生的购买力变动损益；（4）编制一般物价水平的财务报表。

（一）划分货币性和非货币性项目

在编制一般物价水平的财务报表前，必须在资产负债表中划分货币性项目与非货币性

项目。这是一般物价水平会计的第一个重要程序。

1. 货币性项目

所谓货币性项目，指金额固定或以货币直接反映，金额不因通货膨胀而发生变动，但其货币购买力却发生变化的资产和负债项目。该项目包括货币性资产、货币性负债两类。货币性资产又可再分为货币性流动资产和非流动资产两类，包括各项货币资金、应收账款、应收票据、收取固定利息或股利的短期或长期证券投资、按固定合同加工的存货等。

货币性负债又可再分为货币性流动负债和非流动负债两类，包括应付账款、应付票据、应付职工薪酬、应付股利、应付公司债券本息、短期或长期借款等。

货币性项目有两个特点：

（1）金额固定不变。比如，若企业年初持有货币的金额为 5 000 元，且年内未发生收支，即使年内物价有较大的变动，其账面金额仍保持原状。

（2）在物价变动的情况下，货币性项目会发生购买力损益。在通货膨胀时期，相同金额的货币性资产实际代表的商品或劳务数量减少了，从而产生货币购买力变动损失；与此相反，货币性负债会产生货币购买力变动收益。在通货紧缩时期，因货币购买力上升，持有货币性资产会产生收益，承担货币性负债则会产生损失。具体如下所示：

货币性资产项目（调整后金额－调整前金额）→ 正数差额为货币性资产购买力变动损失；负数差额为货币性资产购买力变动收益

货币性负债项目（调整后金额－调整前金额）→ 正数差额为货币性负债购买力变动收益；负数差额为货币性负债购买力变动损失

2. 非货币性项目

非货币性项目包括非货币性资产、非货币性负债两类，指金额不是固定不变，而是随一般物价水平的上升而提高、随一般物价水平的下降而降低的资产和负债项目。

非货币性资产主要包括存货、预付账款、固定资产、长期股权投资、无形资产等。非货币性负债主要包括预收账款、递延收入等。由于所有者权益是资产总额减负债总额，故一般归类为非货币性项目。

非货币性项目的特点如下：

（1）在物价变动时期，非货币性项目的金额应按一般物价指数变动的幅度进行调整；

（2）在物价变动时期，非货币性项目不会发生购买力损益。

非货币性项目的基本原则：非货币性项目不会发生购买力损益，但在重编财务报表时，必须按一般物价指数予以调整。相反，货币性项目不需要作数据调整，但要计算由于持有货币性项目而影响的本期购买力损益。

（二）按一般物价指数调整非货币性项目金额

非货币性项目一般不会发生购买力损益，但是企业持有非货币性项目一般已有一定时日，如果出现一般物价水平变动，原来表示非货币性项目的名义货币就不能够反映非货币性项目所内含的购买力，必须通过调整一般物价指数的变动幅度，对其进行重新表述。调整可用的一般物价指数有年初一般物价指数、年末一般物价指数、年均一般物价指数三种，不同的调整对象应使用不同的物价指数。

利润表项目中，企业的收入、费用是年内不同时期发生额的合计，为了简化换算的工作量，一般假设收入、费用在年内均衡发生，故采用年均一般物价指数进行调整。

资产负债表应反映企业年末的财务状况，其非货币性项目就需采用年末一般物价指数进行调整。有关计算如下：

调整系数=本年年末一般物价指数/业务发生当时一般物价指数

调整后金额=调整前金额×调整系数

1. 对固定资产项目的调整

由于固定资产购置的时间不同，其账面记录的原值、累计折旧等应按其购入时的物价指数进行调整。

【例 6-3】某企业于 2×15 年 1 月入账的机器设备总值为 600 万元，当时的物价指数为 120，该企业的机器设备按 10 年计提折旧；2×16 年年末编制财务报告时的物价指数为 144。

对该项资产的调整计算过程详见表 6-7。

表 6-7　**固定资产账面金额调整表**

2×16 年 12 月 31 日　单位：万元

项　目	调整前金额	调整过程	调整后金额
机器设备总值	600	$600\times\frac{144}{120}$	720
累计折旧	120	$120\times\frac{144}{120}$	144
设备净值	480	$480\times\frac{144}{120}$	576

2. 对存货项目的调整

存货主要来自外购，企业平时都有进货记录。但不同企业存货的流转及计价方法有所不同，故存货项目的调整应区分两种情况：一是存货的发出能逐项确认时，可较容易确定年末存货的取得时间及当时的一般物价指数，从而计算年末存货调整后的金额。二是存货的发出不能逐项辨认，只能依靠存货流转假设确定发出批次时，如果采用先进先出法，年末存货的取得日应为进货的最近月份。确定调整系数公式中分母的选用，应与存货流转假设的时间一致。如果存货的购入、耗用是在年内均衡发生的，为了简化核算，也可选用年均一般物价指数进行调整。如果期末存货采用“成本与市价孰低法”计价，其调整更为复杂。一般应先将年末存货的历史成本按一般物价水平进行调整，然后与其市价比较，最后根据成本（已调整为年末货币价值）与市价孰低的原则，确定资产负债表中年末存货的金额。

【例 6-4】某企业按先进先出法计算存货成本，期末存货的成本为 50 万元，最近月份进货的物价指数为 110，年末的物价指数为 132。

对该企业存货的调整结果为：

$$调整后的金额=500\ 000\times\frac{132}{110}=600\ 000（元）$$

3. 对留存收益项目的调整

留存收益是根据资产负债表的有关项目金额“倒挤”计算出来的。计算公式如下：

留存收益=（调整后的资产合计数-调整后的负债合计数）-调整后的股本、资本公积

4. 利润表中的有关项目

收入以及除折旧费、营业成本以外的费用，大多为年内均衡发生，可按年均一般物价指数作为计算调整系数的分母。折旧费的调整应与固定资产项目的调整相一致。按某项固定资产原价计提的折旧费，应以取得该项固定资产时的一般物价指数作为调整系数的分

母，据此计算折旧费的调整金额。

（三）计算货币性项目的购买力净损益

方法一：在物价变动的情况下，货币性资产项目发生的购买力变动收益（损失）与货币性负债发生的购买力变动损失（收益）的差额，称为货币性项目购买力变动净损益。计算货币性项目购买力变动净损益，是一般物价变动会计的一项重要程序。计算时，还应考虑年内货币性项目金额的变动情况，即“年初余额+本年增加-本年减少=年末余额”，并编制购买力变动损益计算表。

方法二：由于同一时期企业的货币性资产、货币性负债发生的购买力损益变动方向相反，故计算货币性项目购买力变动净损益的另外一种方法是，不按货币性资产、货币性负债项目分别计算，而是先计算货币性项目净额，再采用一定方法计算其购买力变动净损益。

无论是方法一还是方法二，都需要确定换算系数，即年末一般物价指数/年初或年均一般物价指数，以此将货币性资产、货币性负债或货币性项目净额的名义货币额换算为不变币值货币额（见表 6-8）。

表 6-8 **货币性项目净额购买力变动损益计算表**

项　目	名义货币额	调整系数	不变币值货币额
货币性项目净额年初数	A	B	A · B=C
货币性项目净额年内变动数※	D	E	D · E=F
货币性项目净额年末数	G		G
货币性项目净额购买力损益=C+F-G。若（C+F）>G，其差额为购买力损失；若（C+F）<G，其差额为购买力收益			

※货币性项目净额年内变动数=货币性资产年内变动数-货币性负债年内变动数

这里应该注意两个问题：

（1）哪些业务引起货币性项目的变动？一般地，只有那些账务处理中的借、贷一方涉及货币性项目，另一方涉及非货币性项目的业务，才会导致货币性项目的金额发生变化，如销货、购货、费用的发生、股利的分配等。

（2）用什么指数作调整系数中的分母？是年均一般物价指数还是业务发生时的一般物价指数？一般地，对于年度内均衡发生的业务采用年均一般物价指数，否则可以采用业务发生时的一般物价指数。

【例 6-5】资料：1. 彩龙公司 2×16 年 1 月 1 日的货币性项目如下：库存现金 800 000 元；应收账款 340 000 元；应付账款 480 000 元；短期借款 363 000 元。

2. 本年度发生以下有关经济业务：

（1）销售收入 2 800 000 元，购货 250 000 元；（2）以库存现金支付销售费用 50 000 元；（3）3 月底支付现金股利 30 000 元；（4）3 月底增发股票 1 000 股，收入现金 3 000 元；（5）支付所得税 20 000 元。

3. 有关物价指数如下所示：

2×16 年 1 月 1 日	100	2×16 年 3 月 31 日	120
2×16 年 12 月 31 日	130	2×16 年年度平均	115

要求：以年末货币为稳值货币，计算货币性项目购买力变动损益。

解：货币性项目购买力变动损益计算表见表 6-9。

表 6-9　　**货币性项目购买力变动损益计算表**　　金额：元

项　目	名义货币额	调整系数	一般购买力货币额
货币性资产年初数	1 140 000		
货币性负债年初数	843 000		
货币性项目净额年初数	297 000	$\frac{130}{100}$	386 100
加：销售	2 800 000	$\frac{130}{115}$	3 165 217
发行股票	3 000	$\frac{130}{120}$	3 250
减：购货	250 000	$\frac{130}{115}$	282 609
销售费用	50 000	$\frac{130}{115}$	56 522
所得税	20 000	$\frac{130}{115}$	22 609
现金股利	30 000	$\frac{130}{120}$	32 500
货币性项目净额年末数	2 750 000		3 160 327

货币性项目的购买力变动损失=3 160 327−2 750 000=410 327（元）

（四）表中项目的调整

1. 资产负债表货币性项目的调整

$$年初数的调整系数=\frac{上年年末一般物价指数}{年初一般物价指数}$$

2. 资产负债表非货币性项目的调整

$$年初数的调整系数=\frac{上年年末一般物价指数}{取得、形成时或年均一般物价指数}$$

$$年末数的调整系数=\frac{年末一般物价指数}{取得、形成时或年均一般物价指数}$$

3. 留存收益项目的调整

调整后的留存收益=（调整后资产−调整后负债）−调整后股本、资本公积

4. 利润表发生额项目（折旧费用、营业成本项目除外）的调整

$$调整系数=\frac{年末一般物价指数}{年均一般物价指数}$$

5. 利润表各计算项目的调整

调整数根据报表项目之间的勾稽关系计算。

6. 利润表折旧费用项目的调整

$$调整系数=\frac{年末一般物价指数}{有关固定资产取得、形成时的一般物价指数}$$

7. 利润表营业成本项目的调整

$$\begin{array}{c}调整后的\\营业成本\end{array}=\begin{array}{c}资产负债表存货\\项目调整后的年初数\end{array}+\begin{array}{c}存货本年\\增加数的调整数\end{array}-\begin{array}{c}资产负债表存货\\项目调整后的年末数\end{array}$$

存货本年增加数的调整数=存货本年增加数×年末一般物价指数或年均一般物价指数

8. 利润表股利分配项目的调整

$$调整系数=\frac{年末一般物价指数}{分配时的一般物价指数}$$

（五）编制一般物价水平财务报表

这是在前面各会计程序的基础上进行的，应编制一般物价水平的资产负债表、一般物价水平的利润表和一般物价水平的利润分配表。

【例 6-6】设 2×16 年全年的物价变动指数为：年初为 100，年末为 154，年均为 140。某公司在按历史成本资料编制出资产负债表、利润表之后，详见表 6-10 和表 6-11。

要求：按上述物价变动水平对其报表进行调整。

表 6-10　**资产负债表**

（按历史成本编制）

2×16 年 12 月 31 日　　单位：元

项　目	2×16年1月1日	2×16年12月31日
货币资金	180 000	210 000
存货	390 000	451 000
固定资产原值	430 000	430 000
减：累计折旧		86 000
固定资产净值	430 000	344 000
资产总计	1 000 000	1005 000
流动负债	250 000	222 500
非流动负债	150 000	150 000
实收资本	500 000	500 000
盈余公积	80 000	100 000
未分配利润	20 000	32 500
负债及所有者权益总计	1 000 000	1 005 000

表 6-11　**利润表**

（按历史成本编制）

2×16 年度　　单位：元

项　目	金　额
营业收入（按每件商品 75 元）	1 102 500
减：营业成本（按先进先出法计算）	654 000
折旧费用	86 000
销售费用	70 000
利润总额	292 500
减：所得税费用	90 000
净利润	202 500
加：前期未分配利润	20 000
可供分配利润	222 500
减：提取公积金	20 000
分出利润	170 000
未分配利润	32 500

补充说明：

（1）期初存货系按每件 100 元计价，共计 3 900 件；本期存货按每件 110 元购入，共购入 6 500 件，该公司按先进先出法核算存货成本；购进存货最近月份的物价指数是 123.2。

（2）期初固定资产为全新购入，尚未计提折旧。

（3）流动负债和非流动负债均为货币性负债。

（4）本年销售商品 6 300 件，系在年内均匀发生。

（5）本期的折旧费用在年末一次性计提，销售费用在年内均匀发生。

（6）所得税在年内分月预交，系均匀发生，提取公积金和分出利润系年内一次性结转与支付。

据上述资料，可按不同报表，将表中数据进行调整。

解：

1. 资产负债表项目的调整

货币性资产：

2×16 年 1 月 1 日，$180\ 000\times\frac{154}{100}=277\ 200$（元）

2×16 年 12 月 31 日，$210\ 000\times\frac{154}{154}=210\ 000$（元）

货币性负债：

2×16 年 1 月 1 日，$(250\ 000+150\ 000)\times\frac{154}{100}=616\ 000$（元）

2×16 年 12 月 31 日，$(222\ 500+150\ 000)\times\frac{154}{154}=372\ 500$（元）

存货：

2×16 年 1 月 1 日，$390\ 000\times\frac{154}{100}=600\ 600$（元）

2×16 年 12 月 31 日，$451\ 000\times\frac{154}{123.2}=563\ 750$（元）

固定资产净值：

2×16 年 1 月 1 日，$430\ 000\times\frac{154}{100}=662\ 200$（元）

2×16 年 12 月 31 日，$344\ 000\times\frac{154}{100}=529\ 760$（元）

调整后本年应计的累计折旧数额为 132 440 元（662 200−529 760）。

实收资本：

2×16 年 1 月 1 日，$500\ 000\times\frac{154}{100}=770\ 000$（元）

2×16 年 12 月 31 日，$500\ 000\times\frac{154}{100}=770\ 000$（元）

盈余公积与未分配利润：

2×16 年 1 月 1 日，$(277\ 200+600\ 600+662\ 200)-616\ 000-770\ 000=154\ 000$（元）

2×16 年 12 月 31 日，$(210\ 000+563\ 750+529\ 760)-372\ 500-770\ 000=161\ 010$（元）

设盈余公积与未分配利润按其期末发生数额再作内部调整：

盈余公积：

2×16 年 1 月 1 日，$80\ 000\times\frac{154}{100}=123\ 200$（元）

2×16 年 12 月 31 日，$123\ 200+20\ 000=143\ 200$（元）

未分配利润：

2×16 年 1 月 1 日，$20\ 000\times\frac{154}{100}=30\ 800$（元）

2×16 年 12 月 31 日，161 010−143 200=17 810（元）

2. 利润表项目的调整

营业收入：$1\ 102\ 500\times\frac{154}{140}=1\ 212\ 750$（元）

营业成本：

年初存货成本=$390\ 000\times\frac{154}{100}=600\ 600$（元）

本期购入存货成本=$110\times6\ 500\times\frac{154}{140}=786\ 500$（元）

期末存货成本=$451\ 000\times\frac{154}{123.2}=563\ 750$（元）

本期营业成本=600 600+786 500−563 750=823 350（元）

本年应计的累计折旧数额为 132 440 元（662 200−529 760）。

销售费用=$70\ 000\times\frac{154}{140}=77\ 000$（元）

所得税费用=$90\ 000\times\frac{154}{140}=99\ 000$（元）

盈余公积=$20\ 000\times\frac{154}{154}=20\ 000$（元）

分出利润=$170\ 000\times\frac{154}{154}=170\ 000$（元）

3. 货币购买力损益的计算

货币购买力的计算详见表 6−12。

表 6−12 **货币购买力损益计算表** 单位：元

项　目	未调整前数额	调整系数	调整后数额
期初货币性资产	180 000	$\frac{154}{100}$	277 200
期初货币性负债	400 000	$\frac{154}{100}$	616 000
期初货币性资产净额	（220 000）	$\frac{154}{100}$	（338 800）
加：本期货币性收入	1 102 500	$\frac{154}{140}$	1 212 750
减：购入存货	715 000	$\frac{154}{140}$	786 500
销售费用	70 000	$\frac{154}{140}$	77 000
所得税费用	90 000	$\frac{154}{140}$	99 000
分出利润	170 000	$\frac{154}{154}$	170 000
货币性项目净额	（162 500）		（258 550）
货币性项目购买力净损益	（258 550−162 500）=96 050（元）		

此计算结果说明：由于该公司持有货币性负债大于货币性资产，所以，持有这些货币性项目可以使公司形成购买力收益 96 050 元。此数据应计入公司期末调整利润表中的利润分配部分。

4. 调整后的财务报表

即按上述计算结果，重新编制出该公司的财务报表详见表 6−13、表 6−14。

表 6-13

调整资产负债表

（按一般物价水平计算）

2×16 年 12 月 31 日　　单位：元

项　目	2×16年1月1日	2×16年12月31日
货币资金	277 200	210 000
存货	600 600	563 750
固定资产原值	662 200	662 200
减：累计折旧	—	132 440
固定资产净值	662 200	529 760
资产总计	1 540 000	1 303 510
流动负债	385 000	222 500
非流动负债	231 000	150 000
实收资本	770 000	770 000
盈余公积	123 200	143 200
未分配利润	30 800	17 810
负债及所有者权益总计	1 540 000	1 303 510

表 6-14

调整利润表

（按一般物价水平计算）

2×16 年度　　单位：元

项　目	金　额
营业收入	1 212 750
减：营业成本（按先进先出法计算）	823 350
折旧费用	132 440
销售费用	77 000
利润总额	179 960
减：所得税费用	99 000
净利润	80 960
加：前期未分配利润	30 800
可供分配利润	111 760
减：提取公积金	20 000
分出利润	170 000
未调整购买力损益的未分配利润	（78 240）
加：货币性项目购买力损益	96 050
未分配利润	17 810

三、一般物价水平会计的优缺点

不变币值会计模式作为改变会计计量单位的尝试，在一定程度上反映了一般物价水平变动对会计的影响，相对提高了会计信息的可比性和可信度。但多年来人们对不变币值会计的评价褒贬不一，持优点和缺点者各执一词。

（一）一般物价水平会计的优点

1. 简便、易于理解

（1）不改变传统的历史成本计量基础，不变动会计账簿的记录，只是按一般物价指数对历史成本财务报表的数字进行调整，既简单，又容易理解。

（2）选用的物价指数是政府公布的，具有客观、可验证性；同时该指数现行可用，不会耽搁报表的公布时间。

（3）由于物价指数是由政府部门定期公布的，因此指数的取得也比较方便。

2. 增强了财务报表的可比性

将历史成本会计下不同时期的报表数据统一换算为现行币值后，不仅消除了物价变动的影响，而且增强了同一企业在不同时期或不同企业同一时期财务报表的可比性。

3. 易于监督

由于调整依据相同，按照一般物价指数重编的财务报表具有可审计性。

（二）一般物价水平会计的缺点

1. 所产生的信息有用性令人怀疑

不变币值会计假定所有企业的资产和成本以及同一企业里的所有资产和成本都受到一般物价水平变动的同等影响，但这个假定显然与事实不符。个别物价变动对企业非货币性资产和负债的影响程度与根据一般物价水平测定的影响程度可能相差甚远，甚至其影响方向是相反的。在采用不变币值会计模式的情况下，个别物价变动对企业非货币性资产和负债的影响是无法反映的。因此，即使采用了不变币值会计，仍然无法正确揭示持有损益和经营损益以及企业实际的财务状况和经营成果。

2. 所计算的货币购买力变动损益难以令人信服

不变币值财务报表所揭示的购买力变动损益，只是一种计算上的差额，并不意味着企业的股东可以因此而分享相应的股利，或累积更多的盈余来扩大经营规模。由于财务报表项目与一般物价指数的相关性不尽相同，以致按照物价指数调整后的资产和负债与其现值相去甚远。特别是在通货膨胀时期，企业在期初持有的货币性负债数额越大，则反映出来的购买力收益金额就越高，但这并不能为股利分派提供资金上的保障，反而可能会误导股东造成投资决策的失败。

3. 货币性项目和非货币性项目的划分缺乏客观性

尽管大多数项目按照划分标准，可以区分为货币性项目和非货币性项目，但是有少数项目难以划分，因而在实际操作中难免带有主观随意性，易造成财务报表不可比。

第四节　现行成本会计

由于一般物价水平会计只是将历史成本财务报表按一般物价指数所进行的调整，其基础仍然是历史成本，并没有克服历史成本会计模式的缺陷。现行价值会计就是指那些以表现现行价值的计量基础（属性）作为会计的计量基础（属性），并依然以名义货币为计量单位的会计模式，故亦称现行成本/名义货币会计模式。由于非金融企业主要受与之相关的个别资产价格变动的影响，因此，采用现行价值会计模式能够更为确切地反映物价变动对特定企业财务信息的影响，从而使会计系统所提供的信息更为相关。

表现现行价值的计量基础有很多，如现行成本、重置成本、现行再生产成本、现行脱手价值、可收回额、可实现净值、未来现金流量净值等。由于现行成本和重置成本较为成熟，因而，实务中所采用的现行价值会计模式也就主要是现行成本会计模式和重置成本会计模式。

一、现行成本和重置成本的概念

现行成本与重置成本的主要区别在于二者的估价方法不同。重置成本是比现行成本更容易理解的概念，它是指在当前市场条件下，按现行价格购置与现有资产相同或类似的资产所需支付的现金及其等价物。当所重估的资产是可以从市场自由购买时，购买资产所需支付的现金及其等价物很容易确定，但当所估价的对象是专用设备或自制建筑物时，在采用重置成本计量基础时，就不得不对这样一些不能直接从外部购买的资产采用现行再生产成本计价。所谓现行再生产成本，是指在当前价格水平下，按当前的材料、人工和制造费用的价格，再生产同样资产的花费。因此，可以认为，现行再生产成本的概念包含于重置成本之中。

现行成本不是从购买的角度而主要是从使用的角度对企业现有资产重新估定的价值，是企业以持续经营为条件对其所拥有和控制的资产的估算价值，是重置企业现有服务潜力的花费。尽管现行成本的界定在不断发展，但是一直以来不少学者认为现行成本与重置成本是可以相互替代的概念。为了简化内容，在本节讲解中不再区分现行成本与重置成本。

二、现行成本会计的理论依据

如上所述，现行成本会计是指以资产的现行成本（重置成本）作为计量属性，以名义货币为计量单位，目的在于消除个别物价变动对财务报表的影响。在现行的原始成本会计制度中，企业利润的计量遵循的是配比原则。具体地说，是以当期实现的营业收入与实现这些营业收入所发生的按原始成本计量的费用相比较，前者超过后者的部分，就是企业当期的收益（或称利润）。

配比原则的实质，就是企业当期实现的营业收入中，有一部分必须用来补偿已经消耗的生产要素，剩余部分才能确认为利润，成本的足额补偿可以使企业维持简单再生产，这就是利润计量中的成本补偿理论。成本补偿有原始价值补偿和实物补偿等不同观点。现举例加以说明。

【例 6-7】某企业的存货相关资料如下：

期初存货	100 件	购入价格	100 元/件
销售存货	100 件	销售价格	110 元/件
补进存货	100 件	购入价格	110 元/件
期末存货	100 件		

按照传统的会计模式，本期的利润为：

110×100−100×100=11 000−10 000=1 000（元）

亦即本年实现的销售收入 11 000 元中，有 10 000 元是用来补偿 100 件的原始成本的，所剩 1 000 元被认为是可以用作分配的利润，这里所采纳的就是原始价值补偿的观点。

但是从持续经营的观点看，企业要继续购入存货 100 件才能维持简单再生产，由于当时的购入价格已上升到每件 110 元，成本补偿所得到的 10 000 元就不够了。企业必须再投入 1 000 元才能买到 100 件存货，维持期初的生产规模。也就是说，要在实物上维持原来的生产规模（在本例中，期末存货数量和期初存货数量相同，都是 100 件），企业在这一年并无可供分配的利润，这就是利润计量中的实物补偿理论。按照这一观点，企业必须将销售收入和所耗生产要素的重置成本相配比，将所剩部分称为利润，并认为这才是不影响原来生产规模而可供分配的真正的利润，即“真实利润”。依照这一认识，在本例中，真实利润应当是 0（11 000-11 000）。

这种实物补偿的观点，在马克思主义的政治经济学中早有所论：“当再生产按原有规模进行时，每一个已经消费掉的不变资本要素，都必须在实物形式上得到相应种类的新物品的补偿。”马克思把这种现象叫作货币资本的束缚。可以认为，利润计量中的成本补偿观点就是经济学中的资本保全理论。

如果采纳成本的实物补偿观点，就是采纳了实物保全论（即把一部分资本束缚起来，以维持原有生产规模）；如果采纳成本的原始价值补偿观点，也就是采纳了货币资本保全理论。理解了这一点，对西方会计理论中的资本保全观点就不会感到陌生了。

显然，现行成本会计所依据的是实物资本保全理论，或者说是成本的实物补偿理论。从报表使用者的角度来看，他们最关心的是企业资产的现行价值而非历史成本。在物价发生结构性变动的情况下，无论历史成本会计还是一般物价水平会计均无法做到。而现行成本会计，对企业本期耗费的资产及期末持有资产的价值均采用现行成本（重置成本）计量，从而满足了实物资本保全和提供资产现行价值的要求。现行成本会计虽然仍使用名义货币单位，但已充分考虑了物价变动的具体情形，故而被认为是比较完善的物价变动会计。

三、现行成本会计的特点

（一）采用现行成本作为计量基础

不论企业生产经营过程中耗费的资产或期末持有的资产，都以其现行成本计量，以消除物价变动的影响。而且随着物价的变化，现行成本会计需要不断地对企业资产的价值重新计量，使会计信息具有较强的客观性。

（二）在实物资本保全概念下确认企业收益

收益是企业一定时期的收入超过本期全部费用和损失后的余额。企业收益只有在投入资本得到保全后才能确认。在通货膨胀条件下，企业面临财务资本保全或实物资本保全的会计选择，而一般物价水平会计是在财务资本保全的基础上确认收益的。以财务资本保全为基础确定的收益，称为会计收益。在现行成本会计下，只有在实物资本得到保全的前提下，才能确认企业收益。这种收益称为经济收益。

四、现行成本会计的基本原则和程序

现行成本会计的基本原则是以现行成本代替历史成本作为财务报表的计量基础，具体调整程序有期末一次调整法和日常核算法两种，两种程序下的具体步骤可用图 6-1 和图 6-2 来表示。

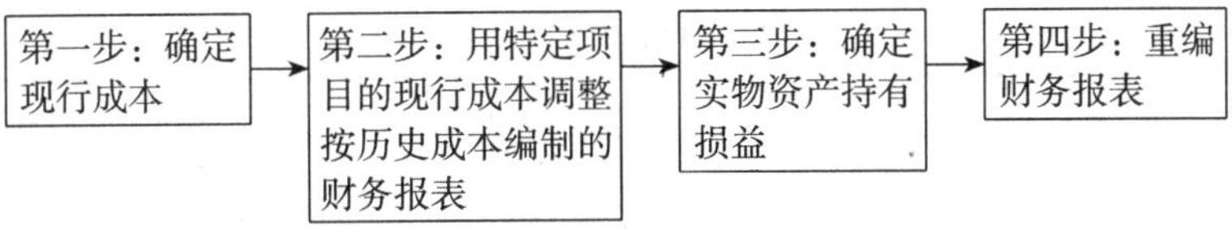

图 6-1　期末一次调整法下现行成本会计核算的步骤

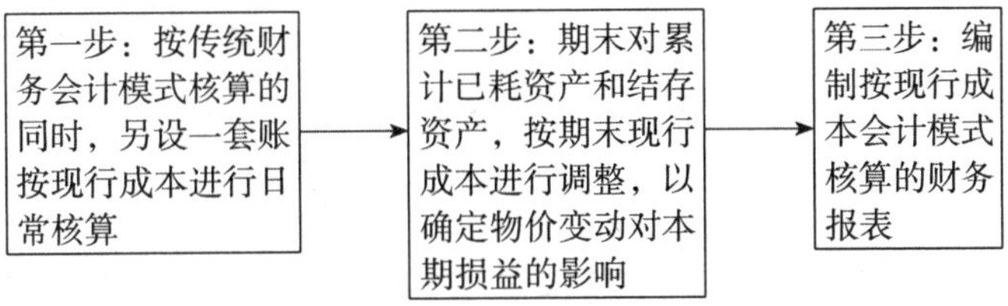

图 6-2　日常核算法下现行成本会计核算的步骤

下面以彩龙公司为例说明现行成本会计期末一次调整法的应用。

【例 6-8】彩龙公司以历史成本为基础编制的 2×16 年度利润表和 2×16 年年末的比较资产负债表见表 6-15 和表 6-16 。

表 6-15　　**彩龙公司利润表**

2×16 年度　　单位：元

项　目	借　方	贷　方
营业净额		1 640 000
减：营业成本		
存货（2×15 年 12 月 31 日）	450 000	
购货	1 466 000	
可供销售的商品成本	1 916 000	
存货（2×16 年 12 月 31 日）	496 000	1 420 000
营业毛利		220 000
减：销售费用		72 000
折旧费用		34 000
税前收益		114 000
减：所得税费用		34 000
净收益		80 000
留存收益（2×15 年 12 月 31 日）		72 000
可供分配的收益		152 000
减：现金股利		32 000
留存收益		120 000

表 6-16　　**彩龙公司比较资产负债表**　　单位：元

项　目	2×16年12月31日	2×15年12月31日
资　产		
货币资金	16 000	12 000
应收账款	172 000	148 000
存货	496 000	450 000
固定资产（净额）	474 000	508 000
无形资产	500 000	500 000
资产总计	1 658 000	1 618 000
负　债		
流动负债（货币性）	306 000	318 000
非流动负债（货币性）	432 000	428 000
负债合计	738 000	746 000
股东权益		
普通股	800 000	800 000
留存收益	120 000	72 000
股东权益合计	920 000	872 000
负债与股东权益总计	1 658 000	1 618 000

彩龙公司的现行成本补充资料如下：

（1）存货，2×15 年 12 月 31 日的现行重置成本为 564 000 元，2×16 年 12 月 31 日的现行重置成本为 620 000 元。

（2）固定资产，2×15 年 12 月 31 日的现行重置成本为 1 080 000 元，净额为 756 000 元；2×16 年 12 月 31 日的现行重置成本为 1 320 000 元，净额为 860 000 元。

（3）土地，2×15 年 12 月 31 日的现行重置成本为 960 000 元，2×16 年 12 月 31 日的现行重置成本为 1 080 000 元。

（4）营业成本，按现行成本为基础计算的金额是 1 500 000 元。

（5）营业收入、销售费用（折旧费用除外）、所得税费用、现金股利，都是按发生日的现行成本表述的，其按现行成本为基础计算的金额与按历史成本为基础计算的金额是相同的。

解：第一种情形：基于货币财务资本保全观念。

第一步，按现行成本调整财务报表数据。

首先，将资产负债表项目的历史成本数据调整为现行成本金额，这种调整分别货币性项目和非货币性项目进行。在编制现行成本资产负债表时，货币性资产和负债一般不需要再进行调整，因为货币性项目是按固定金额表述的，其期初的账面金额已反映了期初的现行成本，期末的账面金额也反映了期末的现行成本。非货币性项目则不然，非货币性项目的购置日期与资产负债表日一般已相距一段时日，其现行成本与历史成本往往已不一致，因此应将它们调整为现行成本。事实上，每年年末重估非货币性项目的现行成本是实行现行成本会计的一项最费时也是最重要的工作。

在按现行成本调整资产负债表时，实收资本仍按历史成本表述，只有这样才能将经营收益和资产现行成本持有损益累积在留存收益里。彩龙公司资产负债表项目调整见表 6-17。

表 6-17　**资产负债表项目调整**　单位：元

	2×16 年 12 月 31 日	2×15 年 12 月 31 日
货币性项目：		
库存现金	16 000	12 000
应收账款	172 000	148 000
流动负债（货币性）	306 000	318 000
非流动负债（货币性）	432 000	428 000
非货币性项目：		
存货	620 000	564 000
固定资产（净额）	860 000	756 000
无形资产	1 080 000	960 000
普通股	800 000	800 000

留存收益的现行成本仍采用余额法倒算，即：

现行成本留存收益=现行成本资产总额-现行成本负债总额-普通股历史成本

根据上述公司的相关资料，2×16 年的留存收益期末、期初余额计算如下：

2×16 年 12 月 31 日：2 748 000-738 000-800 000=1 210 000（元）

2×15 年 12 月 31 日：2 440 000-746 000-800 000=894 000（元）

其次，将历史成本基础的利润表和留存收益表项目调整为现行成本基础。

利润表项目的金额的累积方式有以下几种：①以当前物价水平或接近于当前物价水平累积。这些项目的金额与现行成本接近，考虑到重要性原则和成本效益原则，在编制现行成本利润表时一般不需调整。本例中的营业收入、销售及管理费用、所得税费用和现金股利均属于这种情形。②累积方式与特定的资产相联系。这些资产往往已购置了一段时日，其历史成本与现行成本出现了差异，与之相关的费用类项目的现行成本，如营业成本、折旧费等，应根据这些资产（如存货、固定资产等）的现行成本重新计算。例如，采用直线法计提折旧的固定资产本期折旧费的计算公式一般为：

$$\text{按现行成本计价的本期折旧费用}=\frac{\dfrac{\text{按现行成本表示的固定资产原值期初数}+\text{按现行成本表示的固定资产原值期末数}}{2}-\text{该固定资产的估计现行成本残值}}{\text{预计使用年限}}$$

假设某项固定资产的期初现行成本为 200 000 元，期末现行成本为 300 000 元，估计现行成本残值为 5 000 元，预计使用年限为 10 年，则：

$$该项固定资产的当期现行成本折旧费=\frac{\frac{200\,000+300\,000}{2}-5\,000}{10}=24\,500（元）$$

本例彩龙公司的营业成本按给定的现行成本调整，固定资产的折旧费根据固定资产的期初期末重置成本计算，得：

固定资产的当期现行成本折旧费=（1 080 000+1 320 000）÷2÷20=60 000（元）

按现行成本调整彩龙公司利润表项目见表6-18。

表6-18　**彩龙公司利润表项目**　单位：元

项　目	金　额
营业收入	1 640 000
营业成本	1 500 000
销售费用（折旧除外）	72 000
折旧费	60 000
所得税费用	34 000
现金股利	32 000

第二步，确定现行成本变动额（持有损益）。

确定现行成本变动额是实行现行成本会计的过程中非常关键的步骤。在货币财务保全观念下，现行成本持有损益应区分为已实现现行成本持有损益和未实现现行成本持有损益。现行成本持有损益主要发生在存货、固定资产等实物资产上，并涉及营业成本、折旧费等利润表项目。下面将讲解如何区分和计算已实现现行成本持有损益和未实现现行成本持有损益。

（1）已实现现行成本持有损益。已实现现行成本持有损益是指已销售或已转换的资产的持有损益。例如，已销售的存货、固定资产的持有损益，以及固定资产当期现行成本折旧额中包含的持有损益。已实现现行成本持有损益的具体计算如下：

存货的已实现现行成本持有损益=现行成本营业成本-历史成本营业成本

房屋设备的已实现现行成本持有损益=现行成本折旧额-历史成本折旧额

土地的已实现现行成本持有损益=土地现行销售成本-所销售土地的历史成本

（2）未实现现行成本持有损益。未实现现行成本持有损益是指未销售的资产的持有损益。其具体计算如下：

存货的未实现现行成本持有损益=期末存货的现行成本-期末存货的历史成本

房屋设备的未实现现行成本持有损益=房屋设备的现行成本净值-房屋设备的历史成本净值

土地的未实现现行成本持有损益=土地的现行成本-土地的历史成本

彩龙公司对其2×16年度的资产持有损益的计算见表6-19和表6-20。

第三步，编制现行成本财务报表。

在按现行成本调整了财务报表数据和计算了现行成本持有损益之后，就可以编制现行成本报告了。本例基于货币财务资本保全观念，所以资产的持有损益是报告在利润表里的。彩龙公司按现行成本编制的比较资产负债表和利润表见表6-21和表6-22。

表 6-19

彩龙公司资产持有损益计算表（一）

2×16 年度（12 月 31 日止）

单位：元

项　目	现行成本	历史成本	持有利得
存货，2×16年12月31日	620 000	496 000	124 000
存货，2×15年12月31日	564 000	450 000	114 000
营业成本	1 500 000	1 420 000	80 000
固定资产（净额）2×16年12月31日	860 000	474 000	386 000
固定资产（净额）2×15年12月31日	756 000	508 000	248 000
折旧费	60 000	34 000	26 000
无形资产，2×16年12月31日	1 080 000	500 000	580 000
无形资产，2×15年12月31日	960 000	500 000	460 000

表 6-20

彩龙公司资产持有损益计算表（二）

2×16 年度（12 月 31 日止）

单位：元

项　目	存货	固定资产	土地	合　计
未实现资产持有利得				
2×16年12月31日	124 000	386 000	580 000	1 090 000
2×15年12月31日	114 000	248 000	460 000	822 000
未实现资产持有利得的增加（减少）	10 000	138 000	120 000	268 000
已实现资产持有利得	80 000	26 000	0	106 000
本年持有资产现行成本的增加（减少）	90 000	164 000	120 000	374 000

表 6-21

彩龙公司比较资产负债表

（以现行成本为基础）

2×16 年 12 月 31 日

单位：元

项　目	2×16年12月31日	2×15年12月31日
资产		
货币资金	16 000	12 000
应收账款	172 000	148 000
存货	620 000	564 000
固定资产（净额）	860 000	756 000
无形资产	1 080 000	960 000
资产总计	2 748 000	2 440 000
负债		
流动负债（货币性）	306 000	318 000
非流动负债（货币性）	432 000	428 000
负债合计	738 000	746 000
股东权益		
普通股	800 000	800 000
留存收益	1 210 000	894 000
股东权益合计	2 010 000	1 694 000
负债与股东权益总计	2 748 000	2 440 000

表 6-22

彩龙公司利润表

（以现行成本为基础）

2×16 年度

单位：元

项　目	金　额
营业收入	1 640 000
营业成本	1 500 000
营业毛利	140 000
销售费用（折旧费除外）	72 000
折旧费	60 000
税前收益	8 000
所得税费用	34 000
现行成本经营收益	（26 000）
已实现资产持有利得（损失）	106 000
已实现收益（净收益）	80 000
未实现资产持有利得（损失）	268 000
现行成本净收益	348 000
留存收益，2×15 年 12 月 31 日	894 000
可供分配的收益	1 242 000
现金股利	32 000
留存收益，2×16 年 12 月 31 日	1 210 000

第二种情形：基于实物资本保全观念。

基于实物资本保全观念的现行成本财务报表编制程序与步骤同前述的货币财务资本保全观念完全一样。不同点是现行成本变动额要单独报告在资产负债表的股东权益内，作为资本调整额。

下面仍以彩龙公司为例说明实物资本保全观念下的现行成本财务报表的具体编制。

【例 6-9】彩龙公司以历史成本为基础的 2×16 年度利润表及留存收益表和资产负债表以及有关补充资料见前述。

第一步是按现行成本调整财务数据（见前述）。

第二步是确定现行成本的调整额（见前述）。

第三步是重编以现行成本为基础的财务报表。根据前面对彩龙公司历史成本财务报表按照现行成本调整的结果为基础的财务报表，编制基于实物资本保全观念的现行成本财务报表，见表 6-23 和表 6-24。

表 6-23

彩龙公司比较资产负债表

（以现行成本为基础）

2×16 年 12 月 31 日　　单位：元

项目	2×16年12月31日	2×15年12月31日
资产		
货币资金	16 000	12 000
应收账款	172 000	148 000
存货	620 000	564 000
固定资产（净额）	860 000	756 000
无形资产	1 080 000	960 000
资产总计	2 748 000	2 440 000
负债		
流动负债（货币性）	306 000	318 000
非流动负债（货币性）	432 000	428 000
负债合计	738 000	746 000
股东权益		
普通股	800 000	800 000
资本保持调整	374 000①	0
留存收益	836 000	894 000
股东权益合计	2 010 000	1 694 000
负债与股东权益总计	2 748 000	2 440 000

注：①资本持有调整额 374 000 元为已实现的资产持有损益和未实现的资产持有损益之和。

表 6-24

彩龙公司利润表

（以现行成本为基础）

2×16 年度　　单位：元

项　目	金　额
营业收入	1 640 000
营业成本	1 500 000
营业毛利	140 000
销售费用（折旧费除外）	72 000
折旧费	60 000
税前收益	8 000
所得税费用	34 000
现行成本经营收益	（26 000）
留存收益，2×15 年 12 月 31 日	894 000
可供分配的收益	868 000
现金股利	32 000
留存收益，2×16 年 12 月 31 日	836 000

现行成本会计在消除个别物价变动的影响方面曾起到重要的作用。但是，现行成本会计的实际应用也存在某些局限。现行成本会计的优点是：

（1）不变币值会计模式的一个公认的缺点是它假设所有的企业以及同一企业里的所有资产和负债都承受相同的物价变动影响，而现行成本会计则克服了这个缺点，它反映了不同的企业以及同一企业里的不同资产和负债受到个别物价变动影响的事实，因此，它所产生的会计信息更具有决策相关性。

（2）在实物资本保全观念下，现行成本变动额作为资本的调整额单独列报于股东权益部分，有利于揭示企业的资本保全情况。由于未将现行成本变动额报告在利润表中，可以避免纳税申报和股利分派上的误解，有利于企业保持再生产能力，为实现企业的扩大再生产固本培根。

（3）实行现行成本会计，可提高企业内部各分部经营利润的可比性。企业中有些分部的经营性质类似，所使用的设备也类似，由于历史成本不同，历史成本折旧费用出现差异，导致经营利润失去可比性，而现行成本模式有助于克服历史成本模式的这种缺陷。

现行成本会计也存在着一些缺点，具体如下：

（1）现行成本会计产生的会计信息缺乏可靠性。现行成本的估计主要依赖管理层或会计人员的主观估计，无论是重置成本还是可变现净值、现行再生产成本、现行脱手价值等都是如此，因此，缺乏可验证性。

（2）生成现行成本信息的成本太高。因为需要估计现行成本的资产大多很难找到直接可应用的市场价格，所以收集估计现行成本所需的信息需付出较高的代价且工作量较大，不符合信息披露应遵守的收益大于成本规则。

（3）未考虑货币性项目购买力变动对会计信息的影响。货币性项目，如库存现金、银行存款的购买力会随着物价的变动而发生变动，进而对会计信息的真实性产生影响，现行成本会计对此未予以考虑。

第五节　现行成本/不变币值会计

如前所述，在不变币值会计模式下，由于忽略了特定（个别）物价变动对企业非货币性资产的影响，因而使重编的不变币值财务报表所反映的信息与企业实际财务状况和经营成果差别较大，容易产生误解；在现行成本会计模式下，由于忽略了货币性项目净额上的购买力损益，因而使得所揭示的物价变动的影响不够完全。为了全面反映物价变动的影响，人们开始研究既改变会计的计量单位，又改变会计的计量基础（属性）的会计模式，从而创造出现行成本/不变币值会计模式、重置成本/不变币值会计模式等改革方案。

一、现行成本/不变币值会计的基本原理

现行成本/不变币值会计是以现行成本作为计量属性，以不变币值作为计量单位，全面消除物价变动影响的会计模式。顾名思义，现行成本/不变币值会计模式是对会计计量的全面改革，它以现行成本（代替历史成本）为计量基础，以不变币值货币单位（代替名义货币单位）为计量单位，试图同时反映一般物价水平和特定（个别）物价水平变动的影响。如果日常会计核算是以历史成本会计模式为基础的，现行成本/不变币值会计的计量模式要对历史成本财务报表在期末进行两次调整：第一次是把历史成本数据按现行成本

（个别物价水平）重新计量，并确认资产持有损益；第二次是将名义货币计量的资料按一般物价水平重新表述，并确认货币性项目净额的购买力损益。如果日常核算是以现行成本会计模式为基础的，则期末只需作第二次调整。

现行成本/不变币值会计模式与历史成本/名义货币单位会计模式、历史成本/不变币值会计模式和现行成本/名义货币单位会计模式相比较，具有以下几个特点：

1. 既确认非货币性项目的持有损益，又确认货币性项目净额的购买力损益

在现行成本/不变币值会计模式下，资产现行成本变动额（持有损益）的计算方法和计算结果与现行成本/名义货币单位会计模式下的相同；货币性项目净额上的购买力损益与历史成本/不变币值会计模式下的计算方法和计算结果相同。

2. 现行成本变动额的计算应该剔除一般购买力变动的影响

例如，某企业 2×16 年 1 月 1 日拥有一台设备，其实际成本为 60 万元，当时的一般物价指数为 120；2×16 年 12 月 31 日该设备的现行成本为 80 万元，而此时的一般物价指数为 132，则 2×16 年年末剔除一般购买力变动的现行成本变动额为 20 万元（80−60）。

这一增加额可分解为：①因一般购买力变动即通货膨胀引起的现行成本增加额 6 万元（60×132÷120−60），这一现行成本增加额并非是“实际的持有利得”，而是因通货膨胀所产生的名义持有利得，又被称为“虚拟的持有利得”；②消除一般购买力变动即通货膨胀影响后的现行成本变动额为 14 万元（20−6），即实际的持有利得。

二、基本程序

现行成本/不变币值会计模式下编制财务报表主要包括六个步骤：

（1）按现行成本对历史成本/名义货币财务报表数据进行调整，并确定资产的现行成本变动额；

（2）重新编制现行成本/名义货币财务报表；

（3）按不变币值货币单位对现行成本/名义货币财务报表进行重新表述；

（4）确定货币性项目净额的购买力损益；

（5）确定剔除了一般物价水平变动影响的资产现行成本变动额；

（6）编制现行成本/不变币值财务报表。

三、评价

（1）现行成本/不变币值会计的优点是它能够更好、更全面地消除物价变动对会计信息的影响，提供反映一般物价水平变动影响的货币性项目的信息——货币性项目净额的购买力损益，以及剔除了一般物价水平变动影响的个别物价变动信息——现行成本变动额（或资产持有损益），因此，这种模式在一定程度上增加了会计信息的决策相关性和可比性。

（2）现行成本/不变币值会计的缺点是它的会计程序和方法较复杂，因而大大增加了工作量，相应地增加了信息取得的成本，且收益是否大于成本成为一个值得探讨的问题，所带来的效益却不明显。此外，现行成本/不变币值会计对以现行成本为计量基础的财务报表还需要按不变币值货币进行换算，既要反映货币购买力损益，又要反映资产的持有损益，还要对持有损益加以区分，其调整计算过程比较复杂，经多次调整计算后得到的报表资料比较难以为一般信息使用者所理解，造成他们在利用这类信息时产生一些混乱，甚至被误导。

本章小结

在币值稳定的经济环境中，传统的财务会计是一种理想的会计模式。然而，如今的经济环境已出现了很大的变化，大幅度经常性的物价变动使得传统财务会计的理论基础和许多观念面临着新的挑战，并降低了财务会计信息的质量。针对历史成本/名义货币会计计量模式下资产计价和收益确定严重脱离实际的问题，人们从构成会计计量模式的两个因素入手，分别提出了三种物价变动会计计量模式：不变币值会计、现行成本会计和现行成本/不变币值会计。

不变币值会计是以历史成本为计量属性、以一般物价指数调整后的不变货币购买力为计量单位的会计计量模式，着眼于投入资本的一般货币购买力保全。其处理程序有四步：①划分货币性项目与非货币性项目；②将按名义货币表示的财务数据中各个项目的金额换算为按不变币值货币表示的金额；③计算货币性项目净额上的购买力损益；④重编不变币值货币的财务报表。这种会计计量模式增强了会计信息的可比性，但一般物价指数的选择具有主观性且与特定物价变动不一定相符，因此其可靠性和相关性不理想，操作上也较复杂。

现行成本会计是以现行成本为计量属性、以名义货币为计量单位的会计计量模式，着眼于投入资本的生产经营能力保全。其处理程序是：①划分货币性项目与非货币性项目；②按现行成本调整财务数据；③确定现行成本相对于原始成本的变动额，计算持有损益；④按现行成本重编财务报表。这种会计模式所提供的会计信息能比较真实地反映企业财务状况和经营成果，具有较强的相关性，会计信息的横向可比性较好，但现行成本的选择具有较强的主观性，在操作上也较复杂。

现行成本/不变币值货币会计是以现行成本为计量属性、以不变币值货币为计量单位的会计计量模式，着眼于投入资本的一般货币购买力和其所形成的生产经营能力的同时保全。其处理程序是：①先按现行成本/名义货币会计编制出现行成本/名义货币财务报表；②按不变币值货币对现行成本/名义货币财务报表进行调整；③确定货币性项目净额上的购买力损益；④确定剔除了一般物价水平变动后的持有损益；⑤重编现行成本/不变币值货币财务报表。这种会计模式同时具有不变币值会计和现行成本会计的优点，既能反映一般物价水平变动，又能反映个别物价变动，但其操作方法和程序过于复杂。

复习思考题

1. 如何理解物价变动会计的理论基础？

2. 说明两种资本保全观念对会计处理的影响。

3. 如何评价三种物价变动会计模式的合理性和局限性？

4. 对非货币性项目如何按物价指数进行调整？对货币性项目如何计算其货币购买力损益？

5. 分别说明不变币值会计、现行成本会计和现行成本/不变币值会计的基本程序各包括哪些步骤？

个案分析

物价变动会计模式选择

书胜公司是一家具有悠久历史的老厂，成立于20世纪初，生产销售规模不断扩大，现拥有大量的固定资产。近年来，随着通货膨胀率居高不下，一些问题困扰着企业。企业账面上有很多利润，却没有足够的资金添置机器设备。有人指出，这是因为历史成本会计信息不能提供足够的决策相关信息。在经过深思熟虑之后，书胜公司决定自2×16年起在年度报告中提供反映物价变动情况的补充信息。但在采用什么基础提供物价变动会计信息上，有关人员的意见存在分歧。经过争论，财务部门决定采用历史成本/不变币值会计模式提供物价变动会计信息。

要求对以下问题进行回答，以消除有关人员的疑虑：

（1）如果公司财务报表要反映一般物价水平的变动，应采用何种编表基础？

（2）试区别历史成本/不变币值和现行成本/不变币值两种会计模式。

（3）试区别历史成本/不变币值会计模式下的货币性资产、负债和非货币性资产、负债，并各举一例。

（4）列举历史成本/不变币值会计模式的程序。

（5）指出历史成本/名义货币和历史成本/不变币值会计模式下财务报表的异同点。

（6）假定书胜公司在2×16年编制历史成本/不变币值财务报表，在当年的比较财务报表中，应否对前期财务报表做出调整？为什么？

第七章

衍生金融工具会计

学习目标

本章主要包括金融工具和衍生金融工具的概念、衍生金融工具的种类和会计处理原则：非套期性衍生金融工具会计和套期性衍生金融工具会计等内容。通过学习，要求理解衍生金融工具的相关概念、分类、特征及内容，了解衍生金融工具会计的产生与发展，掌握衍生金融工具交易的会计处理原则并能够运用这些原则进行投资、投机和套期保值的有关会计处理；掌握非套期性衍生金融工具和套期性衍生金融工具的具体内容及会计处理；了解衍生金融工具的会计信息披露方法。

第一节 衍生金融工具会计概述

20世纪70年代，随着布雷顿森林体系的解体，以及金融自由化和石油危机的强烈冲击，金融市场中的风险和不确定性急剧增加。为规避风险和分散风险，防范未来融资的不确定性，国际金融市场上呈现出强劲的革新动力，金融界创新了大量的衍生金融工具。由于衍生金融工具具有杠杆性和设计灵活的特性，可以有效分散风险、降低资金成本、提高经济效益，是重要的规避风险的工具。因此，世界上许多国家都对衍生金融工具的会计处理做出相应的规定，美国是世界上最早发布衍生金融工具会计准则的国家。美国财务会计准则委员会（Financial Accounting Standards Board，FASB）就衍生金融工具会计发布过SFAS52、SFAS80、SFAS133、SFAS137、SFAS138和SFAS149六项财务会计准则公告。国际会计准则委员会（International Accounting Standards Committee，IASC）在1998年12月颁布的国际会计准则（International Accounting Standards，IAS）第39条《金融工具：确认和计量》，对衍生金融工具会计处理进行了规范。近年来，我国的金融工具交易，尤其是衍生金融工具交易有了较快的发展。我国在2006年2月15日出台了38项具体准则。其中，《企业会计准则第22号——金融工具确认和计量》、《企业会计准则第23号——金融资产转移》、《企业会计准则第24号——套期保值》和《企业会计准则第37号——金融工具列报》（2014年修订）四项准则，规范了包括金融企业在内的各类企业的金融工具交易的会计处理以及相关信息披露，要求企业将几乎所有金融工具，尤其是衍生金融工具纳入表内核算。这将有助于如实反映企业的金融工具交易，便于投资者更好地了解企业的财务状况和经营成果。

一、金融工具和衍生金融工具

（一）金融工具的概念

尽管金融工具的种类繁多，彼此的性质不尽相同，但仍有某些基本的共性。IASC、FASB 和我国企业会计准则对金融工具分别给予定义：

1.IAS39《金融工具：确认和计量》的定义

金融工具是形成一个企业金融资产并形成另一个企业金融负债或权益工具的合同。其中，金融资产泛指如下任何一类资产：（1）现金；（2）合约规定的从另一企业收到现金或其他金融资产的权利；（3）合约规定的潜在有利条件下，与另一企业交换金融工具的权利；（4）另一个企业的权益工具。金融负债泛指如下任何一项负债：（1）合约规定的转移现金或其他金融资产给另一企业的义务；（2）在合约规定的不利条件下，与另一企业交换金融工具的义务。权益工具是指能证明一个企业在减除所有负债后的资产中的剩余权益的合同。

2. 美国 SFAS133《衍生工具和套期活动的会计处理》的定义

金融工具包括现金、在另一企业的所有权益以及如下两种合约：（1）某一个体向其他个体转交现金或其他金融工具，或在潜在的不利条件下与其他个体交换金融工具的合约规定的义务；（2）某一个体从另一个体收到现金或其他金融工具的合约规定的权利。

3. 我国 CAS22《企业会计准则第 22 号——金融工具确认和计量》的定义

金融工具是指形成一个企业的金融资产，并形成其他单位的金融负债或权益工具的合同。金融工具包括金融资产、金融负债和权益工具。金融资产包括库存现金、银行存款、应收账款、应收票据、股权投资、债权投资等。金融负债包括应付账款、应付票据、应付债券等。权益工具包括企业发行的普通股、在资本公积项下核算的认股权等。

（二）衍生金融工具的概念

衍生金融工具，顾名思义，是从基础金融工具中派生出来的创新金融工具。作为一种新兴的投资和风险管理工具，衍生金融工具品种多、数量大，其概念的界定并未统一。

1.IAS39《金融工具：确认和计量》的定义

国际会计准则委员会在《国际会计准则第 39 号》中指出，衍生金融工具是具有以下特征的金融工具：（1）其价值随特定利润、证券价格、商品价格、汇率、价格或利率指数、信用等级或信用指数，或其他变量的变动而变动；（2）不要求初始净投资，或与对市场条件变动有类似反应的其他类型合同相比，要求很少净投资；（3）在未来某一日期结算。

2. 美国 SFAS133《衍生工具和套期活动的会计处理》的定义

衍生金融工具为同时具有如下特征的金融工具或其他合约：

（1）有一项或多项标的、一项或多项名义金额或支付条款，这些条件决定了结算的金额。

（2）不要求初始净投资，或与对市场条件变动有类似反应的其他类型合同相比，只需要较少的净投资。

（3）合约条款要求或允许净额交割，或易于通过合约以外的方式进行净额交割，或进行的资产交付将导致并不严重偏离净额交割的情况。

3. 我国 CAS22《企业会计准则第 22 号——金融工具确认和计量》的定义

衍生金融工具也称衍生工具，是指其价值随着某些因素变动而变动，不要求初始净投资或很少净投资，以及在未来某一时期结算而形成的金融资产、金融负债和权益工具。

二、衍生金融工具的产生与发展

作为完成货币流通和银行信用的手段，金融工具自市场经济出现即有之，但自 20 世纪中叶开始，以发行货币和开展信用活动为主要职能的金融行业无论是在规模上还是在深度上，都得到了空前飞速的发展，金融市场已经逐渐成长为一股影响经济和社会发展的重要力量，受到人们前所未有的关注。投资、贸易的发展，必然带来金融的国际化。跨国公司及其主导的资本流动全球化发展，客观上有助于保持贸易收支的平衡，但也加剧了国际金融市场的动荡，因而催生出诸如商品价格、外汇汇率、利率等因素变动导致的新的金融风险。因此，越来越多的机构和个人都要求通过使用金融工具在国内和国际外汇资本市场进行套汇和发行套期保值证券等经济业务来降低成本，因此以规避风险和实现套期保值为主要目的的各种衍生金融工具不断涌现并迅速发展起来。

20 世纪 80 年代以来，金融工具的交易量出现了几何级数式的增长，特别是金融期货、互换和各类期权产品交易量急剧增长。这一阶段金融工具的发展主要体现在：金融工具合约的数目和交易量迅速增加，具有全球化特点的新金融工具不断出现。

IASC 于 1988 年 6 月在加拿大特许会计师协会的建议下，成立了由美国、加拿大、澳大利亚、法国、日本、意大利和英国的专家组成的项目指导委员会，着手研究衍生金融工具会计准则的制定问题，并于 1991 年 9 月发布了 IAS 第 40 号《金融工具会计》征求意见稿，在 1997 年公布了《金融资产和金融负债的会计处理》讨论稿，提出了对所有金融工具均采用公允价值计量，并于 1998 年 3 月发布了第 39 号会计准则《金融工具：确认和计量》和 IFRS7《金融工具：披露》。在 2008 年金融风暴的影响下，IASC 对上述两个准则进行了修订。FASB 在 20 世纪初公布了两个涉及金融工具的会计准则：SFAS52《外币折算》和 SFAS80《期货合同会计》。1987 年 FASB 公布了《关于金融工具的披露》征求意见稿。随后又于 1990 年和 1991 年先后公布了 SFAS105《对具有表外风险和集中信用风险的金融工具的披露》和 SFAS107《金融工具公允价值的披露》。直到 1998 年公布了 SFAS133《衍生工具和套期活动的会计处理》，对衍生金融工具的会计处理进行了规定。安然事件后，2002 年 6 月 FASB 发布了 SFAS133 修正案的征求意见稿，要求企业根据实质重于形式的原则区分套期保值目的和非套期保值目的的衍生金融工具。

20 世纪 90 年代，特别是从我国加入 WTO 以来，中国的资本市场蓬勃发展，我国的金融工具交易，尤其是衍生金融工具交易有了较快的发展，但对金融工具的核算则一直未进行严格的规范。直到 2006 年 2 月 15 日财政部才发布了《企业会计准则》的基本准则和具体准则，对金融工具会计进行了全面而系统的规定。尽管该套准则目前还仅在上市公司范围内实施，但这确是我国金融工具会计发展的里程碑，反映了国家和实务界对金融工具，特别是衍生金融工具会计规定的迫切要求。这一会计准则体系中涉及金融工具会计的准则有 4 项：《企业会计准则第 22 号——金融工具确认和计量》、《企业会计准则第 23 号——金融资产转移》、《企业会计准则第 24 号——套期保值》和《企业会计准则第 37 号——金融工具列报》。

第二节 衍生金融工具的特征与内容

一、衍生金融工具的特征

衍生工具是指金融工具确认和计量准则涉及的、具有下列特征的金融工具或其他合同：

（1）其价值随着特定利率、金融价格、商品价格、汇率、价格指数、费率指数、信用等级、信用指数或其他类似变量的变动而变动，变量为非金融变量的，该变量与合同的任一方都不存在特定关系。

衍生工具的价值变动取决于标的变量的变化。例如，人民币债券远期合同的价值变化主要取决于人民币基准利率的变化。衍生工具的结算金额，也往往通过标的变量作用于衍生工具的名义金额来确定。其中，衍生工具的名义金额既指一定数量的货币金额，也可能指一定数量的股份，还可能指衍生工具合同所约定的一定数量的其他项目。衍生金融工具的结算金额也可能不需要通过名义金额确定，而是通过合同中明确的结算条款确定。例如，某衍生金融工具要求合同的一方在6个月期的LIBOR（即伦敦银行同业贷款利率）上涨幅度超过100点时支付另一方1 000万元，就属于此种情形。

（2）不要求初始净投资，或与对市场情况变动有类似反应的其他类型合同相比，要求很少的初始净投资。

企业从事衍生工具交易不要求初始净投资，通常指签订某项衍生工具合同时不需要支付现金或现金等价物。例如，某企业与其他企业签订一项将来买入债券的远期合同，就不需要在签订合同时支付将来购买债券所需的现金。但是，不要求初始净投资，并不排除企业按照约定的交易惯例或规则相应缴纳一笔保证金，比如企业进行期货交易时要求缴纳一定的保证金。缴纳保证金不构成一项企业解除负债的现时义务，因为保证金仅具有“保证”性质。

在某些情况下，企业从事衍生工具交易时也会遇到要求进行现金支付的情况，但该现金支付只是相对很少的初始净投资。例如，从市场上购入备兑认股权证，需要先支付一笔款项。但相对于行权时购入相应股份所需支付的款项，此项支付往往是很小的。又如，企业进行货币互换时，通常需要在合同签订时支付某种货币表示的一笔款项，但同时也会收到以另一种货币表示的“等值”的一笔款项，无论是从该企业的角度，还是从其对手（合同的另一方）看，初始净投资均为零。

（3）在未来某一日结算。衍生金融工具在未来某一日期结算，表明衍生金融工具结算需要经历一段特定期间。但是，“在某一日期结算”不能理解为只在未来某一日期进行一次结算。例如，利率互换可能涉及合同到期前多个结算日期。另外，有些期权可能由于是价外期权而到期不行权，这也是在未来日期结算的一种方式。

需要指出的是，如买卖非金融项目的合同，根据企业预期购买、出售或使用要求，以获取或交付非金融项目为目的而签订，那么此类合同不符合衍生金融工具的定义。但是，当合同可以通过现金或其他金融工具净额结算或通过交换金融工具结算，或者合同中的非金融项目可以方便地转换为现金时，这些合同应当比照衍生金融工具进行会计处理，如可以采用现金净额方式进行结算的商品期货合约。

二、衍生金融工具的内容

衍生金融工具包括远期合同、期货合同、互换和期权，以及具有远期合同、期货合同、互换和期权中一种或一种以上特征的工具。

1. 远期合同

远期合同也叫远期合约（forward contract），是在未来一段时间内买卖商品的协议，包括交割细节（总交货量、如何交货）、交割价格或者价格表达式、交货时间和地点等。

远期合约是20世纪80年代初兴起的一种保值工具，它是一种交易双方约定在未来的某一确定时间，以确定的价格买卖一定数量的某种金融资产的合约。合约中要规定交易的标的物、有效期和交割时的执行价格等内容。

远期合约是必须履行的协议，不像可选择不行使权利（即放弃交割）的期权。远期合约亦与期货不同，其合约条件是为买卖双方量身定制的，通过场外交易（OTC）达成，而期货则是在交易所买卖的标准化合约。远期合约规定了将来交换的资产、交换的日期、交换的价格和数量，合约条款因合约双方的需要不同而不同。远期合约主要有远期利率协议、远期外汇合约、远期股票合约。

远期合约是现金交易，买方和卖方达成协议在未来的某一特定日期交割一定质量和数量的商品。价格可以预先确定或在交割时确定。

远期合约是场外交易，如同即期交易一样，交易双方都存在风险。因此，远期合约通常不在交易所内交易。伦敦金属交易所中的标准金属合约是远期合约，它们在交易所大厅中交易。

在远期合约签订之时，它没有价值，支付只在合约规定的未来某一日进行。在远期市场中经常用到两个术语：

（1）如果即期价格低于远期价格，市场状况被描述为正向市场或溢价。

（2）如果即期价格高于远期价格，市场状况被描述为反向市场或差价。

2. 期货合同

期货合同（futures contract）简称期货，是指必须通过商品交易所进行买卖的契约，契约规定买卖双方将按特定的价格，于未来的某一特定的时间，对数量标准化的商品或金融工具交货和付款。

期货交易有固定的场所，这个固定的场所就是商品交易所（exchange market）。它是非营利性的会员组织，向期货的交易者提供一个公平竞争的、有组织制度的、受法律保护和制约的交易场所。交易所本身并不介入买卖交易，也不操纵和控制价格，而是由其会员在交易场所内为自己或受客户委托进行交易，交易的价格也完全由交易者在交易场所内通过公开竞价的形式形成的。

期货主要有商品期货和金融期货两种：

（1）商品期货。商品期货是指买卖双方在有组织的交易所内，以公开竞价的方式达成协议，约定在未来某一特定时间交割标准数量特定商品的交易合约。

（2）金融期货。金融期货是指买卖双方在有组织的交易所内，以公开竞价的方式达成协议，约定在未来某一特定时间交割标准数量特定金融工具的交易合约。

3. 互换

互换是指两个（或两个以上）当事人按照商定的条件，在约定的时期内，交换不同金融工具的一系列现金流（支付款项或收入款项）的合约。互换是一种双方商定在一段时间内彼此相互交换现金的金融交易。这种交易的渊源是背对背贷款。比如说，一家法国公司向一家美国公司贷出一笔为期 5 年的法国法郎贷款，利率 10%，而这家美国公司反过来又向这家法国公司贷出一笔等值的同样为期 5 年的美元贷款，利率 8%，通过这一过程，这两家公司就交换了本金和利息支付，这就等于法国公司按固定汇率以一定量的法郎换取一定量的美元。从本质上来说，这是一种远期外汇交易。这种背对背的贷款在 20 世纪 70 年代很盛行。1981 年，出现了货币互换，接着又出现了利率互换及通货利率相混合的互换。

互换的种类主要有：

（1）利率互换。利率互换是指双方同意在未来的一定期限内根据同种货币同样的名义本金交换现金流，其中一方的现金流根据浮动利率计算，而另一方的现金流根据固定利率计算。

（2）货币互换。货币互换是指将一种货币的本金和固定利息与另一货币的等价本金和固定利息进行交换。

（3）商品互换。商品互换是一种特殊类型的金融交易，交易双方为了管理商品价格风险，同意交换与商品价格有关的现金流。它包括固定价格及浮动价格的商品价格互换和商品价格与利率的互换。

（4）其他互换。其他互换包括股权互换、信用互换、期货互换和期权互换等。

4. 期权

期权（option）又称选择，是在期货的基础上产生的一种衍生金融工具。从本质上讲，期权实质上是在金融领域中将权利和义务分开进行定价，使得权利的受让人在规定时间内对于是否进行交易、行使其权利可以自行选择，而义务方必须履行其义务。期权在进行交易时，购买期权的一方称作买方，而出售期权的一方称作卖方；买方即权利的受让人，而卖方则是必须履行买方行使权利的义务人。这种金融衍生工具的最大魅力在于，它可以使期权的买方将风险锁定在一定的范围之内。

期权分为看涨期权和看跌期权。看涨期权的买方有权在某一确定的时间内以确定的价格买进相关资产；看跌期权的买方有权在某一确定的时间内以确定的价格出售相关资产。

期权主要有如下几个构成因素：①执行价格（又称履约价格、敲定价格），即期权的买方行使权利时事先规定的标的物买卖价格。②权利金，即期权的买方支付的期权价格，也就是买方为获得期权而付给期权卖方的费用。③履约保证金，即期权卖方必须存入交易所用于履约的财力担保。④看涨期权和看跌期权。看涨期权，是指在期权合约有效期内按执行价格买进一定数量标的物的权利；看跌期权，是指在期权合约有效期内按约定价格卖出一定数量标的物的权利。当期权买方预期标的物价格会超出执行价格时，他就会买进看涨期权，相反他就会买进看跌期权。

第三节　非套期性衍生金融工具会计

一、期货合同业务

期货交易是期货交易者在期货交易所进行的交易，该交易实行保证金制度，交割日在未来。期货交易可分为商品期货交易和金融期货交易。

（一）商品期货业务

企业发生商品期货业务，首先必须将款项转入证券公司作为保证金，应借记“存出保证金”账户，贷记“银行存款”或“其他货币资金”账户；买入合约，支付保证金时，借记“衍生工具”账户，贷记“存出保证金”账户；在持有期货合约期间，若期货合约价格上涨，应借记“衍生工具”账户，贷记“公允价值变动损益”账户，反之，作相反的会计处理；卖出合约时，冲回原购买期货合约的款项，确认收益，同时将原记入“公允价值变动损益”账户的款项转入“投资收益”账户。

【例 7-1】某公司 2×16 年 8 月 5 日投入某期货公司 200 万元，进行期货合约交易。8 月 10 日买入合约一张，单价为 3 000 元，数量为 100 吨，应付保证金 40 000 元。8 月底该期货合约单价上涨至 3 100 元，9 月 2 日公司按照单价 3 200 元卖出平仓。

该公司的会计处理如下：

（1）2×16 年 8 月 5 日，拨付资金时：

借：存出保证金　　2 000 000

　贷：银行存款　　2 000 000

（2）2×16 年 8 月 10 日，买入合约时：

借：衍生工具——期货合约　　40 000

　贷：存出保证金　　40 000

（3）2×16 年 8 月 31 日，计算浮动盈亏：

浮动盈亏=（3 100-3 000）×100=10 000（元）

借：衍生工具——期货合约　　10 000

　贷：公允价值变动损益　　10 000

（4）2×16 年 9 月 2 日，平仓时：

结算盈亏额=（3 200-3 000）×100-10 000=10 000（元）

净收益=（3 200-3 000）×100=20 000（元）

借：存出保证金　　20 000

　贷：衍生工具——期货合约　　10 000

　　　投资收益　　10 000

合约平仓，冲回原购买期货合约的款项：

借：存出保证金　　40 000

　贷：衍生工具——期货合约　　40 000

将公允价值变动损益确认为投资收益：

借：公允价值变动损益　　10 000

　贷：投资收益　　10 000

（二）金融期货业务

金融期货交易包括利率期货、外汇期货和股票指数期货。其会计处理：买入合约，支付保证金时，借记“存出保证金”账户，贷记“银行存款”账户，同时借记“衍生工具”账户，贷记相关账户；在持有期货合约期间，若期货合约价格上涨，应借记“衍生工具”账户，贷记“公允价值变动损益”账户；增加保证金时，借记“存出保证金”账户，贷记“银行存款”账户，反之，作相反的会计处理；卖出合约时，冲回原购买期货合约的款项，确认收益，同时将原记入“公允价值变动损益”账户的款项转入“投资收益”账户。

【例 7-2】2×16 年 1 月 5 日，甲公司与期货经纪人签订承诺购入债券期货 300 000 元（当日市价）3 个月期的期货合同，按期货合约的 10%交纳保证金。设 1 月 31 日该项期货的市价涨至 305 000 元。2 月 28 日，甲公司预测其市价将持续下跌，按 304 000 元价格转手平仓，并支付手续费 150 元。通过差额结算，收回保证金余额。

（1）1 月 5 日，买入合约时：

借：存出保证金（300 000×10%）	30 000	
贷：银行存款		30 000
借：衍生工具——债券期货	300 000	
贷：应付债券期货合约款		300 000

（2）1 月 31 日，计算公允价值变动：

确认公允价值变动=305 000−300 000=5 000（元）

借：存出保证金（5 000×10%）	500	
贷：银行存款		500
借：衍生工具——债券期货	5 000	
贷：公允价值变动损益		5 000

（3）2 月 28 日，平仓时：

借：财务费用	150	
银行存款	34 350	
投资收益	1 000	
应付债券期货合约款	300 000	
贷：存出保证金		30 500
衍生工具——债券期货		305 000
借：公允价值变动损益	5 000	
贷：投资收益		5 000

二、远期合约业务

远期合约是衍生金融工具的基本类别，大都为特定的目标——避险。例如，进口商在向出口商购货时，就与银行签订一项远期汇率合同，约定按远期汇率在未来的账款结算日以本国货币兑换偿付账款所需的货币。

远期合约业务的会计处理：在签订合约时，通常不做会计处理；在持有期间，公允价值增加，借记“衍生工具”账户，贷记“公允价值变动损益”账户，反之，做相反的会计处理；在结算日，结算净额，同时确认损益。

【例 7-3】2×16 年 2 月 1 日，A 公司和 B 公司签订了一份合约，双方约定在 2×17 年 1 月 31 日进行一次“现金交换”，“现金交换”的标的物是 A 公司发行的股票 1 000 股。届时，A 公司按固定价格每股 32 元付给 B 公司，B 公司按当时市场上每股的价格付给 A 公司。假设在合约期间内 A 公司不发放股利，在合约签订日，远期价格的现值与现货价格相等，远期合约本身在签订日的公允价值为零。

其他情况如下：

（1）2×16 年 2 月 1 日每股市价为 30 元，2×16 年 12 月 31 日每股市价为 36 元，2×17

年 1 月 31 日每股市价为 34 元；

（2）2×16 年 12 月 31 日远期价格的现值为 32 500 元，远期合约中的股票数量为 1 000 股。

A 公司的账务处理如下：

（1）2×16 年 2 月 1 日，签订合约时，不做会计处理。

（2）2×16 年 12 月 31 日，计算公允价值损益：

公允价值增加=36×1 000−32 500=3 500（元）

借：衍生工具——远期合约　　3 500

　贷：公允价值变动损益　　3 500

（3）2×17 年 1 月 31 日，结算日确定损益时：

结算现金净额=34×1 000−32×1 000=2 000（元）

借：银行存款　　2 000

　　投资收益　　1 500

　贷：衍生工具——远期合约　　3 500

B 公司的账务处理如下：

（1）2×16 年 2 月 1 日，签订合约时，不做会计处理。

（2）2×16 年 12 月 31 日，计算公允价值损益：

公允价值增加=32 500−36×1 000=−3 500（元）

借：公允价值变动损益　　3 500

　贷：衍生工具——远期合约　　3 500

（3）2×17 年 1 月 31 日，结算日确定损益时：

结算现金净额=32×1 000−34×1 000=−2 000（元）

借：衍生工具——远期合约　　3 500

　贷：银行存款　　2 000

　　　投资收益　　1 500

三、互换业务

（一）利率互换

利率互换是指交易双方约定在未来的一定期限内，根据约定数量的同种货币的名义本金交换利息额的金融合约。

1. 利率互换合约的确认

利率互换虽代表着一定的权利或义务，但仅涉及现金流的变动，而且在开始时没有实际的现金流入或流出，故不确认合约初始价值，但应在财务报告中进行披露被套期项目为利率的变动。

2. 利率互换合约的计量

在各会计期末应当以当时实际支付利率对利率互换合约进行计量。由于利率互换属于现金流量套期，根据《企业会计准则第 24 号——套期保值》第 27 条的规定，套期工具利得或损失中属于有效套期的部分，应当直接确认为所有者权益，并单列项目反映。该有效套期部分的金额，按照下列两项的绝对额中较低者确定：套期工具自套期开始的累计利得或损失；被套期项目自套期开始的预计未来现金流量现值的累计变动额。套期工具利得或损失中属于无效套期的部分（即扣除直接确认为所有者权益后的其他利得或损失），应计入当期损益。可见，按计入权益金额的孰低原则，每期的套期保值额并非全额计入资本公积。

（二）货币互换

货币互换是指将一种货币的本金和固定利息与另一货币的等价本金和固定利息进行交换。下面以货币互换为例说明互换业务的会计处理。

【例 7-4】假设国内 A 公司于年初筹措到一笔 35 万元人民币的借款，期限 1 年，固定利率 4%，年末一次性还本付息；该笔资金用于某项目的经营，该项目带来的收入是美元。A 公司为防止美元汇率变动的风险，也为了经营管理上的方便，通过银行寻找互换对手，以对该笔债务进行套期保值。银行协助找到 B 公司有一笔 5 万美元，期限 1 年，固定利率 4%，年末一次性还本付息的对应业务；B 公司的未来收入为人民币。A 公司与 B 公司在年初签订了按照年末市场汇率进行货币互换的协议，并于签约日向中介银行支付了手续费 1 000 元。设签约时美元对人民币的汇率为 1∶7.00，年末互换时汇率为 1∶6.50。A 公司在年末与 B 公司按照实际汇率交换了本金和利息，并及时偿付了人民币借款。A 公司的会计处理如下：

（1）年初取得借款时：

借：银行存款　350 000

　贷：短期借款　350 000

（2）签订互换协议时记录互换的本金及利息数额，并交纳手续费：

借：应收互换款——B 公司　350 000

　贷：应付互换款——美元（50 000×7.00）　350 000

借：应收互换利息——B 公司　14 000

　贷：应付互换利息——美元（2 000×7.00）　14 000

借：财务费用——互换手续费　1 000

　贷：银行存款　1 000

（3）在年末互换时记录应交换全年利息：

借：利息费用　14 000

　贷：短期借款　14 000

（4）在年末记录由于汇率变动形成的汇兑损益和互换损益：

借款形成的汇兑损益=（7.00-6.50）×50 000=25 000（元）

借款利息形成的汇兑损益=（7.00-6.50）×2 000=1 000（元）

借：应付互换款——美元　25 000

　　应付互换利息——美元　1 000

　贷：财务费用——汇兑损益　26 000

（5）在年末记录实际收到的互换本金与利息。

①收到互换本金与利息：

借：银行存款　364 000

　贷：应收互换款——B 公司　350 000

　　　应收互换利息——B 公司　14 000

② 支付互换本金与利息：

借：应付互换款——美元（50 000×6.50）　325 000
　　应付互换利息——美元（2 000×6.50）　13 000
　贷：银行存款——美元（52 000×6.50）　338 000

（6）归还借款时的会计分录为：

借：短期借款　364 000
　贷：银行存款　364 000

四、期权业务

（一）权益工具产生衍生金融工具的会计处理

【例 7-5】甲公司于 2×16 年 10 月 1 日向乙公司发行以自身普通股为标的的看涨期权。根据该期权合同，如果乙公司行权（行权价格为 34 元/股），乙公司有权以每股 34 元的价格从甲公司购入普通股 2 000 股。期权以现金净额结算。其他有关资料如下：

（1）合同签订日为 2×16 年 10 月 1 日；

（2）行权日（欧式期权）为 2×17 年 3 月 31 日；

（3）2×16 年 10 月 1 日每股市价为 28 元；

（4）2×16 年 12 月 31 日每股市价为 38 元；

（5）2×17 年 3 月 31 日每股市价为 38 元；

（6）2×17 年 3 月 31 日应支付的固定行权价格为 34 元/股；

（7）期权合同中的普通股数量为 2 000 股；

（8）2×16 年 10 月 1 日期权的公允价值为 5 000 元；

（9）2×16 年 12 月 31 日期权的公允价值为 3 500 元；

（10）2×17 年 3 月 31 日期权的公允价值为 3 000 元。

甲公司的会计处理：

（1）2×16 年 10 月 1 日，收到看涨期权价款 5 000 元：

借：银行存款　5 000
　贷：衍生工具——看涨期权　5 000

（2）2×16 年 12 月 31 日确认公允价值减少 1 500 元：

借：衍生工具——看涨期权　1 500
　贷：公允价值变动损益　1 500

（3）2×17 年 3 月 31 日确认公允价值减少 500 元：

借：衍生工具——看涨期权　500
　贷：公允价值变动损益　500

同时期权以现金净额结算：

借：衍生工具——看涨期权　3 000
　贷：银行存款　3 000

（二）混合工具的分拆

（1）初始确认时将其包含的负债成分和权益成分进行分拆，将负债成分确认为应付债券，将权益成分确认为资本公积。

负债成分的初始确认额=负债成分的未来现金流量按照实际利率进行折现

权益成分的初始确认额=发行价格总额-负债成分的初始确认额

（2）发行可转换公司债券发生的交易费用，应当在负债成分和权益成分之间按照各自的相对公允价值进行分摊。

（3）对于可转换公司债券的负债成分，在转换为股票前，其会计处理与一般公司债券相同。可转换公司债券持有人行使转换权利，将其持有的债券转换为股票时，将可转换公司债券的余额与其权益成分的金额按比例结转。

（4）企业发行附有赎回选择权的可转换公司债券，其在赎回日可能支付的利息补偿金视为债券利息，于计提利息时计提，计入在建工程或财务费用。

【例 7-6】某公司 2×16 年 1 月 1 日按每份面值 1 000 元发行了 2 000 份可转换公司债券，取得总收入 200 万元。该债券期限为 3 年，票面年利率为 6%，利息按年支付；每份债券均可在债券发行 1 年后转换为 250 股该公司普通股。该公司发行股票时，二级市场上与之类似但没有转换权的债券的市场利率为 9%。2×17 年 4 月 1 日有 1 000 份债券转股。

该公司的会计处理如下：

（1）确认负债和权益的初始价值：

发行债券的初始金额=12÷（1+0.09）+12÷（1+0.09）^{2}+212÷（1+0.09）^{3}=184.8122（万元）

权益部分的初始金额=2 000 000−1 848 122=151 878（元）

（2）2×16 年 1 月 1 日发行可转换公司债券时：

借：银行存款	2 000 000	
应付债券——可转换公司债券（利息调整）	151 878	
贷：应付债券——可转换公司债券（面值）		2 000 000
资本公积——其他资本公积		151 878

2×16 年 12 月 31 日计息时：

借：财务费用（1 848 122×9%）	166 330.98	
贷：应付利息（2 000 000×6%）		120 000
应付债券——可转换公司债券（利息调整）		46 330.98

2×16 年实际支付利息时：

借：应付利息	120 000	
贷：银行存款		120 000

2×17 年 3 月 31 日计息时：

应计入财务费用的金额=（1 848 122+46 330.98）×9%×3÷12=42 625.20（元）

借：财务费用	42 625.20	
贷：应付利息（2 000 000×6%÷4）		30 000
应付债券——可转换公司债券（利息调整）		12 625.20

资本公积结转额=151 878×50%=75 939（元）

转股后剩余的利息调整=（151 878−46 330.98−12 625.20）×50%=46 460.91（元）

股本=250×1 000=250 000（元）

股本溢价=1 000 000+15 000+75 939−250 000−46 460.91=794 478.09（元）

借：应付利息	15 000	
应付债券——可转换公司债券（面值）	1 000 000	
资本公积——其他资本公积	75 939	

贷：股本 250 000

资本公积——股本溢价 794 478.09

应付债券——可转换公司债券（利息调整） 46 460.91

（三）股份期权的会计处理

【例 7-7】A 公司董事会 2×15 年 12 月批准了一项股份支付协议。协议规定，2×16 年 1 月 1 日，公司向其 50 名管理人员每人授予 1 000 份股票期权，这些管理人员必须从 2×16 年 1 月 1 日起在公司连续服务 3 年，服务期满时才能够以每股 4 元的价格购买 1 000 股该公司股票。公司估计该期权在授予日的公允价值为每股 10 元，每股面值 1 元。

第 1 年有 5 名管理人员离开该公司，该公司估计 3 年中离开的管理人员比例将达到 10%；第 2 年又有 3 名管理人员离开公司，公司将估计的管理人员离开比例修正为 7%；第 3 年又有 1 名管理人员离开公司。2×19 年 1 月 1 日，未离开的管理人员全部行权获得股票。

（1）授予日不做会计处理。

（2）2×16 年 12 月 31 日的会计处理：

公司预计支付股份应负担的费用=10×50×1 000×（1−10%）=450 000（元）

2×16 年应负担的费用=450 000÷3=150 000（元）

借：管理费用 150 000

贷：资本公积——其他资本公积 150 000

（3）2×17 年 12 月 31 日的会计处理：

公司预计支付股份应负担的费用=500 000×（1−7%）=465 000（元）

2×17 年应负担的费用=465 000×2÷3−150 000=160 000（元）

借：管理费用 160 000

贷：资本公积——其他资本公积 160 000

（4）2×18 年 12 月 31 日的会计处理：

公司实际支付股份应负担的费用=10×1 000×（50−5−3−1）=410 000（元）

2×18 年应负担的费用=410 000−150 000−160 000=100 000（元）

借：管理费用 100 000

贷：资本公积——其他资本公积 100 000

（5）2×19 年 1 月 1 日的会计处理：

向职工发放股票收取价款=4×1 000×（50−5−3−1）=164 000（元）

借：银行存款 164 000

资本公积——其他资本公积 410 000

贷：股本 41 000

资本公积——股本溢价 533 000

第四节 套期性衍生金融工具会计

企业在风险管理中，经常会运用套期保值方法。比如，外商投资企业自主运用外汇远期合同锁定汇率，防范汇率风险；国有企业经有关部门批准后，从事境外商品期货交易来锁定价格风险等，都属于套期保值的运用。

一、套期会计概述

（一）套期保值的定义

套期保值，是指企业为规避外汇风险、利率风险、商品价格风险、股票价格风险、信用风险等，指定一项或一项以上套期工具，使套期工具的公允价值或现金流量变动预期抵销被套期项目全部或部分公允价值变动或现金流量变动。

企业运用商品期货进行套期时，其套期保值策略通常是：买入（卖出）与现货市场数量相当、但交易方向相反的期货合同，以期在未来某一时间通过卖出（买入）期货合同来补偿现货市场价格变动所带来的实际价格风险。

相对于非金融企业，金融企业面临较多的金融风险，如利率风险、外汇风险、信用风险等，对套期保值有更多的需求。例如，某上市银行为规避汇率变动风险，与汇金公司签订外币期权合同对现存数额较大的美元敞口进行套期保值。

（二）套期保值的分类

为运用套期会计方法，套期保值按套期关系可划分为公允价值套期、现金流量套期和境外经营净投资套期。

1. 公允价值套期

公允价值套期是指对已确认的资产或负债、尚未确认的确定承诺，或该资产或负债、尚未确认的确定承诺中可辨认部分的公允价值变动风险进行的套期。该类价值变动源于某类特定风险，且影响企业的损益。

以下是公允价值套期的例子：

（1）企业对承担的固定利率负债的公允价值变动风险进行套期。

（2）航空公司签订了一份 3 个月后以固定外币金额购买的合同（未确认的确定承诺），为规避外汇风险对该项确定承诺的外汇风险进行套期。

（3）电力公司签订了一份 6 个月后以固定价格购买煤炭的合同（未确认的确定承诺），为规避价格变动风险对该项确定承诺的价格变动风险进行套期。

2. 现金流量套期

现金流量套期是指对现金流量变动风险进行的套期。该类现金流量变动源于与已确认的资产或负债、很可能发生的预期交易有关的某类特定风险，且将影响企业的损益。

以下是现金流量套期的例子：

（1）企业对承担的浮动利率债务的现金流量变动风险进行套期。

（2）航空公司为规避 3 个月后预期很可能发生的与购买飞机相关的现金流量变动风险进行套期。

（3）商业银行对 3 个月后预期很可能发生的与可供出售金融资产处置相关的现金流量变动风险进行套期。

对确定承诺的外汇风险进行的套期，企业可以作为现金流量套期或公允价值套期。

3. 境外经营净投资套期

境外经营净投资套期是指对境外经营净投资外汇风险进行的套期。境外经营净投资，是指企业在境外经营净资产中的权益份额。

企业既无计划也不可能将可预见的未来会计期间计算的长期外币货币性应收项目（含

贷款）视同境外经营净投资的组成部分，因为销售商品或提供劳务等形成的期限较短的应收账款不构成境外经营净投资。

二、套期工具与被套期项目

（一）套期工具

套期工具，是指企业为进行套期而指定的、其公允价值或现金流量变动预期可抵销被套期项目的公允价值或现金流量变动的衍生工具，对外汇风险进行套期还可以将非衍生金融资产或非衍生金融负债作为套期工具。

（1）衍生工具通常可以作为套期工具。衍生工具包括远期合同、期货合同、互换和期权，以及具有远期合同、期货合同、互换和期权中一种或一种以上特征的工具。例如，企业为规避库存铜品价格下跌的风险，可以通过卖出一定数量铜品的期货合同实现，其中，卖出铜品的期货合同即是套期工具。

但是，某项衍生工具无法有效地对冲被套期项目风险，不能作为套期工具。例如，企业发行的期权就不能作为套期工具。因为该期权的潜在损失可能大大超过被套期项目的潜在利得，从而不能有效地对冲被套期项目的风险。与此不同的是，购入期权的一方可能承担的损失最多就是期权费，而可能拥有的利得通常等于或大于被套期项目的潜在损失，因而购入期权的一方可以将购入的期权作为套期工具。为此，套期保值准则规定，对于利率上下限期权，或由一项发行的期权和一项购入的期权组成的期权，其实质相当于企业发行一项期权的（即企业收取了净期权费），不能将其指定为套期工具。

（2）非衍生金融资产或非衍生金融负债通常不能作为套期工具，但被套期风险为外汇风险时，某些非衍生金融资产或非衍生金融负债可以作为套期工具。例如，某种外币借款可以作为对同种外币结算的销售确定承诺的套期工具；又如，持有至到期投资可以作为规避外汇风险的套期工具。

（3）无论是衍生工具还是某些非衍生金融资产或非衍生金融负债，其作为套期工具的基本条件就是其公允价值能够可靠计量。因此，在活跃市场上没有报价的权益工具，以及与该权益工具挂钩并需通过交付该权益工具进行结算的衍生工具，由于其公允价值难以可靠地计量，不能作为套期项目。企业自身的权益工具既非企业的金融资产也非金融负债，因而不能作为套期工具。

（4）在运用套期会计方法时，只有涉及报告主体以外的主体的工具（含符合条件的衍生工具或非衍生金融资产或非衍生金融负债）才能作为套期工具。这里提到的报告主体，指企业集团或集团内的各企业，也指提供分部信息的各分部。因此，在分部或集团内各企业的财务报表中，只有涉及这些分部或企业以外的主体的套期工具及相关套期指定，才能在符合套期保值准则规定条件时运用套期会计方法，而在集团合并财务报表中，如果这些套期工具及相关套期指定并不涉及集团外的主体，则不能对其运用套期会计方法进行处理。

（二）被套期项目

被套期项目，是指使企业面临公允价值或现金流量变动风险，且被指定为被套期对象的下列项目：①单项已确认资产、负债、确定承诺、很可能发生的预期交易，或境外经营净投资；②一组具有类似风险特征的已确认资产、负债、确定承诺、很可能发生的预期交易，或境外经营净投资；③分担同一被套期利率风险的金融资产或金融负债组合的一部分（仅适用于利率风险公允价值组合套期）。其中，确定承诺，是指在未来某特定日期或期间，以约定价格交换特定数量资源、具有法律约束力的协议；预期交易，是指尚未承诺但预期会发生的交易。

（1）作为被套期项目，会使企业面临公允价值或现金流量变动风险（即被套期风险），并在本期或未来期间影响企业的损益。与之相关的被套期风险，通常包括外汇风险、利率风险、商品价格风险、股票价格风险和信用风险等。企业的一般经营风险（如固定资产毁损风险等）不能作为被套期风险，因为这些风险不能具体辨认和单独计量。同样地，企业合并交易中，与购买另一个企业的确定承诺相关的风险（不包括外汇风险）也不能作为被套期风险。

（2）衍生工具不能作为被套期项目，但对于外购的、嵌在另一项金融工具（主合同）中的期权，如果其与主合同存在紧密关系，且混合工具没有被指定为以公允价值计量且其变动计入当期损益的金融工具，则可以作为被套期项目。

（3）对于信用风险或外汇风险，企业可以将持有至到期投资作为被套期项目，而对于利率风险或提前还款风险，则不可以作为被套期项目。

（4）采用权益法核算的股权投资不能在公允价值套期中作为被套期项目，因为在权益法下，投资方只是将其在联营企业或合营企业中的损益份额确认为当期损益，而不确认为投资的公允价值变动。与之相类似，在母公司合并财务报表中，对子公司的投资也不能作为被套期项目，但对境外经营净投资可以作为被套期项目，因为相关的套期指定针对的是外汇风险，而非境外经营净投资的公允价值变动风险。

（5）只有涉及报告主体以外的主体的资产、负债、确定承诺或很可能发生的预期交易才能作为被套期项目。因此，企业集团内的各组成企业或分部之间发生的套期活动，只能在各组成企业的财务报表或分部的财务报告中运用套期会计方法，而不能在企业集团合并财务报表中对其予以反映。但是，发生在企业集团内两个组成企业或两个分部之间的外币交易形成的外币货币性项目（如外币应收款项），如果其外币汇兑损益不能相互抵销，则可以在企业集团合并财务报表中运用套期会计方法。例如，按照《企业会计准则第 19 号——外币折算》的规定，当企业集团内的两个关联企业采用不同的记账本位币时，它们之间形成的应收（应付）款项产生的外汇汇兑损益通常不能全额抵销。与之类似，企业集团内部两个关联企业之间很可能发生的预期交易，按照进行此项交易的主体的记账本位币以外的货币标价（即按外币标价），且相关的外汇风险将影响合并利润或损失的，该项很可能发生的预期交易（外汇风险）可以在合并财务报表中作为被套期项目。

三、运用套期会计的条件

对于满足套期保值准则规定条件的公允价值套期、现金流量套期和境外经营净投资套期，企业可运用套期会计方法进行处理。套期会计方法，是指在相同会计期间将套期工具和被套期项目公允价值变动的抵销结果计入当期损益的方法。

（一）运用套期会计方法应遵循的原则

套期保值准则规定，公允价值套期、现金流量套期或境外经营净投资套期同时满足下列条件的，才能运用套期会计方法进行处理：

第一，在套期开始时，企业对套期关系（即套期工具和被套期项目之间的关系）有正式指定，并准备了关于套期关系、风险管理目标和套期策略的正式书面文件。该文件至少载明了套期工具、被套期项目、被套期风险的性质以及套期有效性评价方法等内容。套期必须与具体可辨认并被指定的风险有关，且最终影响企业的损益。

第二，该套期预期高度有效，且符合企业最初为该套期关系所确定的风险管理策略。

第三，对预期交易的现金流量套期，预期交易应当发生的可能性很大，且必须使企业面临最终将影响损益的现金流量变动风险。

第四，套期有效性能够可靠地计量，即被套期风险引起的被套期项目的公允价值变动或现金流量以及套期工具的公允价值变动能够可靠地计量。

第五，企业应当持续地对套期有效性进行评价，并确保该套期在套期关系被指定的会计期间内高度有效。

（二）高度有效套期的认定

套期只有满足下列全部条件时，企业才能认定其为高度有效：

（1）在套期开始及以后期间，该套期预期会高度有效地抵销套期指定期间被套期风险引起的公允价值或现金流量变动。

（2）该套期的实际抵销结果在80%~125%的范围内。例如，某企业套期的实际结果是，套期工具公允价值变动形成的损失为120万元，而被套期项目的公允价值变动形成的利得为100万元，两者相互抵销的程度可以计算如下：120÷100×100%，即120%；或者，100÷120×100%，即83.33%。如果该套期也满足以上条件（1），那么该企业可以认定该套期是高度有效的。

企业至少应当在编制中期财务报告或年度财务报告时对套期有效性进行评价。

（三）套期有效性的评价方法

运用套期会计方法的条件实际上隐含了两个套期有效性评价要求：（1）预期性评价，即评价套期在未来会计期间是否高度有效。这就要求企业在套期开始时，以及至少在中期财务报告或年度财务报告日对套期有效性进行评价。（2）回顾性评价，即评价套期在以往的会计期间实际上是否高度有效。这也要求企业至少在中期财务报告或年度财务报告日对套期有效性进行评价。

一般情况下，企业难以实现套期工具和被套期项目的公允价值或现金流量变动完全抵销，因而会出现套期无效的较小金额范围。无效套期的形成源于多方面的因素。这些因素通常包括：（1）套期工具和被套期项目以不同的货币表示；（2）套期工具和被套期项目有不同的到期期限；（3）套期工具和被套期项目内含不同的利率或权益指数变量；（4）套期工具和被套期项目使用不同市场的商品价格标价；（5）套期工具和被套期项目对应不同的交易对手；（6）套期工具在套期开始时的公允价值不等于零等。

套期有效性评价方法应当与企业的风险管理策略相吻合，并在套期开始时就在与风险管理有关的正式文件中加以详细说明。在这些正式文件中，企业应当就套期有效性评价的程序和方法、评价时是否包括套期工具的全部利得或损失、是否包括套期工具的时间价值等做出说明。

常见的套期有效性评价方法有三种：（1）主要条款比较法；（2）比率分析法；（3）回归分析法。

1. 主要条款比较法

主要条款比较法，是通过比较套期工具和被套期项目的主要条款，以确定套期是否有效的方法。如果套期工具和被套期项目的所有主要条款均能准确地匹配，可认定因被套期风险引起的套期工具和被套期项目公允价值或现金流量变动可以相互抵销。套期工具和被套期项目的“主要条款”包括：名义金额或本金、到期期限、内含变量、定价日期、商品数量和货币单位等。

企业在以利率互换对利率风险进行套期时，可以采用主要条款比较法。此外，以远期合同对很可能发生的预期商品购买进行套期保值，也可以采用主要条款比较法。例如，当以下全部条件同时符合时，可以认定该套期是高度有效的：

（1）远期合同与被套期的预期商品购买交易，在商品购买时间、地点、数量、质量等方面条款相同。

（2）远期合同初始确认时的公允价值为零。

（3）进行套期有效性评价时，不考虑远期合同溢价或折价变动对其价值的影响，或预期商品购买交易的预计现金流量变动以商品的远期价格为基础确定。

值得注意的是，采用这种方法对套期有效性进行评价虽然不需要进行计算，但适用的情形往往有限，而且只能用于套期预期性评价。即使是套期工具和被套期项目的主要条款均能准确地匹配，企业依然需要进行套期的回顾性评价。因为在这种情况下，套期无效仍可能出现。例如，套期工具的流动性或其交易对手的信用等级发生变化时，通常会导致套期无效。

2. 比率分析法

比率分析法，也称金额对冲法，是通过比较被套期风险引起的套期工具和被套期项目公允价值或现金流量变动比率，以确定套期是否有效的方法。运用比率分析法时，企业可以根据自身风险管理政策的特点进行选择，以累计变动数（即自套期开始以来的累计变动数）为基础比较，或以单个期间变动数为基础比较。如果上述比率没有超过 80%~125%的范围，可以认定套期是高度有效的。

应当注意的是，以累计变动数和单个期间变动数分别作为比较基础，可能会得出不同结论，即如果以单个期间变动数为基础，套期可能不是高度有效的，但若以累计变动数为基础，套期却可能是高度有效的。

3. 回归分析法

回归分析法是一种统计学方法，它是在掌握一定量的观察数据的基础上，利用数理统计方法建立自变量和因变量之间回归关系函数的方法。将此方法运用到套期有效性评价中，需要研究分析套期工具和被套期项目价值变动之间是否具有高度相关性，进而判断确定套期是否有效。运用回归分析法，自变量反映被套期项目公允价值变动或预计未来现金流量现值变动，而因变量反映套期工具公允价值变动。相关回归模型如下：

$$y=kx+b+\varepsilon$$

其中：

y：因变量，即套期工具的公允价值变动；

k：回归直线的斜率，反映套期工具价值变动与被套期项目价值变动的比率；

b：y 轴上的截距；

x：自变量，即被套期风险引起的被套期项目价值变动；

ε：均值为零的随机变量，服从正态分布。

企业运用线性回归分析确定套期有效性时，套期只有满足以下全部条件才能认为是高度有效的：

（1）回归直线的斜率必须为负数，且数值应在-0.8~-1.25之间。

（2）相关系数（R^2）应大于或等于96%，该系数表明套期工具价值变动由被套期项目价值变动影响的程度。当R^2=96%时，说明套期工具价值变动的96%是由于某特定风险引起被套期项目价值变动形成的。R^2越大，表明回归模型对观察数据的拟合程度越好，用回归模型进行预测的效果也就越好。

（3）整个回归模型的统计有效性（F测试）必须是显著的。F值也称置信程度，表示自变量x与因变量y之间线性关系的强度。F值越大，置信程度越高。

四、套期保值的确认和计量

（一）公允价值套期

1.公允价值套期会计处理原则

（1）基本要求。

公允价值套期满足运用套期会计方法条件的，应当按照下列规定处理：

①套期工具为衍生工具的，公允价值变动形成的利得或损失应当计入当期损益；套期工具为非衍生工具的，账面价值因汇率变动形成的利得或损失应当计入当期损益。

②被套期项目因被套期风险形成的利得或损失应当计入当期损益，同时调整被套期项目的账面价值。被套期项目为按成本与可变现净值孰低进行后续计量的存货、按摊余成本进行后续计量的金融资产或可供出售金融资产的，也应当按此规定处理。

（2）被套期项目利得或损失的具体处理要求。

①对于金融资产或金融负债组合一部分的利率风险公允价值套期，企业对被套期项目形成的利得或损失可按下列方法处理：

第一，被套期项目在重新定价期间内是资产的，在资产负债表中资产项下单列项目反映，待终止确认时转销；

第二，被套期项目在重新定价期间内是负债的，在资产负债表中负债项下单列项目反映，待终止确认时转销。

②被套期项目是以摊余成本计量的金融工具的，对被套期项目账面价值所作的调整，应当按照调整日重新计算的实际利率在调整日至到期日的期间内进行摊销，计入当期损益。

对利率风险组合的公允价值套期，在资产负债表中单列的相关项目，也应当按照调整日重新计算的实际利率在调整日至相关的重新定价期间结束日的期间内摊销。采用实际利率法进行摊销不切实可行的，可以采用直线法进行摊销。此调整金额应当于金融工具到期日前摊销完毕；对于利率风险组合的公允价值套期，应当于相关重新定价期间结束日前摊销完毕。

③被套期项目为尚未确认的确定承诺的，该确定承诺因被套期风险引起的公允价值变动累计额应当确认为一项资产或负债，相关的利得或损失应当计入当期损益。

④在购买资产或承担负债的确定承诺的公允价值套期中，该确定承诺因被套期风险引起的公允价值变动累计额（已确认为资产或负债），应当调整履行该确定承诺所取得的资产或承担的负债的初始确认金额。

（3）终止运用公允价值套期会计方法的条件。

套期满足下列条件之一的，企业应终止运用公允价值套期会计：

①套期工具已到期、被出售、合同终止或已行使。

套期工具展期或被另一项套期工具替换时，展期或替换是企业正式书面文件所载明的套期策略组成部分的，不作为已到期或合同终止处理。

②该套期不再满足运用套期会计方法的条件。

③企业撤销了对套期关系的指定。

2. 公允价值套期会计处理举例

【例 7-8】2×17 年 1 月 1 日，甲公司为规避所持有库存商品 A 的公允价值变动风险，与某金融机构签订了一项衍生工具合同（即衍生工具 B），并将其指定为 2×17 年上半年库存商品 A 价格变化引起的公允价值变动风险的套期。衍生工具 B 的标的资产与被套期项目存货在数量、质次、价格变动和产地方面相同。

2×17 年 1 月 1 日，衍生工具 B 的公允价值为零，被套期项目（库存商品 A）的账面价值和成本均为 200 000 元，公允价值为 210 000 元。2×17 年 6 月 30 日，衍生工具 B 的公允价值上涨了 3 000 元，库存商品 A 的公允价值下降了 3 000 元。当日，甲公司将库存商品 A 出售，并将衍生工具 B 结算。

甲公司采用比率分析法评价套期有效性，即通过比较衍生工具 B 和库存商品 A 的公允价值变动，评价套期的有效性。甲公司预期该套期完全有效。

假定不考虑衍生工具的时间价值、商品销售相关的增值税及其他因素，甲公司的账务处理如下：

（1）2×17 年 1 月 1 日：

借：被套期项目——库存商品 A	200 000	
贷：库存商品——A		200 000

（2）2×17 年 6 月 30 日：

借：套期工具——衍生工具 B	3 000	
贷：公允价值变动套期损益		3 000
借：公允价值变动套期损益	3 000	
贷：被套期项目——库存商品 A		3 000
借：银行存款	207 000	
贷：主营业务收入		207 000
借：主营业务成本	197 000	
贷：被套期项目——库存商品 A		197 000
借：银行存款	3 000	
贷：套期工具——衍生工具 B		3 000

注：由于甲公司采用了套期策略，规避了存货公允价值变动风险，因此其存货公允价值下降没有对预期毛利额 10 000 元（210 000-200 000）产生不利影响。

（二）现金流量套期

1. 现金流量套期会计处理原则

（1）基本要求。

现金流量套期满足运用套期会计方法条件的，应当按照下列规定处理：

①套期工具利得或损失中属于有效套期的部分，应当直接确认为所有者权益，并单列

项目反映。该有效套期部分的金额，按照下列两项的绝对额中较低者确定：

第一，套期工具自套期开始的累计利得或损失；

第二，被套期项目自套期开始的预计未来现金流量现值的累计变动额。

②套期工具利得或损失中属于无效套期的部分（即扣除直接确认为所有者权益后的其他利得或损失），应当计入当期损益。

③在风险管理策略的正式书面文件中，载明了在评价套期有效性时将排除套期工具的某部分利得或损失或相关现金流量影响的，被排除的该部分利得或损失的处理适用《企业会计准则第 22 号——金融工具确认和计量》。

（2）套期工具利得或损失的后续处理要求。

①被套期项目为预期交易，且该预期交易使企业随后确认一项金融资产或一项金融负债的，原直接确认为所有者权益的相关利得或损失，应当在该金融资产或金融负债影响企业损益的相同期间转出，计入当期损益。但是，企业预期原直接在所有者权益中确认的净损失全部或部分在未来会计期间不能弥补时，应当将不能弥补的部分转出，计入当期损益。

②被套期项目为预期交易，且该预期交易使企业随后确认一项非金融资产或一项非金融负债的，企业可以选择下列方法处理：

第一，原直接在所有者权益中确认的相关利得或损失，应当在该非金融资产或非金融负债影响企业损益的相同期间转出，计入当期损益。但是，企业预期原直接在所有者权益中确认的净损失全部或部分在未来会计期间不能弥补时，应当将不能弥补的部分转出，计入当期损益。

第二，将原直接在所有者权益中确认的相关利得或损失转出，计入该非金融资产或非金融负债的初始确认金额。

非金融资产或非金融负债的预期交易形成一项确定承诺时，该确定承诺满足运用套期保值准则规定的套期会计方法条件的，也应当选择上述两种方法之一处理。

企业选择了上述两种处理方法之一作为会计政策后，应当一致地运用于相关的所有预期交易套期，不得随意变更。

第三，不属于以上第一或第二所指情况的，原直接计入所有者权益中的套期工具利得或损失，应当在被套期预期交易影响损益的相同期间转出，计入当期损益。

（3）终止运用现金流量套期会计方法的条件。

①套期工具已到期、被出售、合同终止或已行使。

套期工具展期或被另一项套期工具替换，且展期或替换是企业正式书面文件所载明套期策略组成部分的，不作为已到期或合同终止处理。

②该套期不再满足运用套期保值准则规定的套期会计方法的条件。

在套期有效期间直接计入所有者权益中的套期工具利得或损失不应当转出，直至预期交易实际发生时，再按有关规定处理。

③预期交易预计不会发生。

在套期有效期间直接计入所有者权益中的套期工具利得或损失应当转出，计入当期损益。

④企业撤销了对套期关系的指定。

对于预期交易套期，在套期有效期间直接计入所有者权益中的套期工具利得或损失不应当转出，直至预期交易实际发生或预计不会发生。预期交易实际发生的，应按有关规定处理；预期交易预计不会发生的，原直接计入所有者权益中的套期工具利得或损失应当转出，计入当期损益。

2. 现金流量套期会计处理举例

【例 7-9】2×17 年 1 月 1 日，乙公司预期在 2×17 年 6 月 30 日销售一批商品，数量为 1 000 吨。为规避该预期销售有关的现金流量变动风险，乙公司于 2×17 年 1 月 1 日与某金融机构签订了一项期权合同，且将其指定为对该预期商品销售的套期工具。期权合同的标的资产与被套期预期商品销售在数量、质次、价格变动和产地等方面相同，并且期权合同的结算日和预期商品销售日均为 2×17 年 6 月 30 日。2×17 年 1 月 1 日，期权合同的公允价值为零，商品的预期销售价格为 510 000 元。2×17 年 6 月 30 日，期权合同的公允价值上涨了 6 000 元，预期销售价格下降了 6 000 元。当日，乙公司将商品出售，并将期权合同结算。乙公司采用比率分析法评价套期的有效性，即通过比较期权合同和商品预期销售价格变动，评价套期的有效性。乙公司预期该套期完全有效。

假定不考虑衍生工具的时间价值、商品销售相关的增值税及其他因素，乙公司的账务处理如下：

（1）2×17 年 1 月 1 日，乙公司不作账务处理。

（2）2×17 年 6 月 30 日：

借：套期工具——期权合同	6 000	
贷：其他综合收益		6 000
借：银行存款	504 000	
贷：主营业务收入		504 000
借：银行存款	6 000	
贷：套期工具——期权合同		6 000
借：其他综合收益	6 000	
贷：主营业务收入		6 000

（三）境外经营净投资套期

1. 境外经营净投资套期会计处理原则

对境外经营净投资的套期，企业应按类似于现金流量套期会计的规定处理：

（1）套期工具形成的利得或损失中属于有效套期的部分，应当直接确认为所有者权益，并单列项目反映。

处置境外经营时，上述在所有者权益中单列项目反映的套期工具利得或损失应当转出，计入当期损益。

（2）套期工具形成的利得或损失中属于无效套期的部分，应当计入当期损益。

2. 境外经营净投资套期会计处理举例

【例 7-10】2×17 年 10 月 1 日，丙公司（记账本位币为人民币）在其境外子公司 C 有一项境外净投资外币 5 000 万元（即 FC5 000 万元）。为规避境外经营净投资外汇风险，丙公司与某境外金融机构签订了一项外汇远期合同，约定于 2×18 年 4 月 1 日卖出 FC5 000 万元。丙公司每季度对境外经营净投资余额进行检查，且依据检查结果调整对净投资价值的套期。其他有关资料见表7-1。

表7-1 **丙公司相关资料情况表**

日　期	即期汇率（F/C人民币）	远期汇率（F/C人民币）	远期合同的公允价值（元）
2×17年10月1日	1.71	1.70	0
2×17年12月31日	1.64	1.63	3 430 000
2×18年3月31日	1.60	不适用	5 000 000

丙公司在评价套期有效性时，将远期合同的时间价值排除在外。假定丙公司的上述套期满足运用套期会计方法的所有条件。

丙公司的账务处理如下：

（1）2×17年10月1日：

借：被套期项目——境外经营净投资（50 000 000×1.71）　85 500 000

　贷：长期股权投资　85 500 000

外汇远期合同的公允价值为零，不作账务处理。

（2）2×17年12月31日：

远期合同公允价值变动=50 000 000×（1.71-1.64）=3 500 000（元）

借：套期工具——外汇远期合同　3 430 000

　　财务费用——汇兑损失　70 000

　贷：其他综合收益　3 500 000

（确认远期合同的公允价值变动）

借：外币报表折算差额　3 500 000

　贷：被套期项目——境外经营净投资　3 500 000

（确认对子公司净投资的汇兑损益）

（3）2×18年3月31日：

远期合同公允价值变动=50 000 000×（1.64-1.60）=2 000 000（元）

借：套期工具——外汇远期合同（5 000 000-3 430 000）　1 570 000

　　财务费用——汇兑损失　430 000

　贷：其他综合收益　2 000 000

（确认远期合同的公允价值变动）

借：外币报表折算差额　2 000 000

　贷：被套期项目——境外经营净投资　2 000 000

（确认对子公司净投资的汇兑损益）

借：银行存款　5 000 000

　贷：套期工具——外汇远期合同　5 000 000

（确认外汇远期合同的结算）

注：境外经营净投资套期（类似现金流量套期）产生的利得或损失在所有者权益中列示，直至子公司被处置。

第五节　衍生金融工具会计信息披露

一、金融资产和金融负债的相互抵销

（一）金融资产和金融负债相互抵销的条件

金融资产和金融负债应当在资产负债表中分别列示，不得相互抵销。但是，同时满足下列条件的，应当以相互抵销后的净额在资产负债表中列示：

（1）企业具有抵销已确认金额的法定权利，且该种法定权利现在是可执行的；

（2）企业计划以净额结算，或同时变现该金融资产和清偿该金融负债。

不满足终止确认条件的金融资产转移，转出方不得将已转移的金融资产和金融负债进行抵销。

例如，甲公司与乙公司有长期合作关系，为简化结算，甲公司和乙公司合同明确约定，双方往来款项定期以净额结算。这种情况满足金融资产和金融负债相互抵销的条件，应当在资产负债表中以净额列示相关的应收款项或应付款项。

（二）不符合相互抵销条件，不能将相关金融资产和金融负债相互抵销的情形

（1）企业将浮动利率长期债券与收取浮动利息、支付固定利息的互换组合在一起，合成一项固定利率长期债券。这种组合的各单项金融工具形成的金融资产或金融负债不能相互抵销。

（2）企业将某项金融资产充当金融负债的担保物，该金融资产不能与被担保的金融负债抵销。

（3）企业与外部交易对手进行多项金融工具交易，同时签订“总抵销协议”。根据该协议，一旦某单项金融工具交易发生违约或解约，企业可以将所有金融工具交易以单一净额进行结算，以减少交易对手可能无法履约造成损失的风险。在这种情况下，只有交易对手违约或解约时，相关的金融资产和金融负债才可以相互抵销；否则，不得相互抵销。

（4）保险公司在保险合同下的应收分保保险责任准备金，不能与相关保险责任准备金抵销。

二、衍生金融工具信息披露要求

（一）衍生金融工具一般信息披露要求

衍生金融工具披露，是指企业在附注中披露已确认和未确认衍生金融工具的有关信息。企业所披露的衍生金融工具信息，应当有助于财务报告使用者就金融工具对企业财务状况和经营成果影响的重要程度做出合理评价。对于衍生金融工具，应披露以下内容：

（1）企业持有衍生金融工具的类别、意图、取得时的公允价值、期初公允价值以及期末公允价值。

（2）在资产负债表中确认和停止确认该衍生金融工具的时间标准。

（3）与衍生金融工具有关的利率风险、汇率风险、价格风险、信用风险的信息以及这些信息对未来现金流量的金额和期限可能产生影响的重要条件和情况。

（4）企业管理层为控制与金融工具相关的风险而采取的政策以及金融工具会计处理方

面所采用的其他重要的会计政策和方法。

根据金融工具列报准则的规定，企业至少应该披露如下有关衍生金融工具的信息：

1. 权益工具及相应的衍生金融工具

（1）因公允价值不能可靠计量而未作相关公允价值披露的事实。

（2）该金融工具的描述、账面价值以及公允价值不能可靠计量的原因。

（3）该金融工具相关市场的描述。

（4）企业是否有意处置该金融工具以及可能的处置方式。

（5）本期已终止确认该金融工具的，应当披露该金融工具终止确认时的账面价值以及终止确认形成的损益。

2. 套期保值信息

企业应当披露与每类套期保值有关的下列信息：

（1）套期关系的描述。

（2）套期工具的描述及其在资产负债表日的公允价值。

（3）被套期风险的性质。

（4）对于现金流量套期，企业应当披露与现金流量套期有关的下列信息：

①现金流量预期发生及其影响损益的期间。

②以前运用套期会计方法处理但预期不会发生的预期交易的描述。

③本期在所有者权益中确认的金额。

④本期从所有者权益中转出、直接计入当期损益的金额。

⑤本期从所有者权益中转出、直接计入预期交易形成的非金融资产或非金融负债初始确认的金额。

⑥本期无效套期形成的利得或损失。

（二）衍生金融工具风险信息披露要求

1. 信用风险信息

企业应当披露与每类金融工具信用风险有关的下列信息：

（1）在不考虑可利用的担保物或其他信用增级（如不符合相互抵销条件的净额结算协议等）的情况下，最能代表企业资产负债表日最大信用风险敞口的金额，以及可利用担保物或其他信用增级的信息。

（2）尚未逾期和发生减值的金融资产的信用质量信息。

（3）原已逾期或发生减值但相关合同条款已重新商定过的金融资产的账面价值。

2. 流动性风险信息

企业应当披露与每类金融工具流动性风险有关的下列信息：

（1）企业应当披露金融资产和金融负债按剩余到期日所作的到期期限分析，以及管理这些金融资产和金融负债流动风险的方法。

（2）企业在披露金融资产和金融负债到期期限分析时，应当运用职业判断确定适当的时间段。列入各时间段内的金融资产和金融负债金额，应当是未经折现的合同现金流量。

（3）债权人可以选择收回债权时间的，债务人应当将相应的金融负债列入债权人要求收回债权的最早时间段内。

3. 市场风险敏感性分析的信息

企业应当披露与市场风险敏感性分析有关的下列信息：

（1）资产负债表日所面临的各类市场风险的敏感性分析。该项披露应当反映资产负债表日相关风险变量发生合理、可能的变动时，将对企业当期损益或所有者权益产生的影响。

（2）本期敏感性分析所使用的方法和假设。该方法和假设与前一期不同的，应当披露发生改变的原因。

本章小结

20 世纪 70 年代，布雷顿森林体系解体，世界性石油危机爆发，国际金融竞争加剧。金融机构为了规避风险，在激烈的市场竞争中求生存、求发展，必须对传统的金融工具进行创新，作为新兴的风险管理重要手段，衍生金融工具应运而生。衍生金融工具是确定交易双方在未来某个时间对某项金融现货所拥有的权利和所承担的义务的合同，它以基础金融工具的存在为前提，以杠杆和信用交易为特征，在交易成立时，既形成某个企业的一项金融资产，同时也形成另一个企业的一项金融负债。衍生金融工具会计是 21 世纪十大会计难题之一，本章讲述了衍生金融工具及其会计处理，主要包括金融工具会计概述、衍生金融工具的特征和内容、非套期性衍生金融工具会计的内容及其核算、套期性衍生金融工具会计的内容及其核算、衍生金融工具会计信息披露。

衍生金融工具在我国的深入发展，将会给我国企业带来大量的相关金融风险，因此，在会计上加强衍生金融工具风险的控制和相关信息的充分披露具有重要的现实意义。其主要内容如下：确认方面，考虑到衍生金融工具合约不满足传统会计要素“过去交易或事项”的要求，从增加要素项目、扩充要素外延等方面，对传统会计要素的定义进行了深入探讨，分析了传统资产和负债的定义的扩充问题。扩充后的定义解除了“已经发生”这一桎梏，一定程度上完善了衍生金融工具入账确认的瓶颈问题。计量方面，阐述了衍生金融工具历史成本计量的不足和公允价值计量的优越性，考虑到完全的公允价值计量现阶段还很不现实，探讨了衍生金融工具的计量现阶段是一种“混合”的计量模式，这种具有过渡性的“混合”计量模式，将会在相当长的时间内存在，因为公允价值取代历史成本是一个历史过程，其实现取决于市场的不断成熟和计量技术的逐步完善。

通过学习，要求理解衍生金融工具的相关概念、分类、特征及内容，了解衍生金融工具会计的产生与发展，掌握衍生金融工具交易的会计处理原则，并能够运用这些原则进行投资、投机和套期保值的有关会计处理；掌握非套期性衍生金融工具和套期性衍生金融工具的具体内容及会计处理；了解衍生金融工具的会计信息披露方法等。

复习思考题

1. 什么是衍生金融工具？它包括哪些具体内容？
2. 衍生金融工具会计的基本特征有哪些？
3. 什么是货币互换？什么是利率互换？两者有何区别？
4. 衍生金融工具会计是怎样产生与发展的？我国衍生金融工具会计的现状怎样？

5. 什么是套期工具与被套期项目？哪些衍生金融工具可以作为套期工具？哪些资产可以作为被套期项目？

6. 衍生金融工具中套期项目应披露哪些内容？权益性工具项目应披露哪些内容？

个案分析

中航油事件

事件背景：

中国航油股份有限公司（以下简称中航油），是中国航空油料集团公司的海外控股公司，成立于1993年，由中心直属大型国企——中国航空油料控股公司控股，总部和注册地均为新加坡。2001年，中航油在新加坡交易所主板上市，成为中国首家利用海外自有资产在国外上市的中资企业。

2004年11月30日，中航油忽然向新加坡交易所申请停牌，并于12月1日发布公告称，公司在投机性石油衍生品交易中遭受重创，合计损失5.54亿美元，净资产不过1.45亿美元的中航油因严重资不抵债，已向新加坡高等法院申请破产保护。消息一公布，国内外舆论一片哗然。美国《金融报》称，这是一起自巴林银行倒闭以来新加坡最大的金融丑闻。美国《华尔街日报》则质问为什么投资者对巨额损失毫不知情。

事件过程：

中航油于2002年开始从事石油期货交易，交易领域仅限于套期保值业务，投机业务则被政府明令禁止。从2003年下半年开始，时任总裁的陈久霖无视法律规定进行石油期权投机，而且从事的是风险极高的场外交易，从而成为中航油事件的风险之源。

2003年下半年，陈久霖判定2004年国际油价将会下跌，因此和日本三井银行、法国兴业银行、英国巴克莱银行、新加坡发展银行和澳大利亚麦戈利银行等机构签订了卖出石油看涨期权的场外合同，每桶38美元。2003年年底，中航油共卖出了总量为200万桶的期权合约，期间账面上是盈利的。2004年第一、二季度，中航油账面亏损从580万美元增加到3 000万美元。按照交易规则，其必须追加保证金以确保期权买方能够行权，但从公司账户中调拨资金会暴露其违规行为，因此，陈久霖被迫进行展期，并持续增加交易量以获取期权费来弥补保证金缺口。由于没有采取任何止损措施，中航油的账面亏损随着油价的飙升逐渐扩大。2004年10月10日，国际原油期货价格创55美元/桶的新高。中航油卖出的有效期权合约达到5 200万桶石油的巨量。根据合同，油价每上涨1美元，中航油需要向国际投资银行等交易对手支付5 000万美元的保证金。为追加保证金，公司已耗尽近2 600万美元的营运资本、1.20亿美元银团贷款和6 800万美元的应收账款资金，又支付8 000万美元的额外保证金。中航油现金流量已经枯竭。10月26日，中航油的最大交易对手日本三井能源风险治理公司正式发出违约函，催缴保证金。中航油被迫进行部分斩仓。11月8日，公司继续斩仓，亏损增加到2.30亿美元。11月25日，由于不断遭到巴克莱银行、伦敦标准银行等国际投资银行的逼仓，中航油的实际亏损已经高达3.81亿美元，相对于其1.45亿美元的净资产已经资不抵债，陷入技术性破产的境地。11月29日，中航油申请停牌。次日，公司终止了所有期权交易，正式向市场公告已亏3.94亿美元、潜亏1.60亿美元的消息，并向法院申请债务重组。

至此，中航油事件终于浮出水面。

要求：

（1）从中国航油股份有限公司的事件中，分析衍生金融工具存在的风险。

（2）根据上述相关资料，做出中国航油股份有限公司衍生金融工具的会计处理。

第八章

租赁会计

学习目标

本章主要讲述了租赁的定义、分类及特点，融资租赁、经营租赁和售后租回等的会计处理。通过本章的学习，掌握租赁的概念与特征，了解有关租赁的分类及其各类别的具体内容；认识我国会计准则与美国及国际会计准则之间的差异；掌握租赁业务的相关概念及其具体应用的内容；理解经营租赁的特征，对相关事项的会计处理要求；深入理解融资租赁的特征，掌握各种租赁业务的会计处理方法以及租赁会计信息的披露内容；理解售后租回交易的特征及其形成融资租赁、经营租赁的不同会计处理要求与会计信息披露的要求。

第一节　租赁会计概述

一、租赁的特点

（一）租赁的定义

我国《企业会计准则第 21 号——租赁》将租赁定义为：在约定的期间内，出租人将资产使用权让与承租人，以获取租金的协议。租赁作为一种经济活动，习惯上称为租赁业务。《国际会计准则第 17 号——租赁会计》将租赁定义为：在一个议定的期间内，出租人将某项资产的使用权让与承租人，以换取一项或一系列支付的协议。美国《财务会计准则公告第 13 号——租赁》将租赁定义为：在一个规定的期间转让固定资产（土地和/或可折旧资产）的使用权的协议。英国《第 21 号标准会计实务公告》将租赁定义为：拥有资产的出租人在一个议定的期间内，以议定的租金将资产使用权转交给承租人的协议。可见，中外准则对租赁的定义基本相同。

租赁有广义与狭义之分，广义的租赁泛指一切财产使用权的有偿转让活动，包括以融资为主要目的、以设备为主要对象的租赁，以及为满足短期、临时需要，以动产或不动产为对象的租赁；狭义的租赁仅指融资租赁。狭义的租赁又称现代租赁、资本租赁，是指以融资为主要目的，以设备等资产为主要对象，各方均履行租约中约定义务的租赁。

（二）租赁的特点

1. 所有权与使用权相分离

任何租赁业务，租赁期内，出租人出让或承租人取得的都只是资产的使用权，租赁资产的所有权仍归出租人。租期届满，租赁资产要么归还给出租人，要么由承租人廉价购买，具体应视租约的规定。因此，租赁资产的所有权与使用权分离是租赁业务的主要特征。租赁与分期付款购买的主要区别也在于所有权的归属不同（见表 8-1）。

表 8-1　**租赁与分期付款购买的区别**

	租　赁	分期付款购买
所有权归属不同	租赁期内资产所有权归出租人	销货方开具发票、将提货单交给购货方时，失去了商品所有权，购货方取得了商品所有权
业务涉及的当事人不同	包括出租人、承租人、资产出卖人，杠杆租赁还涉及长期贷款人	买卖双方：买方购入商品，卖方提供商品
对象不同	转移的是资产的使用权，且不受出租人所持租赁资产的限制	限于卖方所持有的资产，包括固定资产或流动资产

2. 融资与融物相统一

租赁属于一种信用形式，出租人出让资产，无异于向需要使用资产的承租人同时提供了等量的资金信贷；承租人借入资产，也无异于同时取得了相当于资产购置成本的信贷资金。银行信贷是一种传统的货币信贷，租赁则是以融物形式达到融资形式，融资与融物相统一，这是租赁业务的又一主要特征。

3. 灵活方便

租赁业务非常灵活，它既可满足承租人短期或临时使用资产的需要，也可解决承租人需永久拥有某种设备但一次性购买付现能力不足的困难；租期的选择也很灵活，短则几个月，长则数年；租期届满，租赁资产的处理方式也多种多样，可由承租人留购或续租，抑或退还出租人等。

对承租人而言，租赁具有多项好处，主要表现在：

（1）可保持企业的现金或营运资金。租入资产，通过分期支付租金取得资产使用权，既满足了生产经营需要，又百分之百地融通了资金。租金的支付虽动用企业的货币资金，但这一般在租入资产投入使用后才发生，不会影响企业期初的现金或营运资金。

（2）可使企业及时更换设备，避免或减少其无形损耗的风险。当企业需要使用更新换代比较快的设备时，采取租赁方式也许更合算：虽然要支付比较高的租金，但这种代价往往比拥有设备所可能遭受的损失要低；而且，承租人还可将残值的风险转嫁给出租人。

（3）租赁资产的租金可全部计入费用，从而给企业带来纳税利益。这主要表现在：第一，购入资产时，其成本只能按照规定分期折旧或摊销，转为各期费用；而租入资产时，实际支付的租金可全额计入当期费用。第二，土地通常不提折旧，而租入土地所付租金可作为费用，于税前扣除。

（4）某些租赁并不影响企业资产负债表上的负债额及相关的财务比率，可以增强企业的融资能力。如因临时需要而租入资产，只需按照规定定期支付租金，未来租期需要支付的租金，会计上无须反映。这样，企业在获得资产使用权的情况下，并不增加负债，有关财务比率尤其是资本结构比率也不受影响。

不过，对承租人而言，租赁并非任何情况下都最优，主要表现在：

（1）租金总额中因为同时包含资产成本及租赁期内的应付利息，所以往往高于资产的购买成本；

（2）租赁期内，资产的所有权不归承租人，此期间内若资产发生增值，承租人则得不到这种好处，短期或临时使用所租入的资产尤其如此；

（3）租金在租赁开始日就已确定，是承租人的一种固定清偿责任，如果以后市场利率下降，承租人则不能享受降低费用的好处。

因此，企业需要增加或更新资产时，应充分考虑租赁与其他方式的得失，并做出科学的决策。总的原则是以最小的代价获得所需资产。

二、租赁的分类

租赁按照不同的标准可以进行不同的分类，其中最基本和最重要的一种分类方式是按租赁的目的分类。

（一）按租赁的目的分类

按照租赁的目的不同，以与租赁资产所有权有关的风险和报酬归属于出租人或承租人的程度为依据，可以将租赁分为融资租赁和经营租赁两大类别。融资租赁和经营租赁的区别见表 8-2。

表 8-2 **融资租赁与经营租赁的区别**

	融资租赁	经营租赁
目的不同	以融资为主要目的，承租人有明显的购置资产的企图，能长期使用租赁资产，可最终取得资产的所有权	承租人为了满足生产、经营上短期的或临时的需要而租入资产
风险和报酬不同	承租人对租赁资产应视同自有资产，在享受利益的同时相应承担租赁资产的保险、折旧、维修等有关费用	租赁期内资产的风险与报酬归出租人
权利不同	租赁期满时，承租人可廉价购买该项资产或以优惠的租金延长租期	租赁期满时承租人可续租，但没有廉价购买资产的特殊权利，也没有续租或廉价购买的选择权
租约不同	融资租赁的租约一般不可取消	可签租约，也可不签租约。在有租约的情况下，也可随时取消
租期不同	租期一般为资产的有效使用年限	资产的租期远远短于其有效使用年限
租金不同	租金内容与经营租赁基本相同，但不包括资产租赁期内的保险、维修等有关费用	租金为出租人收取用以弥补出租资产的成本、持有期内的相关费用，并取得合理利润的投资报酬

（二）按租赁资产的资金来源分类

1. 全部由出租人垫付资金的租赁

此类租赁具体包括融资租赁、经营租赁和回租等。回租即售后租回，它是企业将现有资产（固定资产或存货）先行出售，然后再向购买者租回，重新获得资产的使用权。这里，承租人（销货方）出售资产的目的主要是利用购买者的资金，有时也与投资抵免所得税的政策有关。不管属于哪种情况，出租人（购买方）应先出资购置资产。

2. 多方出资购置或制造资产的租赁

对于一些金额较大的租赁项目，如深海钻井平台、巨型油轮、大型客机等，单方的出租人往往难以充当，一是风险大，二是难以负担巨额资金。于是，它们邀请金融机构参加，提供资金，促成交易。这种形式的租赁除出租人与承租人外，还有第三者直接参加。一般地，出租人只需支付租赁资产价款的一部分（通常为20%~40%），其余资金则以出租资产作为抵押取得贷款，并以承租人支付的租金偿还。这里，金融机构提供的信贷资金对租赁业务起着财务杠杆的作用，故称杠杆租赁或借款租赁。

3. 无须垫付资金的租赁，即转租赁

这是指承租人将租入的资产转租给新的承租人。原承租人同时也是出租人，所出租资产既然靠租入取得，不管属于哪种均无须垫付资金。它只需按照租约定期向出租人交付租金，并向新的承租人收取租金。

（三）按租赁对象分类

按照租赁对象不同，可以将租赁分为动产租赁与不动产租赁。动产租赁指各种设备的租赁；不动产租赁包括土地、房屋等的租赁。

第二节　融资租赁会计

一、融资租赁的确认

我国《企业会计准则第 21 号——租赁》规定，承租人和出租人应当在租赁开始日将租赁分为融资租赁和经营租赁。融资租赁，是指实质上转移了与资产所有权有关的全部风险和报酬的租赁。其所有权最终可能转移，也可能不转移。一项租赁业务如符合下列一项或数项标准的，应当认定为融资租赁：①在租赁期届满时，租赁资产的所有权转移给承租人。②承租人有购买租赁资产的选择权，所订立的购买价款预计将远低于行使选择权时租赁资产的公允价值，因而在租赁开始日就可以合理确定承租人将会行使这种选择权。③即使资产的所有权不转移，但租赁期占租赁资产使用寿命的大部分。④承租人在租赁开始日的最低租赁付款额现值，几乎相当于租赁开始日租赁资产的公允价值；出租人在租赁开始日的最低租赁收款额现值，几乎相当于租赁开始日租赁资产的公允价值。⑤租赁资产性质特殊，如果不做较大改造，只有承租人才能使用。

国际会计准则委员会（IASC）在 1982 年颁布的《国际会计准则第 17 号——租赁会计》中也规定了应归类为融资租赁而不作为经营租赁的标准：①租赁期满后，资产的所有权转移给承租人。②承租人有廉价购买权。③租赁期占租赁资产使用年限的大部分。④租赁最低付款额的现值大于或几乎相当于租赁资产的公允价值。即将租赁按与资产所有权有关的风险和利益归属于出租人或承租人的程度，分为融资租赁与经营租赁两类，并规定与资产所有权有关的全部风险和收益实质上已经转移的租赁，应归类为融资租赁，否则为经营租赁。

根据美国《财务会计准则公告第 13 号——租赁》，当确定租赁分类时，对于融资租赁除了具备以上四个条件以外，还必须具备以下两个附加条件：①最低租赁付款额有保障。

②不存在影响出租人成本补偿的重大不确定因素。

二、融资租赁费用应否资本化

企业租入资产，应按规定支付费用，主要内容是租金。对于融资租赁费用，会计上有两种处理办法：一是根据权责发生制原则，确认为各期费用，计入各期损益；二是根据租赁的不同性质处理，经营租赁发生的费用直接列作各期费用，融资租赁发生的费用予以资本化。租赁费用的资本化是指将租金及租入资产的改扩建支出计入租入资产的成本。

关于融资租赁费用应否资本化，会计界有两种观点。

1. 主张融资租赁费用“资本化”。其主要理由是：

（1）融资租赁期限较长。租赁期内，企业虽然不拥有租赁资产的所有权，但通过支付租金，取得了长期的使用权。这种使用权的价值也应视作一种资产。

（2）融资租入资产，租赁期满时企业一般都可取得资产的所有权。从这点看，它类似于分期付款购买。所以，租入资产时，企业应同时确认租赁资产与负债。

（3）融资租入资产实际上是一种融资行为，它与企业举借长期负债购入资产无甚差别，只不过是资金、资产均由出租人提供，融资和商品交易同时进行。既然企业通过借款购入的资产，会计上同时作为资产和非流动负债处理，融资租入资产也应同时确认租赁资产和相应的非流动负债。

如果将融资租赁费用直接计入各期损益，会计上就无法反映企业资产、负债的实际情况，影响会计信息质量。

2. 主张融资租赁费用“费用化”。其主要理由是：

（1）租赁是出租人与承租人双方的一种契约行为。会计上对未来生效的契约（如购销合同）并不予以确认和反映，融资租赁业务也不应例外，将支付的租金直接计入各期费用即可。

（2）从企业的实际考虑，将租赁费用资本化，会增加企业的资产与负债，从而提高企业的产权比率，降低企业的资产报酬率。正因为如此，大多数承租人都不愿意这样做。

《国际会计准则第 17 号——租赁会计》规定：承租人应在资产负债表中分别反映融资租赁资产和融资租赁负债，其余额应等于租赁开始日资产的公允价值减去出租人应收的各种补助金和减免税款后的净值。如果租赁付款额的现值低于上述净值，应以租赁付款额的现值计列资产与负债。与此相对应，出租人在资产负债表中不再计列租出的资产，应以租赁业务中的投资净额反映应收账款。这表明，国际会计准则主张融资租赁费用资本化。

我国企业会计准则规定，企业为租入固定资产而发生的贸易手续费、银行手续费（包括出租人垫付的银行开信用证费，但不包括支付给出租人开信用证的利息费用，后者已计入租金）、运输费、运输保险费、仓储保管费、财产保险费、增值税及其他税款、商检费、安装调试费等费用和税款。如果租赁资产是从境外购入的，还应当包括境外运输费、境外运输保险费和进口关税。在租赁期届满时，如果租赁合同规定将租入固定资产的所有权转让给承租人，承租人应将该项租入固定资产从“融资租入固定资产”明细账户转入有关明细账户。

三、承租人的会计处理

（一）原则

我国《企业会计准则第 21 号——租赁》和《企业会计制度》均规定：融资租入的固

定资产，承租人应按租赁开始日租赁资产的公允价值与最低租赁付款额的现值两者中较低者，作为固定资产的入账价值；按最低租赁付款额反映应付的融资租赁款；两者的差额作为“未确认融资费用”处理。如果融资租赁资产占企业资产总额比例等于或小于30%的，在租赁开始日，企业也可按最低租赁付款额作为固定资产的入账价值，并按最低租赁付款额记录应付融资租赁款。

（二）融资租赁会计处理的基本规定

1. 最低租赁付款额，是指在租赁期内，承租人应支付或可能被要求支付的各种款项（不包括或有租金和履约成本），加上由承租人或与其相关的第三方担保的资产余值。“最低”是相对或有租金和履约成本等而言的。最低租赁付款额是在租赁开始日就可确定的、承租人将必须向出租人支付的最小金额，或者说是承租人在租赁开始日对出租人的最小负债。具体分为两种情况：

（1）如果租赁合同规定优惠购买选择权，则承租人在租赁期内应支付或可能要求支付的各种款项包括：①自租赁期开始日起至优惠购买选择权行使之日止（即整个租赁期内）承租人每期支付的租金；②承租人行使优惠购买选择权而支付的任何款项。

（2）如果租赁合同没有规定优惠购买选择权，则承租人在租赁期内应支付或可能要求支付的各种款项包括：①租赁期内承租人每期支付的租金；②租赁期届满时，由承租人或与其有关的第三方担保的资产余值；③租赁期届满时，承租人未能续租或展期而造成的任何应由承租人支付的款项。

2. 或有租金，是指金额不固定、以时间长短以外的其他因素（如销售量、使用量、物价指数等）为依据计算的租金。

3. 履约成本，是指租赁期内为租赁资产支付的各种使用费用，如技术咨询和服务费、人员培训费、维修费、保险费等。

4. 最低租赁收款额。最低租赁收款额与最低租赁付款额在租赁会计中的作用是完全相同的。“最低”是相对或有租金和履约成本等而言的。最低租赁收款额是在租赁开始日就可确定的、出租人将能够向承租人收取的最小金额，或者说是出租人在租赁开始日对承租人的最小债权。

5. 租赁付款额的现值。关键是确定合适的折现率。从理论上讲，一般采取承租人的增资借款利率。这是假定在租赁开始日，承租人可以相同的付款条件和借款期间，借入为购买资产所需资金应支付的利率。如果承租人知道出租人的租赁内含利率，而且租赁内含利率比增资借款利率低，此时，承租人应用租赁内含利率计算租赁付款额的现值。

我国的规定是：承租人计算最低租赁付款额现值时，如果知悉出租人的租赁内含利率，应当采用出租人的租赁内含利率作为折现率；否则，应当采用租赁合同规定的利率作为折现率。如果出租人的租赁内含利率和租赁合同规定的利率均无法获知，应当采用同期银行贷款利率作为折现率。从国外取得的融资租赁，应采用与租赁期相同期限的国外贷款利率作为折现率。

租赁内含利率，是指在租赁开始日，出租人使最低租赁收款额的现值与未担保余值的现值之和等于租赁资产原账面价值（国外为租赁资产的公允价值，下同）的折现率。可见，租赁内含利率实际上是出租人在租赁期内所获取的投资报酬率。

（三）会计核算内容

根据实质重于形式的原则，承租人融资租入的资产，在租赁开始日应确认为企业的一项资产（即固定资产）和负债。会计核算内容是：

（1）租入资产时确认资产与负债。

（2）确认初始直接费用。在租赁谈判和签订租赁合同过程中承租人发生的、可直接归属于租赁项目的初始直接费用，如印花税、佣金、律师费、差旅费等，应计入资产价值。

（3）计提租赁资产折旧。对融资租入固定资产，承租人应采取与自有应折旧资产相一致的折旧政策计提折旧，这里的关键是确定租赁资产的折旧期。

（4）支付租金。应区分支付的租赁资产本金、租金利息或手续费，并进行不同的账务处理。或有租金在实际发生时确认为当期费用。

（5）未确认融资费用应在租赁期内的各个会计期间进行摊销。在融资租赁下，承租人向出租人支付的租金中，包含了本金和利息两部分。承租人支付租金时，一方面应减少长期应付款，另一方面应同时将未确认的融资费用按一定的方法确认为当期融资费用。在先付租金（即每期期初等额支付租金）的情况下，租赁期第1期支付的租金不含利息，只需减少长期应付款，不必确认当期融资费用。

在分摊未确认融资费用时，承租人应当采用实际利率法。根据租赁开始日租赁资产和负债的入账价值基础不同，未确认融资费用分摊率的选择也不同。未确认融资费用的分摊率的确定具体分为下列几种情况：①以出租人的租赁内含利率为折现率将最低租赁付款额折现，且以该现值作为租赁资产入账价值的，应当将租赁内含利率作为未确认融资费用的分摊率。②以合同规定利率为折现率将最低租赁付款额折现，且以该现值作为租赁资产入账价值的，应当将合同规定利率作为未确认融资费用的分摊率。③以银行同期贷款利率为折现率将最低租赁付款额折现，且以该现值作为租赁资产入账价值的，应当将银行同期贷款利率作为未确认融资费用的分摊率。④以租赁资产公允价值为入账价值的，应当重新计算分摊率。该分摊率是使最低租赁付款额的现值等于租赁资产公允价值的折现率。存在优惠购买选择权的，在租赁期届满时，未确认融资费用应全部摊销完毕，并且租赁负债也应当减少为优惠购买金额。

（6）租赁期满，应区分不同情况进行处理：①行使优惠购买选择权。②将资产退还出租方，应注销资产的账面价值。③继续租赁该资产，应按重新租入固定资产处理。

（四）账户设置

1. 对租入资产的入账价值，可在“固定资产”账户下开设“融资租入固定资产”明细账户进行核算。

2. 对租赁负债可单设“应付融资租赁款”账户。我国现行会计实务中，将其通过“长期应付款——应付融资租赁款”账户核算。

3. 对未确认融资费用，应单设“未确认融资费用”账户核算。

租约规定有资产担保余值的，租赁期满，固定资产账面净值、应付融资租赁款明细账户余额应为资产担保余值。对租赁资产计提的折旧费、修理费等，依租入资产的用途，分别计入有关成本、费用；租赁资产应分期支付的租金利息、手续费，则作为财务费用处理。

（五）账务处理

1. 租入资产时：

借：固定资产——融资租入固定资产

　　未确认融资费用

　　贷：长期应付款——应付融资租赁款

“未确认融资费用”账户应作为“长期应付款——应付融资租赁款”账户的备抵账户。期末，该账户余额应从“长期应付款——应付融资租赁款”账户余额中减去，以租赁负债净额列示于资产负债表中。

2. 分期支付租金。支付第 1 期租金时：

借：长期应付款——应付融资租赁款

　　贷：银行存款

同时，

借：财务费用

　　贷：未确认融资费用

以后各期支付租金，会计分录可比照上面进行。

3. 租赁期内计提折旧。租赁期满，承租人要将租赁资产退还出租人，因此应按租赁期计提折旧。

借：制造费用或管理费用——折旧费等

　　贷：累计折旧

4. 租赁期满，“长期应付款——应付融资租赁款”账户的贷方余额、固定资产净值，即为承租人担保余值。返还资产时：

借：长期应付款——应付融资租赁款

　　累计折旧

　　贷：固定资产——融资租入固定资产

租赁期满，如果租赁资产归承租人所有，承租人在支付最后一期款项时：

借：固定资产——生产经营用或非生产经营用

　　贷：固定资产——融资租入固定资产

我国租赁准则及《企业会计制度》规定，承租人融资租赁资产占企业资产总额比例等于或小于 30%的，在租赁开始日，也可按最低租赁付款额同时反映资产与负债。采用这种方法，会计上无须核算未确认融资费用。

租赁开始日应作如下分录：

借：固定资产——融资租入固定资产

　　贷：长期应付款——应付融资租赁款

支付租金时应作如下分录：

借：长期应付款——应付融资租赁款

　　贷：银行存款

以后各期支付租金，会计分录可比照上面进行。

租赁期内计提折旧、租赁期满返还资产的会计分录同上面 3 和 4。

【例 8-1】2×16 年 12 月 31 日，甲公司与乙公司签订一份租赁合同，主要条款如下：

1. 租赁标的物：塑钢机。

2. 起租日：2×17 年 1 月 1 日。

3. 租赁期：2×17 年 1 月 1 日—2×19 年 12 月 31 日。

4. 租金支付：自 2×17 年 1 月 1 日起每隔 6 个月于月末支付租金 150 000 元。

5. 该机器的保险、维护等费用均由甲公司负担，估计每年约 10 000 元。

6. 该机器在 2×17 年 1 月 1 日的公允价值为 700 000 元。

7. 利率为 7%（6 个月利率，乙公司租赁内含利率未知）。

8. 甲公司在租赁谈判和签订租赁合同过程中发生可归属于租赁项目的手续费、差旅费 1 000 元。

9. 该机器在租赁期届满时，甲公司享有优惠购买选择权，购买价格为 100 元，估计该日租赁资产的公允价值为 80 000 元。

10. 该机器的估计使用寿命为 8 年，已使用 3 年，期满无残值。承租人采用直线法计提折旧。

11.2×18 年和 2×19 年两年，甲公司每年按该机器所生产产品——塑钢窗户的年销售收入的 5%向乙公司支付经营分享收入。

解：第一步，判断租赁类型。

存在优惠购买选择权，优惠购买价格 100 元远低于行使优惠购买选择权日租赁资产的公允价值 80 000 元，符合第二条判断标准，可认定为融资租赁。

第二步，计算租赁开始日最低租赁付款额的现值，确定租赁资产的入账价值。

最低租赁付款额=各期租金之和+行使优惠购买选择权支付的金额=150 000×6+100=900 100（元）

最低租赁付款额的现值=每期租金的年金现值+优惠购买价格的复利现值

=150 000×4.767+100×0.666

=715 050+66.6

=715 116.6（元）>700 000 元

即租赁资产的入账价值为该资产的公允价值 700 000 元。

第三步，计算未确认融资费用。

未确认融资费用=最低租赁付款额-租赁开始日租赁资产公允价值

=900 100-700 000

=200 100（元）

第四步，将初始直接费用（通常有印花税、佣金、律师费、差旅费、谈判费等）计入租入资产价值。

第五步，编制会计分录：

借：固定资产——融资租入固定资产	701 000	
未确认融资费用	200 100	
贷：长期应付款——应付融资租赁款		900 100
银行存款		1 000

第六步，确定融资费用分摊率。由于租赁资产入账价值为其公允价值，因此应重新计算融资费用分摊率。计算过程如下：

根据“租赁开始日最低租赁付款额的现值=租赁开始日租赁资产公允价值”可以得出：

150 000×（P/A，r，6）+100×（P/F，r，6）=700 000

可在多次测试的基础上，用插值法计算融资费用分摊率。

（1）当 r=7%时，150 000×4.767+100×0.666=715 050+66.6=715 116.6>700 000

（2）当 r=8%时，150 000×4.623+100×0.630=693 450+63=693 513<700 000

因此，7%<r<8%。用插值法计算如下：

现值	利率
715 116.6	7%
700 000	r
693 513	8%

（715 116.6−700 000）÷（715 116.6−693 513）=（7%−r）÷（7%−8%）

r=7.70%

即融资费用分摊率为 7.70%。

（3）在租赁期内采用实际利率法分摊未确认融资费用。未确认融资费用分摊表（实际利率法）见表 8-3。

表 8-3　**未确认融资费用分摊表（实际利率法）**

2×17 年 1 月 1 日　单位：元

日　期	租　金	确认的融资费用	应付本金减少额	应付本金余额
①	②	③=期初⑤×7.70%	④=②−③	⑤=期初⑤−④
2×16 年 12 月 31 日				700 000
2×17 年 6 月 30 日	150 000	53 900	96 100	603 900
2×17 年 12 月 31 日	150 000	46 500.30	103 499.70	500 400.30
2×18 年 6 月 30 日	150 000	38 530.82	111 469.18	388 931.12
2×18 年 12 月 31 日	150 000	29 947.70	120 052.30	268 878.82
2×19 年 6 月 30 日	150 000	20 703.67	129 296.33	139 582.49
2×19 年 12 月 31 日	150 000	10 517.51	139 482.49	100
2×19 年 12 月 31 日	100		100	0
合　计	900 100	200 100	700 000	

（4）编制会计分录。

2×17 年 6 月 30 日，支付第 1 期租金：

借：长期应付款——应付融资租赁款　150 000

　贷：银行存款　150 000

借：财务费用　53 900

　贷：未确认融资费用　53 900

2×17 年 12 月 31 日，支付第 2 期租金：

借：长期应付款——应付融资租赁款　150 000

　贷：银行存款　150 000

借：财务费用　46 500.30

贷：未确认融资费用 46 500.30

2×18 年 6 月 30 日，支付第 3 期租金：

借：长期应付款——应付融资租赁款 150 000

贷：银行存款 150 000

借：财务费用 38 530.82

贷：未确认融资费用 38 530.82

2×18 年 12 月 31 日，支付第 4 期租金：

借：长期应付款——应付融资租赁款 150 000

贷：银行存款 150 000

借：财务费用 29 947.70

贷：未确认融资费用 29 947.70

2×19 年 6 月 30 日，支付第 5 期租金：

借：长期应付款——应付融资租赁款 150 000

贷：银行存款 150 000

借：财务费用 20 703.67

贷：未确认融资费用 20 703.67

2×19 年 12 月 31 日，支付第 6 期租金：

借：长期应付款——应付融资租赁款 150 000

贷：银行存款 150 000

借：财务费用 10 517.51

贷：未确认融资费用 10 517.51

（六）租赁资产折旧的计提

1. 折旧政策。承租人应对融资租入的固定资产采用与自有应折旧资产相一致的折旧政策（实质重于形式）。如果承租人或与其有关的第三方对租赁资产余值提供了担保，则应计折旧总额为租赁期开始日固定资产的入账价值扣除担保余值后的余额；如果承租人或与其有关的第三方未对租赁资产余值提供担保，应计折旧总额为租赁期开始日固定资产的入账价值。

2. 折旧期间。视租赁合同的规定而论：如果能够合理确定租赁期届满时承租人将会取得租赁资产所有权，即可认为承租人拥有该项资产的全部使用寿命，因此应以租赁期开始日租赁资产的寿命作为折旧期间；如果无法合理确定租赁期届满后承租人是否能够取得租赁资产的所有权，应以租赁期与租赁资产寿命两者中较短者作为折旧期间。

【例 8-2】承【例 8-1】，本例租赁资产不存在担保余值，应全额计提折旧；在租赁开始日（2×17 年 1 月 1 日）可以合理地确定租赁期届满后承租人能够取得该项资产的所有权，因此，应按租赁期开始日租赁资产的寿命 5 年计提折旧。融资租入固定资产折旧计算表见表 8-4。

2×17 年 12 月 31 日，计提本年折旧（假定按年计提折旧）。

借：制造费用——折旧费 140 200

贷：累计折旧 140 200

2×18—2×21 年各年分录同上。

表 8-4　　融资租入固定资产折旧计算表　　金额单位：元

日　期	固定资产原价	估计余值	折旧率	当年折旧费	累计折旧	固定资产净值
2×17年1月1日	701 000	0				701 000
2×17年12月31日			20%	140 200	140 200	560 800
2×18年12月31日			20%	140 200	280 400	420 600
2×19年12月31日			20%	140 200	420 600	280 400
2×20年12月31日			20%	140 200	560 800	140 200
2×21年12月31日			20%	140 200	701 000	0
合　计	701 000	0	100%	701 000		

（七）履约成本的处理

履约成本是指租赁期内为租赁资产支付的各种使用费用，如技术咨询和服务费、人员培训费、维修费、保险费等。承租人发生的履约成本通常应计入当期损益。

【例 8-3】承【例 8-1】，假如 2×17 年 12 月 31 日，甲公司支付该机器发生的保险费、维护费 10 000 元，会计分录为：

借：制造费用　　10 000

　贷：银行存款　　10 000

（八）或有租金的处理

或有租金是指金额不固定、以时间长短以外的其他因素（如销售量、使用量、物价指数等）为依据计算的租金。

由于或有租金的金额不固定，无法采用系统、合理的方法对其进行分摊，因此或有租金在实际发生时计入当期损益。

【例 8-4】承【例 8-1】，假设 2×18 年、2×19 年甲公司分别实现塑钢窗户销售收入 100 000 元和 150 000 元。根据租赁合同规定，这两年应付给乙公司经营分享收入分别为 5 000 元和 7 500 元。其会计分录为：

2×18 年 12 月 31 日：

借：销售费用　　5 000

　贷：其他应付款——乙公司　　5 000

2×19 年 12 月 31 日：

借：销售费用　　7 500

　贷：其他应付款——乙公司　　7 500

（九）租赁期届满时的处理

租赁期届满时，承租人对租赁资产的处理通常有三种情况：返还、优惠续租和留购。

1. 返还租赁资产。租赁期届满时，承租人向出租人返还租赁资产时，通常借记“长期应付款——应付融资租赁款”“累计折旧”账户，贷记“固定资产——融资租入固定资产”账户。

2. 优惠续租租赁资产。承租人行使优惠续租选择权，应视同该项租赁一直存在而做出相应的账务处理。如果租赁期届满时没有续租，根据租赁合同规定需向出租人支付违约金时，借记“营业外支出”账户，贷记“银行存款”等账户。

3. 留购租赁资产。在承租人享有优惠购买选择权的情况下，支付购买价款时，借记“长期应付款——应付融资租赁款”账户，贷记“银行存款”等账户；同时，将固定资产从“融资租入固定资产”明细账户转入有关明细账户。

四、出租人的会计处理

（一）会计核算内容

融资租赁方式下，租赁资产由承租人计提折旧并负责维修。出租人的会计核算内容主要包括：

1. 租赁开始日确认租赁债权。融资租赁方式下，出租人将资产的使用权长期转让给了承租人，并以此获取租金。因此，出租人的租赁资产在租赁开始日实际上变成了收取租金的债权。租赁开始日，出租人应将最低租赁收款额作为应收融资租赁款的入账价值，并同时记录未担保余值，将最低租赁收款额与未担保余值之和与其现值之间的差额确认为未实现融资收益。融资租赁中，出租人的租赁收款额与未担保余值之和称为租赁投资总额，它是出租人因出租资产而将获取的总收入。租赁投资总额与未实现融资收益的差额，即为租赁投资净额。

2. 租赁谈判和签订租赁合同过程中出租人发生的手续费、律师费等初始直接费用，应记入“长期应收款——应收融资租赁款”账户。

3. 确认各期的租赁收益。

（1）国际会计准则中，确认各期租赁收益的方法主要有两种：一是净额投资法，即按各期租赁投资净额的余值及租赁内含利率计算确认各期租赁收益。二是净现金投资法。由于融资租赁会产生现金流出（如购入资产的付款、税款和借入资金本息的偿还等）与现金流入（如租赁期内资产本金的收回、租金利息、手续费收入，以及因租赁而发生的税款减免等），采用净现金投资法是以某项租赁业务有关的现金净流出额（即净现金投资额）为依据计算确认各期租赁收益，它主要适用于预期从租赁业务中获得所得税减免等优惠，从而减少现金流出的企业。

（2）我国规定出租人采用实际利率法计算当期应确认的融资收入，在与按实际利率法计算的结果无重大差异的情况下，也可采用直线法或年数总和法。

4. 对承租人逾期未付租金的处理。出租人对超过一个租金支付期未收到的租金，应当停止确认租金中包含的融资收入；其已确认的融资收入，应予冲回，转为表外核算。以后在实际收到租金时，将租金中所含融资收入确认为当期收入。或有租金在实际发生时确认为当期收入。

5. 合理计提应收融资租赁款坏账准备。出租人应当根据承租人的财务及经营管理情况，以及租金逾期期限等因素，分析应收融资租赁款的风险程度和收回的可能性，对应收融资租赁款减去未实现融资收益的差额部分，合理计提坏账准备。应收融资租赁款坏账准备的核算与一般企业应收账款坏账准备的核算相同。

6. 定期检查资产的未担保余值。至少于每年年末检查一次，如果有证据表明未担保余值已经减少，应当重新计算租赁内含利率，由此引起的租赁投资净额的减少确认为当期损失，以后各期根据修正后的租赁投资净额和重新计算的租赁内含利率确定应确认的融资收入。未担保余值增加时，从谨慎性原则考虑，不做任何处理。

（二）账户设置

从事融资租赁的企业，一般为租赁公司。应设置的账户主要包括：

1.“应收融资租赁款”。该账户核算按照融资租赁合约应向承租人收取的各种款项（包括资产本金、应收利息、手续费等），其明细核算按承租人分户进行。若租约规定资产担保余值的，租赁期满，该账户余额应与资产担保余值一致。

2.“未担保余值”。该账户核算租赁资产的未担保余值。

3.“未实现融资收益”。该账户核算租赁期内应收的收益总额，包括手续费、租金利息等。

4.“租赁收入”。该账户核算企业从事租赁业务而取得的收入。

5.“其他应付款”。该账户核算承租人交来的租赁保证金。保证金可抵付最后一期或几期的租金，或抵作逾期未付的租金收益；承租人违约时，则没收保证金。

（三）账务处理

出租人租出资产时，按租赁收款额借记“长期应收款——应收融资租赁款”账户，按未担保余值借记“未担保余值”账户；按租赁资产的原账面价值贷记“融资租赁资产”账户，以注销租出资产价值；借、贷方金额的差额作为未实现租赁收益，贷记“递延收益——未实现融资收益”账户。租赁期内收回租金时，再减少应收融资租赁款，并按分摊的租赁收益，确认为各期的租赁收入，同时减少未实现的租赁收益。

1. 为融资租赁购入的资产，一般直接发往承租人，无须通过出租人的仓库。但为了汇总租赁资产的原价，反映资产的出租情况，会计上可设置“融资租赁资产”账户对其核算。购入资产时：

借：融资租赁资产

　贷：银行存款

2. 收入租赁保证金时：

借：银行存款

　贷：其他应付款

租赁期满，退还保证金时，作相反的会计分录。

3. 租赁开始日，确认应收融资租赁款和未实现融资收益。

租出资产时：

借：长期应收款——应收融资租赁款

　　未担保余值

　贷：融资租赁资产

　　　未实现融资收益

“未实现融资收益”账户应作为“应收融资租赁款”账户的备抵账户。期末，将“应收融资租赁款”账户借方余额减去“未实现融资收益”账户的贷方余额后的投资净额，列示于资产负债表中。

4. 分期收取租金。公司收入第 1 期租金时：

借：银行存款

　贷：长期应收款——应收融资租赁款

同时，

借：未实现融资收益

　贷：租赁收入

以后各期收取租金的会计分录同上。

如果租金超过一个支付期未收到，出租人对已确认的租金收入中包含的融资收入予以冲回。会计分录为：

借：租赁收入

　贷：未实现融资收益

待以后实际收到该笔租金时，再将所包含的融资收入确认为当期收入。

5. 租赁期满，"长期应收款——应收融资租赁款"账户有借方余额，"未担保余值"账户有借方余额，收回资产时：

借：融资租赁资产

　贷：长期应收款——应收融资租赁款

　　未担保余值

【例 8-5】承【例 8-1】，假设融资租赁固定资产账面价值为 700 000 元，出租人（乙公司）为签订该项租赁合同发生初始直接费用 10 000 元，已用银行存款支付。

解：第一步，判断租赁类型。如前所述，此为融资租赁。

第二步，计算租赁内含利率。

最低租赁收款额=各期租金之和+优惠购买价格=150 000×6+100=900 100（元）

可以得出：

150 000×（P/A，r，6）+100×（P/F，r，6）=710 000（租赁资产公允价值+初始直接费用）

可在多次测试的基础上，用插值法计算租赁内含利率。

（1）当 r=7%时，150 000×4.767+100×0.666=715 050+66.6=715 116.6>710 000

（2）当 r=8%时，150 000×4.623+100×0.630=693 450+63=693 513<710 000

因此，7%<r<8%。用插值法计算如下：

现值	利率
715 116.6	7%
710 000	r
693 513	8%

（715 116.6−710 000）÷（715 116.6−693 513）=（7%−r）÷（7%−8%）

r=7.24%

即租赁内含利率为 7.24%。

第三步，计算租赁开始日最低租赁收款额及其现值和未实现融资收益。

最低租赁收款额=最低租赁付款额=150 000×6+100=900 100（元）

应收融资租赁款入账价值=900 100+10 000=910 100（元）

最低租赁收款额现值=租赁开始日租赁资产公允价值=700 000（元）

未实现融资收益=900 100−700 000=200 100（元）

第四步，编制会计分录：

2×17 年 1 月 1 日：

借：长期应收款——应收融资租赁款　　910 100

　贷：融资租赁资产　　700 000

　　银行存款　　10 000

　　未实现融资收益　　200 100

如果融资租赁固定资产在租赁开始日的账面价值高于或低于公允价值，其差额应当计入当期损益，通过“营业外收入”或“营业外支出”账户核算。

（四）未实现融资收益的分配

未实现融资收益应当在租赁期内各个期间进行分配，出租人采用实际利率法计算各期的租赁收入。收到租金时，借记“银行存款”账户，贷记“长期应收款——应收融资租赁款”账户；同时，每期确认租赁收入时，借记“未实现融资收益”账户，贷记“租赁收入”账户。

【例 8-6】承【例 8-1】，分摊出租人的未实现融资收益。

第一步，计算租赁期内各期应分摊的融资收益（见表 8-5）。

表 8-5　**未实现融资收益分摊表（实际利率法）**

2×16 年 12 月 31 日　　单位：元

日　期	租　金	确认的融资收入	应收本金减少额	应收本金余额
①	②	③=期初⑤×7.24%	④=②-③	期初⑤=期初⑤-④
2×16年12月31日				700 000
2×17年6月30日	150 000	50 680	99 320	600 680
2×17年12月31日	150 000	43 489.23	106 510.77	494 169.23
2×18年6月30日	150 000	35 777.85	114 222.15	379 947.08
2×18年12月31日	150 000	27 508.17	122 491.83	257 455.25
2×19年6月30日	150 000	18 639.76	131 360.24	126 095.01
2×19年12月31日	150 000	24 004.99*	125 995.01*	100
2×19年12月31日	100		100	0
合　计	900 100	200 100	700 000	

*尾数调整。

第二步，编制会计分录。

2×17 年 6 月 30 日收到第 1 期租金时：

借：银行存款　　150 000

　贷：长期应收款——应收融资租赁款　　150 000

借：未实现融资收益　　50 680

　贷：租赁收入　　50 680

2×17 年 12 月 31 日收到第 2 期租金时：

借：银行存款　　150 000

　贷：长期应收款——应收融资租赁款　　150 000

借：未实现融资收益　　43 489.23

贷：租赁收入 43 489.23

2×18 年 6 月 30 日收到第 3 期租金时：

借：银行存款 150 000

贷：长期应收款——应收融资租赁款 150 000

借：未实现融资收益 35 777.85

贷：租赁收入 35 777.85

2×18 年 12 月 31 日收到第 4 期租金时：

借：银行存款 150 000

贷：长期应收款——应收融资租赁款 150 000

借：未实现融资收益 27 508.17

贷：租赁收入 27 508.17

2×19 年 6 月 30 日收到第 5 期租金时：

借：银行存款 150 000

贷：长期应收款——应收融资租赁款 150 000

借：未实现融资收益 18 639.76

贷：租赁收入 18 639.76

2×19 年 12 月 31 日收到第 6 期租金时：

借：银行存款 150 000

贷：长期应收款——应收融资租赁款 150 000

借：未实现融资收益 24 004.99

贷：租赁收入 24 004.99

（五）初始直接费用的处理

【例 8-7】承【例 8-1】。

2×17 年 6 月 30 日收到第 1 期租金时，初始直接费用摊销额为 2 532.73 元（50 680÷200 100×10 000）。

借：租赁收入 2 532.73

贷：长期应收款——应收融资租赁款 2 532.73

2×17 年 12 月 31 日收到第 2 期租金时，初始直接费用摊销额为 2 173.38 元（43 489.23÷200 100×10 000）。

借：租赁收入 2 173.38

贷：长期应收款——应收融资租赁款 2 73.38

2×18 年 6 月 30 日收到第 3 期租金时，初始直接费用摊销额为 1 788 元（35 777.85÷200 100×10 000）。

借：租赁收入 1 788

贷：长期应收款——应收融资租赁款 1 788

2×18 年 12 月 31 日收到第 4 期租金时，初始直接费用摊销额为 1 374.72 元（27 508.17÷200 100×10 000）。

借：租赁收入 1 374.72

贷：长期应收款——应收融资租赁款 1 374.72

2×19 年 6 月 30 日收到第 5 期租金时，初始直接费用摊销额为 931.52 元（18 639.76÷200 100×10 000）。

借：租赁收入　　931.52

　贷：长期应收款——应收融资租赁款　　931.52

2×19 年 12 月 31 日收到第 6 期租金时，初始直接费用摊销额为 1 199.65 元（24 004.99÷200 100×10 000）。

借：租赁收入　　1 199.65

　贷：长期应收款——应收融资租赁款　　1 199.65

（六）或有租金的处理

【例 8-8】承【例 8-1】，假设 2×18 年、2×19 年甲公司分别实现塑钢窗户销售收入 100 000 元和 150 000 元，根据租赁合同规定，这两年应向甲公司收取的经营分享收入分别为 5 000 元和 7 500 元。会计分录为：

2×18 年 12 月 31 日：

借：银行存款（应收账款）　　5 000

　贷：租赁收入　　5 000

2×19 年 12 月 31 日：

借：银行存款（应收账款）　　7 500

　贷：租赁收入　　7 500

（七）租赁期届满时的处理

租赁期届满时，出租人应区别以下情况进行会计处理：

1. 返还租赁资产

租赁期届满时，承租人将租赁资产交还出租人，有三种情况：

（1）对资产余值全部担保的。出租人收到承租人交还的租赁资产时，应当借记“融资租赁资产”账户，贷记“长期应收款——应收融资租赁款”账户。如果收回租赁资产的价值低于担保余值，则应向承租人收取价值损失补偿金，借记“其他应收款”账户，贷记“营业外收入”账户。

（2）对资产余值部分担保的。出租人收到承租人交还的租赁资产时，借记“融资租赁资产”账户，贷记“长期应收款——应收融资租赁款”“未担保余值”等账户。如果收回租赁资产的价值扣除未担保余值后的余额低于担保余值，则应向承租人收取价值损失补偿金，借记“其他应收款”账户，贷记“营业外收入”账户。

（3）对资产余值全部未担保的。出租人收到承租人交还的租赁资产时，借记“融资租赁资产”账户，贷记“未担保余值”账户。

2. 优惠续租租赁资产

（1）如果承租人行使优惠续租选择权，则出租人应视同该项租赁一直存在而做出相应的账务处理，如继续分配未实现融资收益等。

（2）如果租赁期届满时承租人没有续租，根据租赁合同规定应向承租人收取违约金时，将其确认为营业外收入。同时，将收回的租赁资产按上述规定进行处理。

3. 留购租赁资产

租赁期届满时，承租人行使了优惠购买选择权。出租人应按收到的承租人支付的购买资产的价款，借记“银行存款”等账户，贷记“长期应收款——应收融资租赁款”账户。

【例 8-9】承【例 8-1】，假设 2×20 年 1 月 1 日，乙公司收到甲公司支付的购买资产的价款 100 元。其会计分录为：

借：银行存款　　100

　贷：长期应收款——应收融资租赁款　　100

五、租赁资产余值的核算

当租赁资产的使用年限超过租赁期时，租赁期满，资产就会有余值。为了保护出租人的利益，避免资产在租赁期内过度耗用或损坏，如果租赁期满资产由出租人收回，则租约往往规定承租人（或与承租人有关的第三方）对资产余值进行担保，称之为担保余值；有时，担保人并非对资产余值全额担保，未担保的资产余值称为未担保余值。

租赁期满，应对资产的实际余值进行评估，实际余值低于担保余值时，担保人应对这部分差额全额补偿；对未担保余值，承租人不负补偿责任。

租赁资产余值的担保情况不同，核算方法也存在差异：出租人将资产担保余值计入其最低租赁收款额内核算；未担保余值则作为租赁投资总额，并单独核算，租赁期内需经常检查，如有减值，应确认为当期损失。对承租人而言，租赁会计中只需将担保余值计入最低租赁付款额内，未担保余值无须反映。

（一）租赁期满，资产担保余值的核算

1. 租赁期满，资产的实际余值与担保余值相等。

出租人于收回资产时：

借：融资租赁资产

　贷：长期应收款——应收融资租赁款

承租人于退还资产时：

借：长期应付款——应付融资租赁款

　　累计折旧

　贷：固定资产——融资租入固定资产

2. 租赁期满，资产的实际余值低于担保余值。

在这种情况下，承租人（或与承租人有关的第三方）应向出租人全额补偿差额。出租人收回资产时应作：

借：融资租赁资产

　　银行存款

　贷：长期应收款——应收融资租赁款

承租人支付的补偿金应作为该项资产的租赁费用处理，退还资产的会计分录同前。承租人支付补偿金时应作：

借：制造费用或管理费用等

　贷：银行存款

3. 租赁期满，资产的实际余值超过担保余值。

在这种情况下会产生收益。既然融资租赁的实质是，出租人已将与租赁资产有关的风险和报酬转移给承租人，并通过资产余值的担保转嫁风险；那么，租赁期满，资产实际余值超过担保余值所产生的收益，应归承租人享有。更何况这种收益的产生，亦可能是承租人未能充分使用资产所致。

出租人于收回资产时：

借：融资租赁资产

贷：长期应收款——应收融资租赁款

银行存款

承租人于退还资产时：

借：长期应付款——应付融资租赁款

累计折旧

贷：固定资产——融资租入

同时，

借：银行存款

贷：制造费用或管理费用等

（二）出租人对资产未担保余值的核算

1. 出租人应定期检查租赁资产的未担保余值，如有证据表明未担保余值已经减少，出租人应重新计算租赁内含利率，并将由此引起的租赁投资净额的减少确认为当期损失。以后各期根据修正后的租赁投资净额和重新计算的租赁内含利率确定应确认的融资收入。

2. 租赁期满，出租人“长期应收款——应收融资租赁款”账户余额为租赁资产的担保余值，“未担保余值”账户余额为租赁资产的未担保余值。

出租人对租赁资产未担保余值的核算还需注意两点：一是如已确认损失的未担保余值得以恢复，应在原已确认的金额内转回，并重新计算租赁内含利率，以后各期根据修正后的租赁投资净额和重新计算的租赁内含利率确定应确认的融资收入。二是出于谨慎性原则的考虑，未担保余值增加时，会计上不作任何调整。

六、融资租赁会计信息的揭示

（一）承租人财务报告中对融资租赁应予揭示的事项

融资租赁方式下，与租赁资产有关的风险和报酬都已转移给承租人。从法律上看，承租人并不拥有租赁资产的所有权，但通过支付租金取得了资产整个经济寿命的绝大部分时期的使用权。因此，融资租赁按照它的经济实质而非法律形式进行会计处理，以正确反映一个企业的经济资源和偿债责任。

1. 披露每类租入资产列示在资产负债表日的账面原值、累计折旧及账面净值。

2. 企业发生的融资租赁费用中，折旧费应按租赁资产的使用部门计入有关成本费用；应付利息等作为财务费用，与其他有关成本费用一起列示于利润表中。

3. 财务报表附注中应说明下列与融资租赁有关的事项：

（1）资产负债表日后连续 3 个会计年度每年将支付的最低租赁付款额，以及以后年度将支付的最低租赁付款额总额。

（2）未确认融资费用的余额。

（3）分摊未确认融资费用的方法。

（二）出租人财务报告中对融资租赁应予揭示的事项

一般企业出租资产属于副营业务。以融资租赁方式租出资产时，应披露如下内容：

1. 资产负债表中应反映租赁投资净额。

2. 因出租资产取得的收入，当期确认部分作为“其他业务收入”在利润表中列示，并在财务报表附注中说明。

3. 财务报表附注中应作如下披露：

（1）资产负债表日后连续 3 个会计年度每年将收到的最低租赁收款额，以及以后年度将收到的最低租赁收款额总额。

（2）未实现融资收益的余额。

（3）分摊未实现融资收益的方法。

第三节　经营租赁会计

一、经营租赁的一般处理程序

经营租赁是指除融资租赁以外的其他租赁。经营租赁的最大特点在于，承租人租入资产的目的仅限于获得资产使用权，不考虑取得所有权。为此，我国规定经营租赁的承租人在租赁开始日，不应将租入资产确认为本企业的资产，应付的租金也不确认为长期负债。支付的租金应在租赁期内采用合理的方法计入各期损益。出租人对经营租赁资产应予核算，并在资产负债表中单独列示。

（一）承租人的一般处理程序

1. 租入资产时登记备查簿。承租人发生的初始直接费用，应当确认为当期费用。

2. 支付押金或预付租金。

3. 定期支付租金。租金一般有固定金额，承租人只需按照规定的日期及金额付款，并根据权责发生制原则确认为各期费用。而或有租金则在实际发生时确认为当期费用。或有租金是指金额不固定、以时间长短以外的其他因素（如销售百分比、使用量、物价指数等）为依据计算的租金。例如，租约规定承租人使用租赁资产后，产品销售量在 10 000 件以上的，租金按销售额的 5%计算；产品销售量在 10 000 件以内的，租金按销售额的 3%计算。这里，按承租人销售额的百分比计算的租金称或有租金。

4. 支付租赁期内的资产维修及改良支出。

（二）出租人的一般处理程序

出租人仍拥有出租资产的所有权，其对出租业务的一般处理程序如下：

1. 租赁开始之前发生的直接费用（如谈判过程中发生的通讯费、差旅费和签订租约的费用等）一般数额不大，可在发生时确认为当期费用；数额较大时，也可按租赁期分摊，由各期确认的租金收入弥补。

2. 取得的租金收入，应按权责发生制原则，并采取合理的方法（一般按直线法）进行分配，计入租赁期内的各个会计期间。对或有租金收入在实际发生时确认。

3. 租赁期内，对租出的固定资产按照类似应折旧资产通常所采用的折旧政策计提折旧，并与各期的租金收入进行配比。

4. 租赁期内发生的维修费用，一般由出租人负担。

二、承租人的会计处理

经营租赁的承租人按照规定，对租赁资产及未来承租期内应负担的租金不予资本化，会计上主要核算租金的支付情况，并确认为各期费用。

租金费用的列支，应视租入资产的使用部门不同而作相应的处理。

（1）车间租入用于生产产品的机器设备，租金应作为制造费用计入产品生产成本；

（2）行政管理部门、销售部门租入的资产，租金分别计入管理费用、销售费用等。

租金的支付方式包括即期支付、预付和应付三种。承租人对租入资产进行修理的，修理支出应按实际发生额计入当期损益。对租赁资产发生的改良支出，应在租赁剩余期限或改良工程耐用年限两者孰低的期限内分期平均摊销，计入当期损益。具体做法是：支出发生时，通过“长期待摊费用”账户核算，按期分摊时，再确认为当期费用。上述费用的列支与租金相同。

【例 8-10】某专门从事租赁业务的书胜公司按表 8-6 所列条件出租某类资产。

表 8-6 **书胜公司出租某类资产的条件**

租赁资产的预计使用年限	10年
租赁资产的公允价值	20 000元
租赁资产的估计残值	2 000元
租赁期	2年
年租赁付款额	3 000元

若鹏丽公司按上述条件承租了这项资产，其应作的正式会计分录只应是记录支付租金的事项，即在年末作如下会计分录：

借：制造费用——租金费用 3 000

　贷：银行存款 3 000

若租入资产发生改良支出 2 400 元，要作为“长期待摊费用——租入资产改良支出”记录，并将其价值在租赁期内平均摊销，应作如下会计分录：

借：长期待摊费用——租入资产改良支出 2 400

　贷：银行存款 2 400

年末摊销时应作如下会计分录：

借：制造费用（管理费用等） 1 200

　贷：长期待摊费用——租入资产改良支出 1 200

三、出租人的会计处理

就经营租赁而言，出租人的主要会计问题是当期租金收入的确认、经营租赁资产折旧的计提。账务处理上，专营与兼营经营租赁稍有差别。

一般企业租出资产时，只需按资产的原始价值从“固定资产”账户的有关明细账户（如未使用固定资产、不需用固定资产等）转入“租出固定资产”明细账户。既然租赁是企业的副营业务，按规定确认的租金收入作为其他业务收入处理；租赁期内发生的有关支出，如折旧费、日常维修费等，相应列作其他业务成本；应收未收的租金可通过“其他应收款”账户核算。

【例 8-11】承【例 8-10】，再设书胜公司年初以 20 000 元购入该项资产，年内按 9%的比例计提折旧，按 3%的比例预先提取修理费，在鹏丽公司租用该资产的 2 年中，对该资产进行过一次修理，花费 1 200 元，2 年期满后收回该项资产。

（1）取得并租出设备时的分录：

借：租赁资产——鹏丽公司 20 000

贷：银行存款 20 000

借：银行存款 6 000

贷：其他应收款——鹏丽公司 6 000

（2）收到租金时的分录：

借：其他应收款——鹏丽公司 3 000

贷：其他业务收入 3 000

（3）年末提取折旧和修理费时的分录：

借：其他业务成本 2 400

贷：租赁资产折旧 1 800

预提修理费 600

（4）在租赁期间发生修理费时的分录：

借：其他业务成本 1 200

贷：银行存款 1 200

（5）期末收回租赁资产时的分录：

借：租赁资产——在库租赁资产 20 000

贷：租赁资产——鹏丽公司 20 000

从会计处理的结果可知，书胜公司该项租赁业务获得净收益 1 200 元（3 000×2-2 400×2）。

若该项资产因鹏丽公司使用、保管不善而造成损失，书胜公司将根据造成损失的金额作会计分录：

借：其他应收款

贷：租赁资产折旧

四、经营租赁会计信息的披露

（一）承租人应予披露的事项

企业以经营租赁方式租入的固定资产不必列入资产负债表。

企业因租赁资产而发生的租赁费用，应按租赁资产的使用部门计入有关成本费用，并与其他有关成本费用一起列示于利润表中。

计入在产品成本的租赁费用，则作为在产品成本的组成部分，列示于资产负债表的存货项目金额中。本期确认的租赁费用在财务报表中无须单独列示。

此外，财务报表附注中应说明与经营租赁有关的事项。

（二）出租人应予披露的事项

出租人不管兼营或专营经营租赁，会计期末应披露每类租出资产在资产负债表日的账面价值。如有不可撤销的经营租赁，由此引起的债权应在报表附注中说明。一般企业因出租资产取得的收入，当期确认部分作为“其他业务收入”在利润表中列示；出租资产的账面价值在资产负债表的“固定资产”反映。

第四节　售后租回交易会计

售后租回即回租，是一种特殊形式的租赁业务，是卖主（承租人）将资产出售后又从买主（出租人）那里将该项资产租赁回来的业务。在回租业务中，交易双方均以双重身份出现：承租人同时是销货方，出租人同时是购货方。

从本质上讲，售后租回交易是一种融资业务。在此项融资业务中，买主充当了投资人的角色，而卖主则充当了融资人的角色。具体地讲，就是卖主首先通过销售其自制或外购的资产迅速获得所需要的资金，然后再通过租回该资产的方式，获得对同一资产的长期使用权，继续从事其日常的生产经营活动，并用日后租赁资产带来的经营收入分期支付租金，以达到自己融资的目的；买主则通过“先买后租”的方式从事了一项风险小、回报有保障的投资活动，既实现了卖主融资的目的，又实现了买主投资的目的。

一、会计核算原则

在售后租回交易中，资产的售价和租金是相互关联的，一般以一揽子方式谈判和计算，因此资产的出售和租回这两项活动并非相互独立，而是密切相关，甚至可以视为一项业务。在会计核算中，按照实质重于形式的原则，也应将两项活动联系起来进行会计处理。

1. 按照融资租赁的标准，售后租回业务也相应地分为售后租回交易形成融资租赁的业务和售后租回交易形成经营租赁的业务。

2. 销售方对出售资产损益的处理。在售后租回交易中，资产的出售和租回实际上是同一笔业务，出售资产的损益在会计上并未实现，为了防止租赁双方可能会以抬高或压低各期租金为代价，抬高或压低销售价格，利用售后租回交易达到操纵利润的目的，避免承租人各期的损益出现较大的波动，我国企业会计准则规定承租人不得将售后租回损益确认为当期损益，而应予以递延分摊计入各期损益。

二、售后租回交易形成融资租赁的账务处理

我国《企业会计准则第 21 号——租赁》第 31 条规定，售后租回交易认定为融资租赁的，售价与资产账面价值之间的差额应当予以递延，并按照该项租赁资产的折旧进度进行分摊，作为折旧费用的调整。国际会计准则也明确规定，销售收入超过账面金额的部分，不应立即在卖主的财务报表中确认为收益，而是将其递延并分摊于整个租赁期。

（一）承租人（销售方）的账务处理

销售设备日：

借：固定资产清理

　贷：固定资产

借：银行存款

　贷：固定资产清理

　　　递延收益——未实现售后租回损益

租赁开始日：

借：固定资产——融资租入固定资产

　　未确认融资费用

　贷：长期应付款——应付融资租赁款

租赁开始日，编制租赁摊销表并据此进行有关账务处理。

第一，按期支付租金。付款后：

借：长期应付款——应付融资租赁款

贷：银行存款

同时，

借：财务费用

贷：未确认融资费用

上述租赁费用也可按月预提。

第二，计提折旧。按年计提折旧时：

借：制造费用或管理费用

贷：累计折旧

第三，按折旧进度分摊未实现售后租回损益，作为折旧费用的减少。每年摊销时：

借：递延收益——未实现售后租回损益

贷：制造费用或管理费用

租赁期内，承租人、出租人以后各期的账务处理可比照上面进行。

租赁期满，付清租金（包括名义价）后，即取得该项设备的所有权。

借：固定资产——生产经营用

贷：固定资产——融资租入固定资产

（二）出租人（购买方）的账务处理

购入设备日：

借：融资租赁资产

贷：银行存款

租赁开始日：

借：长期应收款——应收融资租赁款

贷：融资租赁资产

递延收益——未实现融资收益（融资租赁）

租赁期内，编制租赁摊销表，据此进行账务处理。按期收到租金时：

借：银行存款

贷：长期应收款——应收融资租赁款

同时，

借：递延收益——未实现融资收益

贷：租赁收入

【例 8-12】书胜公司 2×17 年 1 月 1 日将一台设备以 720 000 元的价格销售给鹏丽公司，同时与鹏丽公司签订了一项售后租回的协议。该设备账面原值 1 000 000 元，已计提折旧 375 000 元。假定根据租赁协议计算和分析后得知，该业务属于售后租回形成的融资租赁业务，书胜公司融资租赁资产的入账价值为 720 000 元，长期应付款总额为 960 000 元，租赁资产计提折旧的期限为 10 年，则书胜公司相关的会计分录为：

（1）销售设备时：

借：固定资产清理	625 000	
累计折旧	375 000	
贷：固定资产		1 000 000
借：银行存款	720 000	

贷：固定资产清理　625 000

　　递延收益——未实现售后租回损益（融资租赁）　95 000

借：固定资产——融资租入固定资产　720 000

　　未确认融资费用　240 000

　贷：长期应付款——应付融资租赁款　960 000

（2）计提折旧时：

借：制造费用　72 000

　贷：累计折旧　72 000

借：递延收益——未实现售后租回损益（融资租赁）　9 500

　贷：制造费用　9 500

三、售后租回交易形成经营租赁的账务处理

《企业会计准则第 21 号——租赁》第 32 条规定，售后租回交易认定为经营租赁的，售价与资产账面价值之间的差额应当予以递延，并在租赁期内按照与确认租金费用相一致的方法进行分摊，作为租金费用的调整。但是，有确凿证据表明售后租回交易是按照公允价值达成的，售价与资产账面价值之间的差额应当计入当期损益。

【例 8-13】2×16 年 1 月 1 日，冬梅公司将一栋办公楼按 162 100 000 元的价格销售给书胜公司，同时签订了一份租赁合同，将该栋办公楼租回。租赁合同规定：租赁期为 4 年；办公楼在 2×16 年 1 月 1 日的账面原值为 200 000 000 元，累计折旧为 64 400 000 元；预计使用年限为 30 年；租赁开始日冬梅公司向书胜公司一次性预付租金 3 100 000 元；第 1 年年末，支付租金 130 000 元；第 2 年年末，支付租金 160 000 元；第 3 年年末，支付租金 210 000 元。租赁期满后预付租金不退回，书胜公司收回办公楼使用权。假设冬梅公司和书胜公司均在年末确认租金费用和租金收入，而且不存在租金逾期支付的情况。

由于冬梅公司和书胜公司的租赁业务不符合融资租赁的任何一条标准，所以，应作为经营租赁处理。此外，确认租金费用时，不能依据各期实际支付现金的金额确定，应采用直线法平均分摊确认各期的租金费用。本例中，冬梅公司向书胜公司支付的租金总额为 3 600 000 元，按直线法计算，每年应分摊的租金为 900 000 元。冬梅公司的会计处理如下：

（1）2×16 年 1 月 1 日，回租办公楼：

借：固定资产清理　135 600 000

　　累计折旧　64 400 000

　贷：固定资产　200 000 000

借：银行存款　162 100 000

　贷：固定资产清理　135 600 000

　　递延收益——未实现售后租回损益（经营租赁）　26 500 000

借：长期应付款——应付融资租赁款　3 100 000

　贷：银行存款　3 100 000

（2）2×16 年 12 月 31 日，确认租金费用：

借：管理费用　900 000

　贷：银行存款　130 000

贷：长期应付款——应付融资租赁款 770 000

确认应分摊的未实现售后租回损益：

借：递延收益——未实现售后租回损益（经营租赁） 6 625 000

贷：管理费用 6 625 000

四、售后租回交易的披露

售后租回交易作为一种特殊业务，实务中一般不经常发生，但从性质上不外乎经营租赁和融资租赁两种。国际会计准则明确指出，出租人和承租人应披露售后交易，对于售后租回交易中比较特殊的条款应单独披露。我国《企业会计准则第 21 号——租赁》第三十九条规定，承租人和出租人应当披露各售后租回交易以及售后租回合同中的重要条款。也就是说，承租人、出租人在财务报告中揭示相关信息时，除了在财务报表附注中说明售后租回业务的特殊条款外，其他应予说明的事项可比照前述经营租赁、融资租赁条件下，承租人、出租人在财务报告中的揭示方法进行。这里的“重要条款”是指售后租回合同中规定的区别于一般租赁交易的条款，如租赁标的物的售价等。

本章小结

在市场经济条件下，租赁业务作为企业融资的重要形式，需求日益增长，越来越多的企业通过租赁的形式来获取相关资产的使用权，以满足企业生产经营、更新设备、融资和投资的需要。租赁会计运用会计学的理论和方法，以货币作为计量单位，对租赁活动进行综合的、全面的、连续的、系统的反映、监督与管理，主要包括融资租赁、经营租赁和售后租回等的会计处理。

融资租赁是指实质上转移了与资产所有权有关的全部风险和报酬的租赁。其所有权最终可能转移，也可能不转移。承租人应按租赁开始日租赁资产的原账面价值与最低租赁付款额的现值两者中较低者，作为固定资产的入账价值；按最低租赁付款额反映应付的融资租赁款；两者的差额作为“未确认融资费用”处理。如果融资租赁资产占企业资产总额比例等于或小于 30%的，在租赁开始日，企业也可按最低租赁付款额作为固定资产的入账价值，并按最低租赁付款额记录应付融资租赁款。出租人在租赁开始日确认租赁债权，应将最低租赁收款额作为应收融资租赁款的入账价值，并同时记录未担保余值，将最低租赁收款额与未担保余值之和与其现值之间的差额确认为未实现融资收益。出租人的租赁收款额与未担保余值之和称为租赁投资总额，它是出租人因出租资产而将获取的总收入。租赁投资总额与未实现租赁收益的差额，即为租赁投资净额。

经营租赁是指除融资租赁以外的其他租赁。经营租赁的最大特点在于，承租人租入资产的目的仅限于获得资产使用权，不考虑取得所有权。承租人在租赁开始日，不应将租入资产确认为本企业的资产，应付的租金也不确认为非流动负债。支付的租金应在租赁期内采用合理的方法计入各期损益。出租人对经营租赁资产应予核算，并在资产负债表中单独列示。

售后租回是企业一种特殊形式的租赁业务，实务中一般不经常发生，是卖主（承租人）将资产出售后又从买主（出租人）那里将该项资产租赁回来的业务。从本质上讲，售后租回交易是一种融资业务。在售后租回交易中，资产的售价和租金是相互关联的，一般以一揽子方式谈判和计算，因此资产的出售和租回这两项活动并非相互独立，而是密切相关，甚至可以视为一项业务。在会计核算中，按照实质重于形式的原则，也应将两项活动联系起来进行会计处理。售后租回业务也相应地分为售后租回交易形成融资租赁的业务和售后租回交易形成经营租赁的业务。售后租回交易认定为融资租赁的，售价与资产账面价值之间的差额应当予以递延，并按照该项租赁资产的折旧进度进行分摊，作为折旧费用的调整。

复习思考题

1. 什么是租赁？其特征是什么？如何对租赁进行分类？可分为哪些类别？

2. 融资租赁与经营租赁的分类是以什么为基础的？意义何在？二者的区别可表现在哪些方面？

3. 最低租赁付款额和最低租赁收款额的含义分别是什么？二者的区别在哪里？各自应用于哪些方面？

4. 或有租金、履约成本、租赁内含利率在租赁会计处理方面有何意义？各自的具体内容是什么？

5. 在融资租赁中有哪些需要处理的具体问题？各自的处理原则是什么？我国会计准则对承租人和出租人的会计处理有何要求？请简要概括二者之间的联系和区别。

6. 在经营租赁中有哪些需要处理的具体问题？各自的处理原则是什么？我国会计准则对承租人和出租人的会计处理有何要求？请简要概括二者之间的联系和区别。

7. 请对融资租赁与经营租赁的相同与区别之处进行整理和归纳，并详细说明。

8. 售后租回业务有什么特征？在售后租回交易中，形成融资租赁与经营租赁的条件分别是什么？二者在会计处理上有哪些具体区别？

个案分析

冬梅公司租赁决策

冬梅公司准备取得一台生产儿童玩具的新机器，机器的公允价值为 10 万元，使用年限估计为 4 年。

方案一：以现金 10 万元购买，机器按直线法计提折旧，无残值。

方案二：租赁这台机器，每年年初支付 35 000 元租金，租约不可撤销，租赁期满机器归冬梅公司所有。

方案三：租赁这台机器，每年年初支付 38 000 元租金，租约可随时撤销，租赁期满机器退还给出租人。

要求：

（1）上述三种不同方案对冬梅公司的财务状况、经营成果有何影响？

（2）冬梅公司应如何决策？

第九章

资产减值

学习目标

本章阐述资产减值的基本原理和相关会计处理。通过本章学习应理解资产减值会计的理论基础和基本方法，重点掌握金融资产减值损失的确认和计量、单项无形资产和固定资产减值损失的确认和计量方法；掌握资产组和商誉减值的确认和计量方法。

第一节　资产减值会计概述

一、资产、资产减值及资产减值会计

（一）资产

资产是会计学中最重要的概念之一。自 20 世纪以来，许多会计学家和主要会计文献都试图对资产加以定义或诠释。随着科学技术的进步和社会经济环境的变迁，人类对资产的经济实质、特征、存在形态的认识也在不断地加深和完善。关于资产的定义，概括起来主要有三种观点：

1. 未消逝成本观

1940 年美国著名会计学家佩顿（W. A. Paton）和利特尔顿（A. C. Littleton）在《公司会计准则导论》中明确将资产定义为“未消逝成本”。他们认为：“存货和工厂设备不是‘价值’，而是处于尚待转化为费用的累计成本，成本可以分为两部分，其中已经消耗的成本为费用，未耗用的成本为资产……”这种观点侧重从会计计量角度来定义资产，它强调资产的经济实质是收入和成本费用的配比过程。在这种观点下，资产负债表面目全非，沦为成本摊销余额表，无法反映企业资产的真实价值和真实的财务状况，更不能提供对投资者决策有利的信息。未消逝成本观是对资产经济实质的早期描述。

2. 经济资源观

1957 年，美国会计学会发表的《公司财务报表所依恃的会计和报表准则》中明确指出：“资产是一个特定会计主体从事经营所需的经济资源，是可以用于或有益于未来经营的服务潜能总量。”这种观点第一次将资产与经济资源相联系。1970 年，美国会计准则委员会（FASB）发布的第 4 号公告中提出：“资产是按照公认会计原则确认和计量的企业经济资源。”这一定义明确了资产的经济实质，是对经济资源的新认识。经济资源观是对资

产经济实质颇具影响的一种观点。

3.未来经济利益观

1962年，穆尼茨（Moonitaz）与斯普劳斯（R.T.Sprouse）在《会计研究论丛》第3号《企业普遍适用的会计准则》中明确提出："资产是预期的未来经济利益，这种经济利益已经由企业通过现在或过去的交易获得。"FASB在1985年《财务会计概念公告》第6号"财务报表要素"中提出："资产是指某一特定主体由过去的交易或事项而获得或控制的可预期的未来经济利益。"未来经济利益观科学地揭示、概括了资产的经济实质，符合企业持有资产的目的。资源的有用性在于它有未来经济利益，如果未来经济利益已经被企业所享有，或因不可抗拒的原因而丧失，则该资源即丧失了作为资产的资格。这一观点逐渐得到广泛的认可，我国的企业会计准则中对资产的定义也是类似的：资产是指由企业过去的交易或者事项形成的、企业拥有或者控制的、预期会给企业带来经济利益的资源。

（二）资产减值

未来经济利益观表明资产的主要特征之一是它必须能够为企业带来经济利益的流入，只有在资产预期带来的经济利益高于或等于其取得时的市场价格时，企业才会做出取得资产的决策。取得资产时的价格代表了主体当时对资产在其寿命期内所能产出的未来经济利益的合理评价。因此，资产取得时，会计上予以确认记录的资产取得成本同资产预期带来的未来经济利益是一致的。对存货等流动资产而言，其价值随着产品的销售予以实现，对于固定资产、无形资产等非流动资产而言，其价值随着资产的使用逐渐被消耗和收回，并以折旧或摊销的形式予以表现。但在资产的使用过程中会产生诸多在资产取得时无法预料的不利影响因素，从而导致资产不能够为企业带来经济利益或者带来的经济利益低于其账面价值，那么该资产就不能再予以确认，或者不能再以原账面价值予以确认，否则将不符合资产的定义，也无法反映资产的实际价值。资产的账面价值与实际价值在特定时点上产生差距，这个差距即为资产的减值。

因此，资产减值是指因外部因素、内部使用方式或范围发生改变而导致企业资产使用价值的降低，使得资产未来可能流入企业的经济利益低于资产现有的账面价值，这种减值一般是非预期的、偶然的。

（三）资产减值会计

根据会计信息的相关性和可靠性的要求，当资产发生减值时，财务会计应该正确反映该资产的减值。资产减值会计试图部分地用价值计量弥补成本计量的不足，其核算对象是资产负债表上的特定资产，其实质就是利用资产的现行价值对资产的账面价值进行修正，当资产账面价值高于其预期可实现的经济利益时，确认为一项损失，其目的是通过反映客观存在的资产价值的减少，全面、公允地反映企业资产的现时价值状况，揭示潜在风险，为会计信息使用者正确决策提供相关信息。

资产减值会计的核心问题就是如何对资产减值损失进行确认和计量。

二、资产减值损失的确认

（一）资产减值测试

资产减值损失需要解决的首要问题就是，是否需要在资产负债表日对所有的资产进行减值测试？所谓减值测试，是指确定一项资产的可收回金额，并与该项资产的账面价值进行比较，以确定该项资产是否发生了减值。从理论上讲，对所有资产都应该进行减值测试，但从成本收益原则考虑，国际上的通行惯例是，不需要在资产负债表日对所有资产进行减值测试，而是首先对资产逐项评估是否存在减值迹象（主要是对一些直观的现象进行初步判断），然后对存在减值迹象的资产再进行减值测试（要进行货币金额的精确计量）。

（1）确定是否存在可能导致资产减值的迹象。如果不存在导致资产减值的迹象，则不需进行减值测试（商誉和使用寿命不确定的无形资产除外）。引起资产减值的事项非常多，例如债务人的破产可能导致应收款项的减值、产品市场价格的大幅度下降可能导致存货的减值、资产实体的损失可能导致固定资产的减值。对于资产减值的成因及产生的迹象的掌握，可以有效地判断资产是否发生了减值，为资产减值的确认奠定基础。

（2）如果存在可能导致资产减值的迹象，则要对资产在资产负债表日的实际价值进行估计，以进一步确定资产是否发生减值。

（二）资产减值损失的确认基础

资产减值损失的确认可能按单项资产、资产类别或资产总体等为基础进行。一般来说按照单项资产确认的结果最准确，但从重要性原则、成本效益原则考虑，我们往往对价值较大、数量较少的资产按照单项资产确认减值损失，而对某些单位价值较小、数量较多的资产可能按照资产类别或总体确认减值损失，例如企业的某些存货、账龄类似的应收账款、风险特征类似的金融资产、固定资产中的房屋建筑物等。

对于非流动资产，我国会计准则要求尽可能按照单项资产进行减值测试。但在某些情况下企业的单项资产无法单独产生现金流量，需要由许多资产共同作用才能产生，对于这些资产的减值需要确定最小的资产组合，其具体问题在本章第四节中讨论。

（三）资产减值损失的转回

资产减值损失的转回，是指企业在确定以前年度确认的减值损失不再存在或已经减少的情况下，重新评估该资产的实际价值，并对资产的账面价值进行调整。

对是否允许资产减值损失转回有两种观点：一种观点认为确认资产减值损失后，资产的账面价值成为新的成本计量基础，企业不应在以后期间调整资产的成本，即不允许转回已确认的资产减值损失。另一种观点认为最后一次确认资产减值损失后，只有在确定资产可收回金额所使用的估计发生改变时，才能转回以前年度已确认的资产减值损失，资产的账面价值应增至其可收回金额，由资产减值损失转回而增加的资产账面价值，不应高于资产以前年度没有确认资产减值损失时的账面价值。两种观点各有利弊，如果准则制定机构偏好谨慎，更重视准则可能产生的现实影响，力图避免因允许转回造成的利润操纵，那么就会采纳禁止转回的观点；如果制定机构更重视准则和相关理论的关联，希望更完美地再现理论的精髓，并不特别重视因允许转回可能造成的利润操纵，那么它就会采纳允许转回的观点。

在我国现行会计准则中对于存货、贷款及应收款项、持有至到期投资等资产的减值在一定条件下可以转回，而对于《企业会计准则第8号——资产减值》所规范的非流动资产的减值损失不允许转回。

三、资产减值损失的计量

根据会计信息相关性和可靠性的要求，当资产发生减值时，财务会计应重新评估资产预期未来经济利益的变化，其实质是在资产初始计量之后对减值资产按减值后的现行价值进行重新计量（也称再计量或后续计量）。

资产的初始计量通常采用历史成本，而后续通常采用能够反映资产现时价值的计量属性。资产减值会计属于资产的后续计量，同初始计量相比要复杂得多，这主要是因为后续计量缺少初始计量时所固有的客观性，通常也难以选择相同或相似的参照物进行比较来确定现时价值，而这都将加大资产后续计量的难度。我国现行会计准则中关于资产减值计量的主要标准有：

（一）可变现净值

可变现净值，是指在正常经营过程中，资产可望带来的未来现金流入扣除将要支付的现金流出，但均不考虑货币的时间价值。该计量标准一般适用于待售资产。

（二）未来现金流量的现值

未来现金流量的现值，是指资产在正常经营过程中预期会产生的现金净流入的折现金额。该计量标准一般适用于整体资产减值和可预测未来现金流量的单项资产。

（三）未来现金流量

未来现金流量，是指资产在正常经营过程中预期会产生的现金净流入量的金额。

（四）公允价值

公允价值，是指市场参与者在计量的发生日有序交易中，出售一项资产所能收到或转移一项负债所需支付的价格。对于存在活跃市场的非现金资产，通常将市价视为公允价值；对于不存在活跃市场，但与其类似的资产存在活跃市场的非现金资产，可比照相关类似资产的市价确定其公允价值；对于资产本身及与其类似的资产均不存在活跃市场的非现金资产，可以适当的贴现率贴现计算现值的方法确定其公允价值；存在合同或协议价格的，合同价或协议价也可作为公允价值。

（五）可收回金额

可收回金额，是指公允价值减去处置费用后的净额与未来现金流量的现值中的较高者。该计量标准一般用于资产市场不是十分完善的情况，尤其是对于特定用途的资产。当资产的公允价值减去处置费用后的净额与未来现金流量的现值存在较大差别时，理性的投资者在决策持有和处置该项资产时，一般会遵循价值最大化的原则，做出最佳选择，从而能较准确地确定资产减值。

四、我国资产减值的相关规范

我国现行会计准则关于资产减值的相关规范见表 9-1。

表 9-1　**我国现行会计准则关于资产减值的相关规范**

<table>
<tr><th colspan="2">资产名称</th><th>适用准则</th><th>测试标准</th><th>已确认减值是否可以转回</th></tr>
<tr><td colspan="2">存货</td><td>第1号——存货</td><td>可变现净值</td><td>可以转回</td></tr>
<tr><td colspan="2">消耗性生物资产</td><td>第5号——生物资产</td><td>可变现净值</td><td>可以转回</td></tr>
<tr><td colspan="2">固定资产</td><td rowspan="7">第8号——资产减值</td><td rowspan="7">可收回金额</td><td rowspan="7">禁止转回</td></tr>
<tr><td colspan="2">无形资产</td></tr>
<tr><td colspan="2">生产性生物资产</td></tr>
<tr><td colspan="2">资产组</td></tr>
<tr><td colspan="2">商誉</td></tr>
<tr><td colspan="2">总部资产</td></tr>
<tr><td rowspan="2">长期股权投资</td><td>控制、共同控制或重大影响</td></tr>
<tr><td>无控制、共同控制或重大影响，且无报价，公允价值能可靠估计</td><td rowspan="4">第22号——金融工具确认与计量</td><td rowspan="3">未来现金流量现值</td><td>禁止转回</td></tr>
<tr><td colspan="2">贷款及应收款项</td><td>可以转回</td></tr>
<tr><td colspan="2">持有至到期投资</td><td>可以转回</td></tr>
<tr><td colspan="2">可供出售金融资产</td><td>公允价值</td><td>视情况而定</td></tr>
<tr><td colspan="2">递延所得税资产</td><td>第18号——所得税</td><td>未来现金流量</td><td>禁止转回</td></tr>
<tr><td colspan="2">融资租赁中出租人的未担保余值</td><td>第21号——租赁</td><td>未来现金流量</td><td>禁止转回</td></tr>
</table>

第二节 金融资产减值

一、金融资产减值损失的确认

企业应当在资产负债表日对以公允价值计量且其变动计入当期损益的金融资产以外的金融资产（含单项金融资产或一组金融资产，下同）的账面价值进行检查，有客观证据表明该金融资产发生减值的，应当确认减值损失，计提减值准备。

表明金融资产发生减值的客观证据，是指金融资产初始确认后实际发生的、对该金融资产的预计未来现金流量有影响，且企业能够对该影响进行可靠计量的事项。金融资产发生减值的客观证据，包括下列各项：

（1）发行方或债务人发生严重财务困难；

（2）债务人违反了合同条款，如偿付利息或本金发生违约或逾期等；

（3）债权人出于经济或法律等方面因素的考虑，对发生财务困难的债务人做出让步；

（4）债务人很可能倒闭或进行债务重组；

（5）因发行方发生重大财务困难，该金融资产无法在活跃市场继续交易；

（6）无法辨认一组金融资产中的某项资产的现金流量是否已经减少，但根据公开的数据对其进行总体评价后发现，该组金融资产自初始确认以来的预计未来现金流量确已减少且可计量，如该组金融资产的债务人支付能力逐步恶化，或债务人所在国家或地区失业率提高、担保物在其所在地区的价格明显下降、所处行业不景气等；

（7）权益工具发行方经营所处的技术、市场、经济或法律环境等发生重大不利变化，使权益工具投资人可能无法收回投资成本；

（8）权益工具投资的公允价值发生严重或非暂时性下跌；

（9）其他表明金融资产发生减值的客观证据。

二、金融资产减值损失的计量

（一）持有至到期投资、贷款和应收款项减值损失的计量

（1）持有至到期投资、贷款和应收款项等金融资产发生减值时，应当将该金融资产的账面价值减记至预计未来现金流量（不包括尚未发生的未来信用损失）现值，减记的金额确认为资产减值损失，计入当期损益。

短期应收款项的预计未来现金流量与其现值相差很小的，在确定相关减值损失时，可不对其预计未来现金流量进行折现。

（2）对于存在大量性质类似且以摊余成本进行后续计量的金融资产的企业，在考虑金融资产减值测试时，应当先将单项金额重大的金融资产区分开来，单独进行减值测试。已单项确认减值损失的金融资产，不应包括在具有类似信用风险特征的金融资产组合中进行减值测试。

（3）对持有至到期投资、贷款及应收款项等金融资产确认减值损失后，如有客观证据表明该金融资产价值已恢复，且客观上与确认该损失后发生的事项有关（如债务人的信用评级已提高等），原确认的减值损失应当予以转回，计入当期损益。但是，该转回后的账面价值不应当超过假定不计提减值准备情况下该金融资产在转回日的摊余成本。

（4）外币金融资产发生减值的，预计未来现金流量现值应先按外币确定，在计量减值

时再按资产负债表日即期汇率折算成记账本位币反映的金额。该项金额小于相关外币金融资产以记账本位币反映的账面价值的部分，确认为减值损失，计入当期损益。

【例 9-1】2×17 年 1 月 1 日，A 公司以 4 900 万元的价格购入 B 企业发行的 5 年期面值为 5 000 万元债券，票面年利率为 10%，每年付息一次，到期还本并支付最后一期利息。A 企业将其划分为持有至到期投资，初始确认该金融资产时确定的实际利率为 10.53%。

2×19 年 12 月 31 日，有客观证据表明 B 企业发生严重财务困难，A 公司据此认定该项持有至到期投资发生了减值，并预期 2×20 年 12 月 31 日将收到利息 500 万元，但 2×21 年 12 月 31 日仅收到本金 2 500 万元。

A 公司 2×17 年 1 月 1 日至 2×19 年 12 月 31 日的相关账务处理如下：

该项持有至到期投资摊余成本计算见表 9-2。

表 9-2　　**持有至到期投资摊余成本计算表**　　单位：万元

时间	年初摊余成本 ①	实际利息 ②=①×10.53%	现金流入 ③=5 000×10%	利息调整 ④=③-②	年末摊余成本 ⑤=①+②-③
2×17年12月31日	4 900.00	515.97	500.00	(15.97)	4 915.97
2×18年12月31日	4 915.97	517.65	500.00	(17.65)	4 933.62
2×19年12月31日	4 933.62	519.51	500.00	(19.51)	4 953.13
2×20年12月31日	4 953.13	521.56	500.00	(21.56)	4 974.69
2×21年12月31日	4 974.69	525.31*	500.00	(25.31)*	5 000.00
合计		2 600.00		(100.00)	

注：*表示尾数调整。

（1）2×17 年 1 月 1 日取得该项金融资产时：

借：持有至到期投资——成本　　50 000 000

　贷：银行存款　　49 000 000

　　持有至到期投资——利息调整　　1 000 000

（2）2×17 年 12 月 31 日，计提利息并确认投资损益时：

借：应收利息　　5 000 000

　持有至到期投资——利息调整　　159 700

　贷：投资收益　　5 159 700

（收到利息分录略，下同）

（3）2×18 年 12 月 31 日，计提利息并确认投资损益时：

借：应收利息　　5 000 000

　持有至到期投资——利息调整　　176 500

　贷：投资收益　　5 176 500

（4）2×19 年 12 月 31 日，计提减值损失时：

2×19 年 12 月 31 日，该持有至到期投资的摊余成本=4 953.13 万元

2×19 年 12 月 31 日，A公司预计将从该项金融资产收到的现金流量的现值 $=500\times(1+10.53\%)^{-1}+2\,500\times(1+10.53\%)^{-2}$

$\approx 2\,498.71$（万元）

2×19 年 12 月 31 日，A公司应确认的持有至到期投资减值损失 =4 953.13-2 498.71=2 454.42（万元）

借：应收利息 5 000 000

持有至到期投资——利息调整 195 100

贷：投资收益 5 195 100

借：资产减值损失 24 544 200

贷：持有至到期投资减值准备 24 544 200

【例 9-2】2×15 年 1 月 1 日，XYZ 银行向 A 客户发放了一笔贷款 15 000 000 元。贷款合同规定的年利率为 10%，期限 6 年，借款人到期一次偿还本金。假定该贷款的实际利率为 10%，利息按年收取。其他有关资料及账务处理如下（小数点后数据四舍五入）：

（1）2×15 年，XYZ 银行及时从 A 公司收到贷款利息：

2×15 年 1 月 1 日，发放贷款：

借：贷款——本金 15 000 000

贷：吸收存款 15 000 000

2×15 年 12 月 31 日，确认并收到贷款利息：

借：应收利息 1 500 000

贷：利息收入 1 500 000

借：存放同业 1 500 000

贷：应收利息 1 500 000

（2）2×16 年 12 月 31 日，因 A 公司经营出现异常：首先，XYZ 银行预计难以及时收到利息。其次，XYZ 银行根据当前掌握的资料，对贷款合同现金流量重新作了估计。具体见表 9-3 和表 9-4。

表 9-3 **贷款合同现金流量** 金额单位：元

时　间	未折现金额	折现系数	现　值
2×17年12月31日	1 500 000	0.9091	1 363 650
2×18年12月31日	1 500 000	0.8264	1 239 600
2×19年12月31日	1 500 000	0.7513	1 126 950
2×20年12月31日	16 500 000	0.6830	11 269 500
合　计	21 000 000		14 999 700

表 9-4 **新预计的现金流量** 金额单位：元

时　间	未折现金额	折现系数	现　值
2×17年12月31日	0	0.9091	0
2×18年12月31日	10 000 000	0.8264	8 264 000
2×19年12月31日	2 000 000	0.7513	1 502 600
2×20年12月31日	0	0.6830	0
合　计	12 000 000		9 766 600

2×16 年 12 月 31 日，确认贷款利息：

借：应收利息　　1 500 000

　贷：利息收入　　1 500 000

2×16 年 12 月 31 日：

XYZ 银行应确认的贷款减值损失=未确认减值损失前的摊余成本-新预计未来现金流量现值

=（贷款本金+应收未收利息）-新预计未来现金流量现值

=16 500 000-9 766 600

=6 733 400（元）

相关的账务处理如下：

借：资产减值损失　　6 733 400

　贷：贷款损失准备　　6 733 400

借：贷款——已减值　　16 500 000

　贷：贷款——本金　　15 000 000

　　　应收利息　　1 500 000

（3）2×17 年 12 月 31 日，XYZ 银行预期原先的现金流量估计不会改变：

确认减值损失的转回=9 766 600×10%=976 660（元），相关的账务处理如下：

借：贷款损失准备　　976 660

　贷：利息收入　　976 660

据此，2×17 年 12 月 31 日，贷款的摊余成本为 10 743 260 元（9 766 600+976 660）。

（4）2×18 年 12 月 31 日，XYZ 银行预期原先的现金流量估计不会改变，但 2×18 年当年实际收到的现金却为 9 000 000 元。

相关的账务处理如下：

借：贷款损失准备　　1 074 326

　贷：利息收入　　1 074 326

借：存放同业　　9 000 000

　贷：贷款——已减值　　9 000 000

借：资产减值损失　　999 386

　贷：贷款损失准备　　999 386

注：2×18 年 12 月 31 日计提贷款损失准备前，贷款的摊余成本=10 743 260+1 074 326-9 000 000=2 817 586（元）。由于 XYZ 银行对 2×19 年及 2×20 年的现金流量预期不变，因此，应调整的贷款损失准备=2 817 586-1 818 200=999 386（元）。相关计算见表 9-5。

表 9-5　**现值计算**　金额单位：元

时　间	未折现金额	折现系数	现　值
2×19年12月31日	2 000 000	0.9091	1 818 200
2×20年12月31日	0	0.8264	0
小　计	2 000 000		1 818 200

（5）2×19 年 12 月 31 日，XYZ 银行预期原先的现金流量估计发生改变，预计 2×20 年将收回现金 1 500 000 元；当年实际收到的现金为 1 000 000 元。相关账务处理如下：

借：贷款损失准备　　181 820

　贷：利息收入　　181 820

借：存放同业　　1 000 000

　贷：贷款——已减值　　1 000 000

借：贷款损失准备　　363 630

　贷：资产减值损失　　363 630

注：2×19 年 12 月 31 日计提贷款损失准备前，贷款的摊余成本=1 818 200+181 820−1 000 000=1 000 020（元）。

因此，应调整的贷款损失准备为−363 630 元（1 000 020−1 363 650）。

其中 1 363 650 元系 2×20 年将收回现金 1500 000 元按折现系数 0.9091 进行折现后的结果。

（6）2×20 年 12 月 31 日，XYZ 银行将贷款结算，实际收到现金 2 000 000 元。相关账务处理如下：

借：贷款损失准备　　136 365

　贷：利息收入　　136 365

借：存放同业　　2 000 000

　　贷款损失准备　　4 999 985

　贷：贷款——已减值　　6 500 000

　　　资产减值损失　　499 985

（二）可供出售金融资产减值损失的计量

（1）可供出售金融资产发生减值时，即使该金融资产没有终止确认，原直接计入所有者权益中的因公允价值下降形成的累计损失，也应当予以转出，计入当期损益。该转出的累计损失，等于可供出售金融资产的初始取得成本扣除已收回本金和已摊余金额、当前公允价值和原已计入损益的减值损失后的余额。

在活跃市场中没有报价且其公允价值不能可靠计量的权益工具投资，发生减值时，应当将该权益工具投资或衍生金融资产的账面价值，与按照类似金融资产当时市场收益率对未来现金流量折现确定的现值之间的差额，确认为减值损失，计入当期损益。与该权益工具挂钩并须通过交付该权益工具结算的衍生金融资产发生减值的，也应当采用类似的方法确认减值损失。

（2）对于已确认减值损失的可供出售债务工具，在随后的会计期间公允价值已上升且客观上与确认原减值损失后发生的事项有关的，原确认的减值损失应当予以转回，计入当期损益。

（3）可供出售权益工具投资发生的减值损失，在该权益工具价值回升时，应通过权益转回，不得通过损益转回。但是，在活跃市场中没有报价且其公允价值不能可靠计量的权益工具投资，或与该权益工具挂钩并须通过交付该权益工具结算的衍生金融资产发生的减值损失，不得转回。

【例 9-3】2×18 年 5 月 1 日，DEF 公司从股票二级市场以每股 15 元（含已宣告发放但尚未领取的现金股利 0.2 元/股）的价格购入 XYZ 公司发行的股票 2 000 000 股，占 XYZ 公司有表决权股份的 5%，对 XYZ 公司无重大影响，DEF 公司将该股票划分为可供出售金融资产。其他资料如下：

（1）2×18 年 5 月 10 日，DEF 公司收到 XYZ 公司发放的上年现金股利 400 000 元。

（2）2×18 年 12 月 31 日，该股票的市场价格为每股 13 元。DEF 公司预计该股票的价格下跌是暂时性的。

（3）2×19 年，XYZ 公司因违反相关证券法规，受到证券监管部门查处。受此影响，XYZ 公司股票的价格下挫。至 2×19 年 12 月 31 日，该股票的市场价格下跌到每股 6 元。

（4）2×20 年，XYZ 公司整改完成，加之市场宏观面好转，股票价格有所回升，至 12 月 31 日，该股票的市场价格上升到每股 10 元。

假定 2×19 年和 2×20 年均未分派现金股利，不考虑其他因素的影响，则 DEF 公司有关的账务处理如下：

（1）2×18 年 5 月 1 日购入股票：

借：可供出售金融资产——成本	29 600 000	
应收股利	400 000	
贷：银行存款		30 000 000

（2）2×18 年 5 月 10 日收到现金股利：

借：银行存款	400 000	
贷：应收股利		400 000

（3）2×18 年 12 月 31 日，确认股票公允价值变动：

借：其他综合收益	3 600 000	
贷：可供出售金融资产——公允价值变动		3 600 000

（4）2×19 年 12 月 31 日，确认股票投资的减值损失：

借：资产减值损失	17 600 000	
贷：其他综合收益		3 600 000
可供出售金融资产——公允价值变动		14 000 000

（5）2×20 年 12 月 31 日，确认股票价格上涨：

借：可供出售金融资产——公允价值变动	8 000 000	
贷：其他综合收益		8 000 000

【例 9-4】2×18 年 1 月 1 日，ABC 公司按面值从债券二级市场购入 MNO 公司公开发行的债券 10 000 张，每张面值 100 元，票面利率 3%，划分为可供出售金融资产。

2×18 年 12 月 31 日，该债券的市场价格为每张 100 元。

2×19 年，MNO 公司因投资决策失误，发生严重财务困难，但仍可支付该债券当年的票面利息。2×19 年 12 月 31 日，该债券的公允价值下降为每张 80 元。ABC 公司预计，如 MNO 公司不采取措施，该债券的公允价值预计会持续下跌。

2×20 年，MNO 公司调整产品结构并整合其他资源，致使上年发生的财务困难大为好转。2×20 年 12 月 31 日，该债券（即 MNO 公司发行的上述债券）的公允价值已上升至每张 95 元。

假定 ABC 公司初始确认该债券时计算确定的债券实际利率为 3%，且不考虑其他因素，则 ABC 公司有关的账务处理如下：

（1）2×18 年 1 月 1 日购入债券：

借：可供出售金融资产——成本 1 000 000
　贷：银行存款 1 000 000
（2）2×18 年 12 月 31 日，确认利息、公允价值变动：
借：应收利息 30 000
　贷：投资收益 30 000
借：银行存款 30 000
　贷：应收利息 30 000
债券的公允价值变动为零，故不作账务处理。
（3）2×19 年 12 月 31 日，确认利息收入及减值损失：
借：应收利息 30 000
　贷：投资收益 30 000
借：银行存款 30 000
　贷：应收利息 30 000
借：资产减值损失 200 000
　贷：可供出售金融资产——公允价值变动 200 000
由于该债券的公允价值预计会持续下跌，ABC 公司应确认减值损失。
（4）2×20 年 12 月 31 日，确认利息收入及减值损失转回：
应确认的利息收入=（期初摊余成本-发生的减值损失）×3%
=（1 000 000-200 000）×3%
=24 000（元）
借：应收利息 30 000
　贷：投资收益 24 000
　　可供出售金融资产——利息调整 6 000
借：银行存款 30 000
　贷：应收利息 30 000
减值损失转回前，该债券的摊余成本=1 000 000-200 000-6 000=794 000（元）
2×20 年 12 月 31 日，该债券的公允价值=950 000 元
应转回的金额=950 000-794 000=156 000（元）
借：可供出售金融资产——公允价值变动 156 000
　贷：其他综合收益 156 000

第三节　单项固定资产减值

一、资产减值迹象与减值测试

（一）资产减值迹象的判断

企业在资产负债表日应当判断资产是否存在可能发生减值的迹象，主要可从两方面加以判断：

1. 企业外部信息来源

（1）如果出现了资产的市价在当期大幅度下跌，且其跌幅明显高于因时间的推移或者

正常使用而预计的下跌。在市场经济条件下，资产的市场价格是其最为直观的表现形式。如果某一项资产的市场价格大幅度下跌，那么，这项资产就有可能发生了减值。

（2）企业经营所处的经济、技术或者法律等环境以及资产所处的市场在当期或者将在近期发生重大变化，从而对企业产生不利影响。在市场经济条件下，企业产品的生产和销售总是依赖于一定的经营环境。企业经营环境发生重大变化，将对企业固定资产产生重大的影响，并且这种影响若是负面影响时，企业的资产很可能发生减值。

（3）市场利率或者其他市场投资报酬率在当期已经提高，从而影响企业计算资产预计未来现金流量现值的折现率，导致资产可收回金额大幅度降低等。判断资产是否减值主要是比较资产账面价值是否高于资产可收回金额，如果运用未来现金流量来计算资产的可收回金额，则资产的未来现金流量与折现率将影响资产的可收回金额。如果以市场利率或市场的其他投资报酬率作为计算资产可收回金额的折现率，则市场利率或市场的其他投资报酬率的提高将降低资产的可收回金额。

2. 企业内部信息来源

（1）如果有证据表明资产已经陈旧过时或者其实体已经损坏，如固定资产陈旧过时或发生实体损坏，将大大影响固定资产的生产能力，生产出大量不合格产品等，从而降低固定资产未来产生经济利益的能力，进而表明其可收回金额将降低。

（2）资产已经或者将被闲置、终止使用或者计划提前处置。

（3）企业内部报告的证据表明资产的经济绩效已经低于或者将低于预期，如资产所创造的净现金流量或者实现的营业利润远远低于原来的预算或者预计金额、资产发生的营业损失远远高于原来的预算或者预计金额、资产在建造或者收购时所需的现金支出远远高于最初的预算、资产在经营或者维护中所需的现金支出远远高于最初的预算等，均属于资产可能发生减值的迹象。

上述列举的资产减值迹象并不能穷尽所有的减值迹象，企业应当根据实际情况来认定资产可能发生减值的迹象。

（二）资产减值的测试

有确凿证据表明资产存在减值迹象的，应当在资产负债表日进行减值测试，估计资产的可收回金额。

资产存在减值迹象是资产是否需要进行减值测试的必要前提，但是有两项资产除外，即因企业合并形成的商誉和使用寿命不确定的无形资产。对于这两类资产，无论是否存在减值迹象，都应当至少于每年年度终了进行减值测试。原因在于，企业合并形成的商誉和使用寿命不确定的无形资产在后续计量中不再进行摊销，但是考虑到这两类资产的价值和产生的未来经济利益有较大的不确定性，为了避免资产价值被高估，应及时确认商誉和使用寿命不确定的无形资产的减值损失，如实反映企业财务状况和经营成果。另外，对于尚未达到可使用状态的无形资产，由于其价值通常具有较大的不确定性，也应当每年进行减值测试。

二、资产可收回金额的计量

（一）估计资产可收回金额的基本方法

根据《企业会计准则第 8 号——资产减值》的规定，资产存在减值迹象的，应当估计其可收回金额。

资产可收回金额的估计，应当根据其公允价值减去处置费用后的净额与资产预计未来现金流量的现值两者之间较高者确定。因此，要估计资产的可收回金额，通常需要同时估计该资产的公允价值减去处置费用后的净额和资产预计未来现金流量的现值。

在估计资产可收回金额时，原则上应当以单项资产为基础，如果企业难以对单项资产的可收回金额进行估计，应当以该资产所属的资产组为基础确定资产组的可收回金额。有关资产组的认定及其减值处理将在本章第四节中阐述。

（二）资产的公允价值减去处置费用后的净额的估计

资产的公允价值减去处置费用后的净额，通常反映的是资产如果被出售或者处置时可以收回的净现金收入。其中，资产的公允价值是指在公平交易中，熟悉情况的交易双方自愿进行资产交换的金额；处置费用是指可以直接归属于资产处置的增量成本，包括与资产处置有关的法律费用、相关税费、搬运费以及为使资产达到可销售状态所发生的直接费用等，但是财务费用和所得税费用等不包括在内。

企业在估计资产的公允价值减去处置费用后的净额时，应当按照下列顺序进行：

首先，应当根据公平交易中资产的销售协议价格减去可直接归属于该资产处置费用的金额确定资产的公允价值减去处置费用后的净额。

其次，在不存在资产销售协议但存在活跃市场的情况下，应当根据该资产的市场价格减去处置费用后的金额确定。

最后，在既不存在资产销售协议又不存在资产活跃市场的情况下，企业应当以可获取的最佳信息为基础，根据在资产负债表日假定处置该资产时，熟悉情况的交易双方自愿进行公平交易愿意提供的交易价格减去资产处置费用后的金额，作为估计资产的公允价值减去处置费用后的净额。

企业按照上述要求仍然无法可靠估计资产的公允价值减去处置费用后的净额的，应当以该资产预计未来现金流量的现值作为其可收回金额。

（三）资产预计未来现金流量的现值的估计

资产预计未来现金流量的现值，应当按照资产在持续使用过程中和最终处置时所产生的预计未来现金流量，选择恰当的折现率对其进行折现后的金额加以确定。因此，预计资产未来现金流量的现值，主要应当综合考虑以下因素：（1）资产的预计未来现金流量；（2）资产的使用寿命；（3）折现率。其中，资产使用寿命的预计与固定资产、无形资产的使用寿命预计方法相同。以下重点阐述资产未来现金流量和折现率的预计方法。

1. 资产未来现金流量的预计

为了估计资产未来现金流量的现值，需要首先预计资产的未来现金流量，为此，企业管理层应当在合理和有依据的基础上对资产剩余使用寿命内整个经济状况进行最佳估计，并将资产未来现金流量的预计，建立在经企业管理层批准的最近财务预算或者预测数据之上。

预计资产未来现金流量应当包括的内容主要有：

（1）资产持续使用过程中预计产生的现金流入。

（2）为实现资产持续使用过程中产生的现金流入所必需的预计现金流出（包括为使资产达到预定可使用状态所发生的现金流出）。该现金流出应当是可直接归属于或者可通过合理和一致的基础分配到资产中的现金流出，后者通常是指那些与资产直接相关的间接费用。

对于在建工程、开发过程中的无形资产等，企业在预计其未来现金流量时，就应当包括预期为使该类资产达到预定可使用状态（或者可销售状态）而发生的全部现金流出数。

（3）资产使用寿命结束时，处置资产所收到或者支付的净现金流量。该现金流量应当是在公平交易中，熟悉情况的交易双方自愿进行交易时，企业预期可从资产的处置中获取或者支付的、减去预计处置费用后的金额。

【例 9-5】甲公司管理层 2×16 年年末批准的财务预算中与产品 W 生产线预计未来现金流量有关的资料见表 9-6（有关现金流量均发生于年末，各年年末均不存在与产品 W 相关的存货，收入、支出均不含增值税）。

表 9-6　**与产品 W 生产线预计未来现金流量有关的财务预算资料**　单位：万元

项　目	2×17 年	2×18 年	2×19 年
产品 W 的销售收入	1 000	900	800
上年销售产品 W 产生的应收账款本年收回	0	50	80
本年销售产品 W 产生的应收账款将于下年收回	50	80	0
购买生产产品 W 的材料支付现金	500	450	400
以现金支付职工薪酬	200	190	150
其他现金支出	120	110	90
处置生产线净现金流入			50

根据上述资料，甲公司各年度的预计净现金流量确定如下：

2×17 年净现金流量=1 000-50-500-200-120=130（万元）

2×18 年净现金流量=900+50-80-450-190-110=120（万元）

2×19 年净现金流量=800+80-400-150-90+50=290（万元）

【例 9-6】承【例 9-5】，假定利用生产线生产的 W 产品受市场行情波动影响大，企业预计未来 3 年每年的现金流量情况见表 9-7。

表 9-7　**各年现金流量概率分布及发生情况**　单位：万元

年　份	产品行情好（30%的可能性）	产品行情一般（60%的可能性）	产品行情差（10%的可能性）
1	150	100	50
2	80	50	20
3	20	10	0

在这种情况下，资产未来现金流量应当根据每期现金流量期望值进行预计，每期现金流量期望值按照各种可能情况下的现金流量与其发生概率加权计算。按照表 9-7，企业计算的资产每年的预计未来现金流量如下：

第 1 年的预计现金流量（期望现金流量）=150×30%+100×60%+50×10%=110（万元）

第 2 年的预计现金流量（期望现金流量）=80×30%+50×60%+20×10%=56（万元）

第 3 年的预计现金流量（期望现金流量）=20×30%+10×60%+0×10%=12（万元）

预计资产未来现金流量应当考虑的因素有：

（1）企业资产在使用过程中有时会因为改良、重组等原因而发生变化，因此，在预计资产未来现金流量时，企业应当以资产的当前状况为基础，不应当包括与将来可能会发生的、尚未做出承诺的重组事项或者与资产改良有关的预计未来现金流量。

（2）企业预计的资产未来现金流量，不应当包括筹资活动产生的现金流入或者流出以及与所得税收付有关的现金流量。其原因：一是所筹集资金的货币时间价值已经通过折现因素予以考虑；二是折现率是以税前基础计算确定的，因此，现金流量的预计也必须建立在税前基础之上，这样可以有效避免在资产未来现金流量现值的计算过程中可能出现的重复计算等问题，以保证现值计算的正确性。

（3）企业在预计资产未来现金流量和折现率时，考虑因一般通货膨胀而导致物价上涨的因素，应当采用一致的基础。如果折现率考虑了因一般通货膨胀而导致的物价上涨影响因素，资产预计未来现金流量也应予以考虑；反之，如果折现率没有考虑因一般通货膨胀而导致的物价上涨影响因素，资产预计未来现金流量也应当剔除这一影响因素。总之，在考虑通货膨胀因素的问题上，资产未来现金流量的预计和折现率的预计，应当保持一致。

（4）在一些企业集团里，出于集团整体战略发展的考虑，某些资产生产的产品或者其他产出可能是供其集团内部其他企业使用或者对外销售的，所确定的交易价格或者结算价格是基于内部转移价格的，而内部转移价格很可能与市场交易价格不同，在这种情况下，为了如实测算企业资产的价值，就不应当简单地以内部转移价格为基础预计资产未来现金流量，而应当采用在公平交易中企业管理层能够达成的最佳的未来价格估计数进行预计。

2. 折现率的预计

为了进行资产减值测试，计算资产未来现金流量现值时所使用的折现率应当是反映当前市场货币时间价值和资产特定风险的税前利率。该折现率是企业在购置或者投资资产时所要求的必要报酬率。折现率的具体选择可以有以下几类：

（1）市场利率，企业在确定折现率时，应当首先以该资产的市场利率为依据。

（2）替代利率，如果该资产的利率无法从市场获得，可以使用替代利率估计。替代利率在估计时，可以根据企业加权平均资金成本、增量借款利率或者其他相关市场借款利率作适当调整后确定。

3. 资产未来现金流量现值的预计

在预计资产未来现金流量和折现率已经确定的基础之上，资产未来现金流量的现值只需将该资产的预计未来现金流量按照预计的折现率在预计期限内加以折现即可确定。其计算公式如下：

$$\text{资产未来现金流量的现值（NPV）}=\sum_{t=1}^{n}\frac{\text{第}t\text{年预计资产未来现金流量（}NCF_t\text{）}}{(1+\text{折旧率})^t}$$

【例 9-7】甲航运公司于 2×17 年年末对一艘远洋运输船舶进行减值测试。该船舶账面价值为 16 000 万元，预计尚可使用年限为 8 年。该船舶的公允价值减去处置费用后的净额难以确定，因此，企业需要通过计算其未来现金流量的现值确定资产的可收回金额。假定公司当初购置该船舶用的资金是银行长期借款资金，借款年利率为 15%，公司认为 15%是该资产的最低必要报酬率，已考虑了与该资产有关的货币时间价值和特定风险。因此在计算其未来现金流量现值时，使用 15%作为其折现率（税前）。

公司管理层批准的财务预算显示：公司将于2×22年更新船舶的发动机系统，预计将为此发生资本性支出1 500万元，这一支出将降低船舶运输油耗、提高使用效率等，因此将提高资产的运营绩效。

为了计算船舶在2×17年年末未来现金流量的现值，公司首先必须预计其未来现金流量。假定公司管理层批准的2×22年年末的该船舶预计未来现金流量见表9-8。

表9-8 **该船舶的预计未来现金流量** 单位：万元

年度	预计未来现金流量（不包括改良的影响金额）	预计未来现金流量（包括改良的影响金额）
2×18	2 500	
2×19	2 460	
2×20	2 380	
2×21	2 360	
2×22	2 390	
2×23	2 470	3 290
2×24	2 500	3 280
2×25	2 510	3 300

根据资产减值准则的规定，在2×17年年末预计资产未来现金流量时，应当以资产当时的状况为基础，不应考虑与该资产改良有关的预计未来现金流量，因此，尽管2×22年船舶的发动机系统将进行更新以改良资产绩效，提高资产未来现金流量，但是在2×17年年末对其进行减值测试时，不应将其包括在内，即在2×17年年末计算该资产未来现金流量的现值时，应当以不包括资产改良影响金额的未来现金流量为基础加以计算。具体计算见表9-9。

表9-9 **该船舶的预计未来现金流量（不包括改良的影响金额）** 金额单位：万元

年度	预计未来现金流量（不包括改良的影响金额）	以15%为折现率的折现系数	预计未来现金流量现值
2×18	2 500	0.8696	2 174
2×19	2 460	0.7561	1 860
2×20	2 380	0.6575	1 565
2×21	2 360	0.5718	1 349
2×22	2 390	0.4972	1 188
2×23	2 470	0.4323	1 068
2×24	2 500	0.3759	940
2×25	2 510	0.3269	821
合计			10 965

由于在2×17年年末，船舶的账面价值（尚未确认减值损失）为16 000万元，而其可收回金额为10 965万元，账面价值高于其可收回金额，因此，应当确认减值损失，并计提相应的资产减值准备。

应确认的减值损失=16 000−10 965=5 035（万元）

假定在2×18年至2×22年间该船舶没有发生进一步减值的迹象，因此不必再进行减值测试，无需计算其可收回金额。2×22年发生了1 500万元的资本性支出，改良了资产绩效，导致其未来现金流量增加，但由于我国资产减值准则不允许将以前期间已经确认的资产减值损失予以转回，因此，在这种情况下，也不必计算其可收回金额。

（四）资产可收回金额计量的例外情况

在下列情况下，估计资产的可收回金额可以有例外或者做特殊考虑：

（1）资产的公允价值减去处置费用后的净额与资产预计未来现金流量的现值，只要有一项超过了资产的账面价值，就表明资产没有发生减值，不需再估计另一项金额。

（2）没有确凿证据或者理由表明，资产预计未来现金流量现值显著高于其公允价值减去处置费用后的净额的，可以将资产的公允价值减去处置费用后的净额视为资产的可收回金额。企业持有待售的资产往往属于这种情况，即该资产在持有期间（处置之前）所产生的现金流量可能很少，其最终取得的未来现金流量往往就是资产的处置净收入。在这种情况下，以资产公允价值减去处置费用后的净额作为其可收回金额是适宜的，因为资产的未来现金流量现值不大会显著高于其公允价值减去处置费用后的净额。

（3）资产的公允价值减去处置费用后的净额如果无法可靠估计的，应当以该资产预计未来现金流量的现值作为其可收回金额。

（五）资产减值损失确认与计量的一般原则

（1）企业在对资产进行减值测试并计算了资产可收回金额后，如果资产的可收回金额低于其账面价值的，应当将资产的账面价值减记至可收回金额，减记的金额确认为资产减值损失，计入当期损益，同时计提相应的资产减值准备。这样，企业当期确认的减值损失应当反映在其利润表中，而计提的资产减值准备应当作为相关资产的备抵项目，反映于资产负债表中，从而夯实企业资产价值，避免利润虚增，如实反映企业的财务状况和经营成果。

（2）资产减值损失确认后，减值资产的折旧或者摊销费用应当在未来期间作相应调整，以使该资产在剩余使用寿命内，系统地分摊调整后的资产账面价值（扣除预计净残值）。比如，固定资产计提了减值准备后，固定资产账面价值将根据计提的减值准备相应抵减，因此，固定资产在未来计提折旧时，应当按照新的固定资产账面价值为基础计提每期折旧。

（3）资产减值损失一经确认，在以后会计期间不得转回。考虑到固定资产、无形资产、商誉等资产发生减值后，一方面价值回升的可能性比较小，通常属于永久性减值；另一方面从会计信息谨慎性要求考虑，为了避免确认资产重估增值和操纵利润，资产减值准则规定，资产减值损失一经确认，在以后会计期间不得转回。以前期间计提的资产减值准备，在资产处置、出售、对外投资、以非货币性资产交换方式换出、在债务重组中抵偿债务等时，才可予以转出。

【例9-8】承【例9-7】，根据测试和计算结果，甲航运公司应确认的船舶减值损失为

5 035 万元，账务处理如下：

借：资产减值损失——固定资产减值损失　　50 350 000

　贷：固定资产减值准备　　50 350 000

计提资产减值准备后，船舶的账面价值变为 10 965 万元，在该船舶的剩余使用寿命内，公司应当以此为基础计提折旧。如果发生进一步减值的，再作进一步的减值测试。

第四节　资产组减值

通常，对于资产减值的认定，应当以单项资产为基础估计其可收回金额。但是，许多情况下，现金流量是多项资产共同作用的结果。如现代企业中的流水线等类似的生产设备中的某一部分，很难确定其准确的现金流量。当企业难以对单项资产的可收回金额进行估计时，则应当以该资产所属的资产组为基础确定资产组的可收回金额。

一、资产组的认定

（一）资产组的概念

资产组是企业可以认定的最小资产组合，其产生的现金流入应当基本上独立于其他资产或者资产组。资产组应当由创造现金流入的相关资产组成。

（二）认定资产组应当考虑的因素

（1）资产组的认定，应当以资产组产生的主要现金流入是否独立于其他资产或者资产组的现金流入为依据。因此，资产组能否独立产生现金流入是认定资产组的最关键因素。比如，企业的某一生产线、营业网点、业务部门等，如果能够独立于其他部门或者单位等创造收入、产生现金流入，或者其创造的收入和现金流入的绝大部分独立于其他部门或者单位的，并且属于可认定的最小的资产组合的，通常应将该生产线、营业网点、业务部门等认定为一个资产组。

【例 9-9】某钢铁公司在厂区内部建有一条专用铁路与钢铁的生产和运输相配套，该铁路除非报废出售，其在持续使用中，难以脱离相关的其他资产而产生单独的现金流入，因此，企业难以对专用铁路的可收回金额进行单独估计，专用铁路和钢铁生产及运输的其他相关资产必须结合在一起，成为一个资产组，以估计该资产组的可收回金额。

在资产组的认定中，企业几项资产的组合生产的产品（或者其他产出）存在活跃市场的，无论这些产品或者其他产出是用于对外出售还是仅供企业内部使用，均表明这几项资产的组合能够独立创造现金流入，在符合其他相关条件的情况下，应当将这些资产的组合认定为资产组。

【例 9-10】甲企业生产某单一产品，并且只拥有 A、B、C 三家工厂。三家工厂分别位于三个不同的国家，而三个国家又位于三个不同的洲。工厂 A 生产一种组件，由工厂 B 或者 C 进行组装，最终产品由 B 或者 C 销往世界各地，工厂 B 的产品可以在本地销售，也可以在 C 所在洲销售（如果将产品从 B 运到 C 所在洲更加方便的话）。

B 和 C 的生产能力合在一起尚有剩余。B 和 C 生产能力的利用程度依赖于甲企业对于销售产品在两地之间的分配。以下分别认定与 A、B、C 有关的资产组。

假定 A 生产的产品（即组件）存在活跃市场，则 A 很可能可以认定为一个单独的资产组，原因是它生产的产品尽管主要用于 B 或者 C，但是由于该产品存在活跃市场，可以带来独立的现金流量，因此通常应当认定为一个单独的资产组。在确定其未来现金流量的现值时，公司应当调整其财务预算或预测，将未来现金流量的预计建立在公平交易的前提下，即A生产产品的未来价格最佳估计数，而不是其内部转移价格。

对于B和C而言，即使B和C组装的产品存在活跃市场，B和C的现金流入依赖于产品在两地之间的分配。B和C的未来现金流入不可能单独地确定。因此，B和C组合在一起是可以认定的、可产生基本上独立于其他资产或者资产组的现金流入的资产组合。B和C应当认定为一个资产组。在确定该资产组未来现金流量的现值时，公司也应当调整其财务预算或预测，将未来现金流量的预计建立在公平交易的前提下，是从A所购入产品的未来价格的最佳估计数，而不是其内部转移价格。

【例9-11】承【例9-10】，假定A生产的产品不存在活跃市场。

在这种情况下，由于A生产的产品不存在活跃市场，它的现金流入依赖于B或者C生产的最终产品的销售，因此，A很可能难以单独产生现金流入，其可收回金额很可能难以单独估计。

而对于B和C而言，其生产的产品虽然存在活跃市场，但是B和C的现金流入依赖于产品在两个工厂之间的分配，B和C在产能和销售上的管理是统一的，因此，B和C也难以单独产生现金流量，因而也难以单独估计其可收回金额。

因此，只有A、B、C三个工厂组合在一起（即将甲企业作为一个整体）才很可能是一个可以认定的、能够基本上独立产生现金流入的最小的资产组合，从而将A、B、C的组合认定为一个资产组。

（2）资产组的认定，应当考虑企业管理层对生产经营活动的管理或者监控方式（如是按照生产线、业务种类还是按照地区或者区域等）和对资产的持续使用或者处置的决策方式等。比如企业各生产线都是独立生产、管理和监控的，那么各生产线很可能应当认定为单独的资产组；如果某些机器设备是相互关联、互相依存的，其使用和处置是一体化决策的，那么这些机器设备很可能应当认定为一个资产组。

（三）资产组认定后不得随意变更

资产组一经确定后，在各个会计期间应当保持一致，不得随意变更，即资产组的各项资产构成通常不能随意变更。比如，某设备在2×18年归属于A资产组，在无特殊情况下，该设备在2×19年仍然应当归属于A资产组，而不能随意将其变更至其他资产组。但是，如果由于企业重组、变更资产用途等原因，导致资产组构成确需变更的，企业可以进行变更，但企业管理层应当证明该变更是合理的，并应当在附注中作相应说明。

二、资产组减值测试

资产组减值测试的原理和单项资产是一致的，即企业需要预计资产组的可收回金额和计算资产组的账面价值，并将两者进行比较，如果资产组的可收回金额低于其账面价值的，表明资产组发生了减值损失，应当予以确认。

（一）资产组账面价值和可收回金额的确定基础

资产组账面价值的确定基础应当与其可收回金额的确定方式相一致。因为这样的比较才有意义，否则如果两者在不同的基础上进行估计和比较，就难以正确估算资产组的减值损失。

资产组的可收回金额在确定时，应当按照该资产组的公允价值减去处置费用后的净额与其预计未来现金流量的现值两者之间较高者确定。

资产组的账面价值则应当包括可直接归属于资产组并可以合理和一致地分摊至资产组的资产账面价值，通常不应当包括已确认负债的账面价值，但如不考虑该负债金额就无法确定资产组可收回金额的除外。这是因为在预计资产组的可收回金额时，既不包括与该资产组的资产无关的现金流量，也不包括与已在财务报表中确认的负债有关的现金流量。因此，为了与资产组可收回金额的确定基础相一致，资产组的账面价值也不应当包括这些项目。

资产组在处置时如要求购买者承担一项负债（如环境恢复负债等），该负债金额已经确认并计入相关资产账面价值，而且企业只能取得包括上述资产和负债在内的单一公允价值减去处置费用后的净额的，为了比较资产组的账面价值和可收回金额，在确定资产组的账面价值及其预计未来现金流量的现值时，应当将已确认的负债金额从中扣除。

【例 9-12】ABC 公司在某山区经营一座某有色金属矿山，根据规定，公司在矿山完成开采后应当将该地区恢复原貌。恢复费用主要为山体表层复原费用（比如恢复植被等），因为山体表层必须在矿山开发前挖走。因此，企业在山体表层被挖走后，确认了一项预计负债，并计入矿山成本，假定其金额为 500 万元。

2×16 年 12 月 31 日，随着开采进展，公司发现矿山中的有色金属储量远低于预期，因此，公司对该矿山进行了减值测试。考虑到矿山的现金流量状况，整座矿山被认定为一个资产组。该资产组在 2×16 年年末的账面价值为 1 000 万元（包括确认的恢复山体原貌的预计负债）。

矿山（资产组）如于 2×16 年 12 月 31 日对外出售，买方愿意出价 820 万元（包括恢复山体原貌成本，即已经扣减这一成本因素），预计处置费用为 20 万元，因此该矿山的公允价值减去处置费用后的净额为 800 万元。

矿山的预计未来现金流量的现值为 1 200 万元，不包括恢复费用。

根据资产减值准则的要求，为了比较资产组的账面价值和可收回金额，在确定资产组的账面价值及其预计未来现金流量的现值时，应当将已确认的负债金额从中扣除。

在本例中，资产组的公允价值减去处置费用后的净额为 800 万元，该金额已经考虑了恢复费用。该资产组预计未来现金流量的现值在考虑了恢复费用后为 700 万元（1 200-500）。因此，该资产组的可收回金额为 800 万元。资产组的账面价值在扣除了已确认的恢复原貌预计负债后的金额为 500 万元（1 000-500）。这样，资产组的可收回金额大于其账面价值，所以，资产组没有发生减值，不必确认减值损失。

（二）资产组减值的会计处理

根据减值测试的结果，资产组（包括资产组组合，在后述有关总部资产或者商誉的减值测试时涉及）的可收回金额如低于其账面价值，应当确认相应的减值损失。减值损失金额应当按照以下顺序进行分摊：

（1）抵减分摊资产组中商誉的账面价值。

（2）根据资产组中除商誉之外的其他各项资产的账面价值所占比重，按比例抵减其他各项资产的账面价值。

以上资产账面价值的抵减，应当作为各单项资产（包括商誉）的减值损失处理，计入当期损益。抵减后的各资产的账面价值不得低于以下三者之中最高者：该资产的公允价值减去处置费用后的净额（如可确定）、该资产预计未来现金流量的现值（如可确定）和零。因此而导致的未能分摊的减值损失金额，应当按照相关资产组中其他各项资产的账面价值所占比重进行分摊。

【例 9-13】某公司有一条生产仪器的生产线，该生产线由 A、B、C 三台机器构成，成本分别为 200 000 元、500 000 元和 300 000 元，使用年限均为 10 年，净残值为零，以年限平均法计提折旧。各机器均无法单独产生现金流量，但整条生产线构成完整的产销单位，属于一个资产组。2×16 年该生产线所生产的仪器有替代产品上市，到年底，导致公司仪器的销路锐减 60%，因此，该公司对该生产线进行了减值测试。

2×16 年 12 月 31 日，A、B、C 三台机器的账面价值分别为 100 000 元、250 000 元、150 000 元。估计机器 A 的公允价值减去处置费用后的净额为 90 000 元，机器 B、C 都无法合理估计其公允价值减去处置费用后的净额以及未来现金流量的现值。

整条生产线预计尚可使用 5 年。经估计其未来 5 年的现金流量及其恰当的折现率后，得到该生产线预计未来现金流量的现值为 400 000 元。由于公司无法合理估计生产线的公允价值减去处置费用后的净额，公司以该生产线预计未来现金流量的现值作为其可收回金额。

鉴于在 2×16 年 12 月 31 日，该生产线的账面价值为 500 000 元，而其可收回金额为 400 000 元，生产线的账面价值高于其可收回金额，因此该生产线已经发生了减值，公司应当确认减值损失 100 000 元，并将该减值损失分摊到构成生产线的 3 台机器中。由于机器 A 的公允价值减去处置费用后的净额为 90 000 元，因此，机器 A 最多只能分摊 10 000 元的资产减值损失。具体分摊过程见表 9-10。

表 9-10 **资产组减值损失分摊表** 金额单位：元

项　目	机器 A	机器 B	机器 C	整个生产线（资产组）
账面价值	100 000	250 000	150 000	500 000
可收回金额				400 000
减值损失				100 000
减值损失分摊比例	20%	50%	30%	
分摊减值损失	10 000	50 000	30 000	90 000
分摊后账面价值	90 000	200 000	120 000	
尚未分摊的减值损失				10 000
二次分摊比例		62.5%	37.5%	
二次分摊减值损失		6 250	3 750	
二次分摊后应确认减值损失总额		56 250	33 750	
二次分摊后账面价值	90 000	193 750	116 250	400 000

注：按照分摊比例，机器 A 应当分摊减值损失 20 000 元（100 000×20%），但由于机器 A 的公允价值减去处置费用后的净额为 90 000 元，因此机器 A 最多只能确认减值损失 10 000 元（100 000-90 000），未能分摊的减值损失 10 000 元（20 000-10 000）应当在机器 B 和机器 C 之间进行再分摊。

根据上述计算和分摊结果，构成甲生产线的机器 A、机器 B 和机器 C 应当分别确认减值损失 10 000 元、56 250 元和 33 750 元，账务处理如下：

借：资产减值损失——机器 A　　10 000
　　　　　　　　——机器 B　　56 250
　　　　　　　　——机器 C　　33 750

贷：固定资产减值准备——机器 A　10 000

——机器 B　56 250

——机器 C　33 750

三、总部资产的减值测试

企业总部资产包括企业集团或其事业部的办公楼、电子数据处理设备、研发中心等资产。总部资产的显著特征是难以脱离其他资产或者资产组产生独立的现金流入，而且其账面价值难以完全归属于某一资产组。因此，总部资产通常难以单独进行减值测试，需要结合其他相关资产组或者资产组组合进行。

资产组组合，是指由若干个资产组组成的最小资产组组合，包括资产组或者资产组组合，以及按合理方法分摊的总部资产部分。

在资产负债表日，如果有迹象表明某项总部资产可能发生减值的，企业应当计算确定该总部资产所归属的资产组或者资产组组合的可收回金额，然后将其与相应的账面价值相比较，据以判断是否需要确认减值损失。

企业对某一资产组进行减值测试时，应当先认定所有与该资产组相关的总部资产，再根据相关总部资产能否按照合理和一致的基础分摊至该资产组分别下列情况处理：

（1）对于相关总部资产能够按照合理和一致的基础分摊至该资产组的部分，应当将该部分总部资产的账面价值分摊至该资产组，再据以比较该资产组的账面价值（包括已分摊的总部资产的账面价值部分）和可收回金额，并按照前述有关资产组减值测试的顺序和方法处理。

（2）对于相关总部资产中有部分资产难以按照合理和一致的基础分摊至该资产组的，应当按照下列步骤处理：首先，在不考虑相关总部资产的情况下，估计和比较资产组的账面价值和可收回金额，并按照前述有关资产组减值测试的顺序和方法处理。其次，认定由若干个资产组组成的最小的资产组组合，该资产组组合应当包括所测试的资产组与可以按照合理和一致的基础将该部分总部资产的账面价值分摊至其中的部分。最后，比较所认定的资产组组合的账面价值（包括已分摊的总部资产的账面价值部分）和可收回金额，并按照前述有关资产组减值测试的顺序和方法处理。

【例 9-14】ABC 公司系高科技企业，拥有 A、B 和 C 三个资产组，在 2×16 年年末，这三个资产组的账面价值分别为 200 万元、300 万元和 400 万元，没有商誉。这三个资产组为三条生产线，预计剩余使用寿命分别为 10 年、20 年和 20 年，采用年限平均法计提折旧。由于 ABC 公司的竞争对手通过技术创新推出了更高技术含量的产品，并且受到市场欢迎，从而对 ABC 公司产品产生了重大不利影响，为此，ABC 公司于 2×16 年年末对各资产组进行了减值测试。在对资产组进行减值测试时，首先应当认定与其相关的总部资产。ABC 公司的经营管理活动由总部负责，总部资产包括一栋办公大楼和一个研发中心，其中办公大楼的账面价值为 300 万元，研发中心的账面价值为 100 万元。办公大楼的账面价值可以在合理和一致的基础上分摊至各资产组，但是研发中心的账面价值难以在合理和一致的基础上分摊至各相关资产组。对于办公大楼的账面价值，企业根据各资产组的账面价值和剩余使用寿命加权平均计算的账面价值分摊比例进行分摊，具体见表 9-11。

表 9-11 **包括办公大楼分摊金额的各资产组的账面价值计算表** 金额单位：万元

项 目	资产组 A	资产组 B	资产组 C	合 计
各资产组账面价值	200	300	400	900
各资产组剩余使用寿命	10	20	20	
按使用寿命计算的权重	1	2	2	
加权计算后的账面价值	200	600	800	1 600
办公大楼分摊比率	12.5%	37.5%	50%	100%
办公大楼账面价值分摊到各资产组的金额	37.5	112.5	150.0	300
包括办公大楼分摊金额的各资产组的账面价值	237.5	412.5	550.0	1 200

企业随后应当确定各资产组的可收回金额，并将其与账面价值（包括已分摊的办公大楼的账面价值部分）相比较，以确定相应的减值损失。考虑到研发中心的账面价值难以按照合理和一致的基础分摊至资产组，因此确定由 A、B、C 三个资产组组成最小资产组组合（即为 ABC 整个企业），通过计算该资产组组合的可收回金额，并将其与账面价值（包括已分摊的办公大楼账面价值和研发中心的账面价值）相比较，以确定相应的减值损失。假定各资产组和资产组组合的公允价值减去处置费用后的净额难以确定，企业根据它们的预计未来现金流量的现值来计算其可收回金额，计算现值所用的折现率为 15%，计算过程见表 9-12。

表 9-12 **各资产组可收回金额计算表** 单位：万元

年份	资产组 A		资产组 B		资产组 C		包括研发中心在内的最小资产组组合（ABC 公司）	
	未来现金流量	现值	未来现金流量	现值	未来现金流量	现值	未来现金流量	现值
2×17	36	31	18	16	20	17	78	68
2×18	62	47	32	24	40	30	144	109
2×19	74	49	48	32	68	45	210	138
2×20	84	48	58	33	88	50	256	146
2×21	94	47	64	32	102	51	286	142
2×22	104	45	66	29	112	48	310	134
2×23	110	41	68	26	120	45	324	122
2×24	110	36	70	23	126	41	332	109
2×25	106	30	70	20	130	37	334	95
2×26	96	24	70	17	132	33	338	84
2×27			72	15	132	28	264	57
2×28			70	13	132	25	262	49
2×29			70	11	132	21	262	43
2×30			64	9	130	18	256	36
2×31			60	7	124	15	244	30
2×32			52	6	120	13	230	25
2×33			44	4	114	9	216	17
2×34			36	3	102	7	194	14
2×35			28	2	85	5	170	10
2×36			20	1	70	4	142	8
现值合计		398		321		544		1 434

注：由于计算结果保留整数，导致合计数有误差。

根据表 9-12 的资料，资产组 A、B、C 的可收回金额分别为 398 万元、321 万元和 544 万元，相应的账面价值（包括分摊的办公大楼账面价值）分别为 237.5 万元、412.5 万元和 550 万元，资产组 B 和 C 的可收回金额均低于其账面价值，应当分别确认 91.5 万元和 6 万元减值损失，并将该减值损失在办公大楼和资产组之间进行分摊。根据分摊结果，因资产组 B 发生减值损失 91.5 万元而导致办公大楼减值 24.95 万元（91.5×112.5÷412.5），导致资产组 B 中所包括资产发生减值 66.55 万元（91.5×300÷412.5）；因资产组 C 发生减值损失 6 万元而导致办公大楼减值 1.64 万元（6×150÷550），导致资产组 C 中所包括资产发生减值 4.36 万元（6×400÷550）。

经过上述减值测试后，资产组 A、B、C 和办公大楼的账面价值分别为 200 万元、233.45 万元、395.64 万元和 273.41 万元，研发中心的账面价值仍为 100 万元，由此包括研发中心在内的最小资产组组合（即 ABC 公司）的账面价值总额为 1 202.50 万元（200+233.45+395.64+273.41+100），但其可收回金额为 1 434 万元，高于其账面价值，因此，企业不必再进一步确认减值损失。

第五节　商誉减值

一、商誉与商誉减值测试的基本要求

商誉是指能在未来期间为企业经营带来超额利润的潜在经济价值，或一家企业预期的获利能力超过可辨认资产正常获利能力（如社会平均投资报酬率）的资本化价值。商誉是企业整体价值的组成部分。在企业合并时，它是购买企业的投资成本超过被合并企业净资产公允价值的差额。

商誉的经济含义是企业收益水平与行业平均收益水平差额的资本化价格。它是由在顾客中形成的良好声誉、企业管理卓著、经营效率较好、生产技术的垄断以及地理位置的天然优势所产生的。

商誉是一种不可确指的无形资产，它不能独立存在，它具有附着性特征，与企业的有形资产和企业的环境紧密相联。它既不能单独转让、出售，也不能作为独立的一项资产进行投资，不存在单独的转让价值。它只能依附于企业整体，商誉的价值是通过企业整体收益水平来体现的。

企业合并所形成的商誉，至少应当在每年年度终了进行减值测试。由于商誉难以独立产生现金流量，应当结合与其相关的资产组或者资产组组合进行减值测试。为了进行资产减值测试，因企业合并形成的商誉的账面价值，应当自购买日起按照合理的方法分摊至相关的资产组；难以分摊至相关的资产组的，应当将其分摊至相关的资产组组合。这些相关的资产组或者资产组组合应当是能够从企业合并的协同效应中受益的资产组或者资产组组合，但不应当大于按照《企业会计准则第 35 号——分部报告》所确定的报告分部。企业在分摊商誉的账面价值时，应当依据相关的资产组或者资产组组合从企业合并的协同效应中的受益情况进行分摊，并在此基础上进行商誉减值测试。

企业因重组等原因改变了其报告结构，从而影响到已分摊商誉的一个或者若干个资产组或者资产组组合构成的，应当按照合理的方法，将商誉重新分摊至受影响的资产组或者资产组组合。

二、商誉减值测试的方法与会计处理

企业在对包含商誉的相关资产组或者资产组组合进行减值测试时，如与商誉相关的资产组或者资产组组合存在减值迹象的，应当按以下步骤处理：首先对不包含商誉的资产组或者资产组组合进行减值测试，计算可收回金额，并与相关账面价值相比较，确认相应的减值损失；然后再对包含商誉的资产组或者资产组组合进行减值测试，比较这些相关资产组或者资产组组合的账面价值（包括所分摊的商誉的账面价值部分）与其可收回金额，如相关资产组或者资产组组合的可收回金额低于其账面价值，应当就其差额确认减值损失，减值损失金额应当首先抵减分摊至资产组或者资产组组合中商誉的账面价值；再根据资产组或者资产组组合中除商誉之外的其他各项资产的账面价值所占比例抵减其他各项资产的账面价值。

以上资产账面价值的抵减，都应当作为各单项资产（包括商誉）的减值损失处理，计入当期损益。抵减后的各资产的账面价值不得低于以下三者之中的最高者：该资产的公允价值减去处置费用后的净额（如可确定）、该资产预计未来现金流量的现值（如可确定）和零。因此而导致的未能分摊的减值损失金额，应当按照相关资产组或者资产组组合中其他各项资产的账面价值所占比例进行分摊。

由于按照《企业会计准则第 20 号——企业合并》的规定，因企业合并所形成的商誉是母公司根据其在子公司所拥有的权益而确认的商誉，子公司中归属于少数股东的商誉并没有在合并财务报表中予以确认。因此，在对与商誉相关的资产组或者资产组组合进行减值测试时，由于其可收回金额包括归属于少数股东的商誉价值部分，因此为了使减值测试建立在一致的基础上，企业应当调整资产组的账面价值，将归属于少数股东权益的商誉包括在内，然后根据调整后的资产组账面价值与其可收回金额进行比较，确定资产组（包括商誉）是否发生了减值。上述资产组如发生减值，应当首先抵减商誉的账面价值，但由于根据上述方法计算的商誉减值损失包括了应由少数股东权益承担的部分，而少数股东权益拥有的商誉价值及其减值损失都不在合并财务报表中反映，合并财务报表只反映归属于母公司的商誉减值损失，因此应当将商誉减值损失在可归属于母公司和少数股东权益部分之间按比例进行分摊，以确认归属于母公司的商誉减值损失。

【例 9-15】甲企业在 2×17 年 1 月 1 日以 1 600 万元的价格收购了乙企业 80%的股权。在购买日，乙企业可辨认净资产的公允价值为 1 500 万元，没有负债和或有负债。因此，甲企业在购买日编制的合并资产负债表中确认商誉 400 万元（1 600-1 500×80%）、乙企业可辨认净资产 1 500 万元和少数股东权益 300 万元（1 500×20%）。

假定乙企业的所有资产被认定为一个资产组，而且乙企业的所有可辨认净资产均未发生资产减值迹象，未进行过减值测试。由于该资产组包括商誉，因此，它至少应当于每年年度终了进行减值测试。

在 2×17 年年末，甲企业确定该资产组的可收回金额为 1 000 万元，可辨认净资产的账面价值为 1 350 万元。由于乙企业作为一个单独的资产组的可收回金额 1 000 万元中，包括归属于少数股东权益在商誉价值中享有的部分。因此，出于减值测试的目的，在与资产组的可收回金额进行比较之前，必须对资产组的账面值进行调整，使其包括归属于少数股东权益的商誉价值 100 万元（（1 600÷80%-1 500）×20%）。然后再据此比较该资产组的账面价值和可收回金额，确定是否发生了减值损失。其测试过程见表 9-13。

表 9-13　**减值测试过程**　单位：万元

2×17年年末	商誉	可辨认净资产	合计
账面价值	400	1 350	1 750
未确认归属于少数股东的商誉价值	100		100
调整后账面价值	500	1 350	1 850
可收回金额			1 000
减值损失			850

根据上述计算结果，资产组发生减值损失 850 万元，应当首先冲减商誉的账面价值，然后再将剩余部分分摊至资产组中的其他资产。在本例中，850 万元减值损失中有 500 万元应当属于商誉减值损失，其中由于在合并财务报表中确认的商誉仅限于甲企业持有乙企业 80%的股权部分，因此，甲企业只需要在合并报表中确认归属于甲企业的商誉减值损失，即 500 万元商誉减值损失的 80%，为 400 万元。剩余的 350 万元（850-500）减值损失应当冲减乙企业的可辨认净资产的账面价值，作为乙企业可辨认资产的减值损失。减值损失的分摊过程见表 9-14。

表 9-14　**减值损失的分摊过程**　单位：万元

2×17年年末	商誉	可辨认净资产	合计
账面价值	400	1 350	1 750
确认的减值损失	-400	-350	-750
确认减值损失后的账面价值	—	1 000	1 000

如果商誉已经分摊至某一资产组，而且企业处置该资产组中的一项经营，与该处置经营相关的商誉应当：（1）在确定处置损益时，将其包括在该处置经营的账面价值中；（2）以该项处置经营和该资产组的剩余部分价值的比例为基础进行分摊，除非企业能够表明其他的方法能更好地反映与处置经营相关的商誉。

本章小结

本章主要阐述了资产减值的会计确认、计量、记录和报告方法，重点讲述了金融资产减值的确认和计量方法；非流动资产（以固定资产、无形资产为例）减值的确认和计量方法。

资产减值是指因外部因素、内部使用方式或范围发生改变而导致企业资产使用价值的降低，使得资产未来可能流入企业的经济利益低于资产现有的账面价值，这种减值一般是非预期的、偶然的。资产减值会计就是如何对资产减值损失进行确认和计量。我国现行会计准则，对于不同资产减值应用不同的准则进行规范。本章主要对于《企业会计准则第 22 号——金融工具确认和计量》和《企业会计准则第 8 号——资产减值》中的资产减值讲述了其确认和计量。

企业应当在资产负债表日对以公允价值计量且其变动计入当期损益的金融资产以外的

金融资产的账面价值进行检查，有客观证据表明该金融资产发生减值的，应当计提减值准备。持有至到期投资、贷款及应收款项等金融资产发生减值时，应当将该金融资产的账面价值减记至预计未来现金流量（不包括尚未发生的未来信用损失）的现值，减记的金额确认为资产减值损失，计入当期损益。可供出售金融资产发生减值时，即使该金融资产没有终止确认，原直接计入所有者权益的因公允价值下降形成的累计损失，也应当予以转出，计入当期损益。对于已确认减值损失的可供出售债务工具，在随后的会计期间公允价值已上升且客观上与原减值损失确认后发生的事项有关的，应在原确认的减值损失范围内按已恢复的金额予以转回，计入当期损益（资产减值损失）。可供出售权益工具投资发生的减值损失，不得通过损益转回。在活跃市场中没有报价且其公允价值不能可靠计量的权益工具投资，或与该权益工具挂钩并须通过交付该权益工具结算的衍生金融资产发生的减值损失，不得转回。

对于《企业会计准则第 8 号——资产减值》规范的资产减值，单项资产的减值测试比较简单，只需要先计算出账面价值，再和它的可收回金额或可变现净值或未来现金流量现值比较，如果账面价值大于后者，则发生了减值，要计提减值准备。资产组的减值测试首先要认定资产组，然后比较资产组的账面价值和可收回金额，当账面价值大于可收回金额时，要确认资产减值损失，发生的减值损失，首先要抵减资产组中商誉的账面价值，然后再根据资产组中除商誉以外的其他各项资产的账面价值的比例分摊。但是分摊后的各资产的账面价值不得低于该资产的公允价值减去处置费用后的金额、预计未来现金流量现值和零这三者之间的最高者。对于总部资产的减值测试要分两种情况：第一种是总部资产可能有一部分能够按照合理和一致的基础分摊至资产组，此时要将包含这部分总部资产的资产组的账面价值和其可收回金额比较，然后按照上面资产组减值测试的顺序和方法处理；第二种是总部资产可能还有一部分不能按照合理和一致的基础分摊至资产组，此时要在不考虑总部资产的情况下，比较资产组的账面价值和可收回金额，按照上面资产组减值测试的顺序和方法处理，再将资产组和不能分摊的总部资产作为一个最小的资产组组合，比较资产组组合的账面价值和可收回金额，发生减值的，要将其分摊到总部资产和资产组，再计算资产组各单项资产的减值损失。

复习思考题

1. 什么是资产减值？
2. 什么是资产减值测试？
3. 什么是资产的可收回金额？
4. 各项金融资产减值损失应如何确认和计量？
5. 单项固定资产减值损失应如何确认和计量？
6. 资产组的减值测试有何特点？
7. 总部资产的减值测试有何特点？
8. 商誉的减值测试有何特点？

个案分析

总部资产和资产组减值准备的计提

某公司在 A、B、C 三地拥有三家分公司，其中，C 分公司是上年吸收合并的公司。

这三家分公司的经营活动由一个总部负责运作。由于 A、B、C 三家分公司均能产生独立于其他分公司的现金流入，所以该公司将这三家分公司确定为三个资产组。2×16 年 12 月 1 日，企业经营所处的技术环境发生了重大不利变化，出现减值迹象，需要进行减值测试。假设总部资产的账面价值为 520 万元，能够按照合理和一致的方式分摊，A 分公司资产的使用寿命为 10 年，B、C 分公司和总部资产的使用寿命为 15 年。减值测试时，A、B、C 三个资产组的账面价值分别为 100 万元、120 万元和 160 万元（其中合并商誉为 10 万元）。该公司计算得出 A 分公司资产的可收回金额为 210 万元，B 分公司资产的可收回金额为 270 万元，C 分公司资产的可收回金额为 351 万元。假定将总部资产分摊到各资产组时，根据各资产组的账面价值和剩余使用寿命加权平均计算的账面价值分摊比例进行分摊。

要求：判断总部资产和各资产组是否应计提减值准备，若计提减值准备，计算减值准备的金额。

第十章

分支机构会计

学习目标

本章首先界定了总部和分支机构的概念，阐述了分支机构、分支机构会计的基本特征，讲解了分支机构设立、总部与分支机构之间内部往来的账务处理方法和总部与分支机构联合报表的编制。通过学习，要求深刻理解总部和分支机构的内涵，把握分支机构会计的基本特征，重点掌握总部与分支机构之间内部往来的三种账务处理方法，掌握联合财务报表的编制。

第一节　分支机构会计概述

分支机构是指某公司（称为总部）设置的，不具有法人资格，其民事责任由总部承担的业务经营单位，亦称分部机构。分支机构在不同的企业或行业有不同的名称，如有些企业称为分支机构，有些企业称为分厂，商业系统称为分店，银行系统称为分行等。分支机构往往开设在公司总部以外的地区或城市，也可以开设在与公司总部同一城市的不同城区，它是现代企业拓展延伸的一种组织形式。随着企业扩张和集团经济的发展，越来越多的分支机构在企业发展中起着举足轻重的作用。这种扩张表现在两个方面：一是地域性的扩大；二是行业的突破，实现多元化经营。这种扩张的基本表现就是企业分支机构的出现和增加。企业分支机构的出现带来了一些新的会计问题，即分支机构会计。

一、分支机构的基本特征

（1）分支机构不具有独立的法人地位，不具备对外筹集资本、对外投资的功能，其经营资金要从总部取得，并在总部的严格控制和直接管理下从事业务经营。

（2）分支机构的经营管理权要受制于总部。按总部对分支机构的经营管理权的控制程度，分支机构可采用两种体制：分散制与集中制。在分散制下，分支机构有着一定的经营自主权，可以规划营运资金的运作，拥有相对完备的商品购销权，可以单独核算盈亏，其会计核算是相对独立的；而在集中制下，分支机构则不具备经营自主权，一切要听从总部的安排，其会计核算是非独立的，这种模式以分支机构中的销售代理店为主要代表。

在实践中，分支机构的设置往往很难界定是集中制还是分散制，经常是介于两者之间，这就为如何建立分支机构的会计核算体系设置了障碍，因为两种体制下的会计核算是截然不同的。

（3）分支机构是一个相对独立的会计主体。严格来讲，以销售代理店为代表的集中制分支机构由于其不具备自主经营权，其主要会计业务表现为总部拨付现金和分支机构报销费用并补足备用金的简单会计核算内容，所以没必要设置完整的会计账簿。从本质上讲，它不是一个真正意义上的会计主体。本章所提及的会计主体主要是指分散制下的分支机构。由于分散制下的分支机构有一定的自主经营权，可以拥有独立的银行账户，可以独立核算经营成果，可以独立编制财务报表，显然，其具备一个会计主体的诸要素。但是，分支机构的会计核算内容只是其所能控制和负责的部分，像固定资产这样的非流动资产，分支机构是无资格反映的。另外，其财务报表的编制是出于满足内部管理的需要，不能对外提供，而只能作为总部编制对外报表的一个资料来源。由此可见，分支机构只是一个相对独立的会计主体。

（4）分支机构在决策、管理效益、人才培养等方面都具有优势。总部设立分支机构的主要目的是拓展经营，这一目的的实现还具体表现为分支机构在决策、管理效益、人才培养等方面的优势。首先，分散的决策、最贴近现场的决策、责任范围较小的决策是有效率的决策；其次，经营管理权限的划分，可以有效地调动分支机构经理的积极性，提高管理效益；最后，分支机构授权经营和管理，有助于管理人员的培养与成长。

二、分支机构会计的基本特征

基于分支机构的特征，只有分散制下的分支机构才是一个会计主体，所以本章介绍的分支机构会计也是针对分散制的分支机构而言的。正是由于分支机构会计主体的相对性决定它具有自身的特征。

（一）总部与分支机构账簿设置的对应性

作为一个会计主体存在的分支机构，往往要设置一整套账簿，用来记录从总部收到的营运资金和商品，以及对外发生的购货、销货、应付账款、应收账款、各种费用等，并定期编制财务报表，向总部报告。会计账户的名称与编号、财务报表的内容和格式以及内部控制制度和会计方针，一般都由总部事先规定。分支机构会计应入账的会计事项，应是分支机构经理能够控制，因而可以负责的各种资产、负债、收入和费用，所以，分支机构所设置的会计账户应能反映这种责任。至于固定资产和折旧费用，因为常常集中在总部进行核算和管理，所以被认为是分支机构经理不能控制的，也不需要分支机构经理来负责。

在分支机构的总分类账中，必须专门设置一个“总部往来”账户，凡收到总部拨来的商品、现金或其他资产时，均贷记该账户；凡向总部或其他分支机构送交商品、现金或其他资产时，则借记该账户。因此，“总部往来”账户的性质相当于所有者权益类，其余额表示总部对该分支机构的投资或总部在该分支机构中所享有的权益。各会计期末，分支机构结账时，其实现的利润或发生的亏损也要记入“总部往来”账户。在总部账上，则要设置一个对应的账户：如只有一个分支机构就设置“分支机构往来”账户；

如有多家分支机构，应按分支机构名称设置明细账。“分支机构往来”账户借方记载所有拨付给分支机构的商品、现金和其他资产，以及分支机构赚得的利润；贷方记载由分支机构交来的现金、商品和其他资产，以及分支机构发生的亏损。由此可见，分支机构账上“总部往来”账户和总部账上“分支机构往来”账户所记载的内容完全相同，只是记账的方向相反，所以它们是两个互相对应的账户。鉴于这两个账户记载的都是总部对分支机构的投资，所以在编制总部与分支机构的联合财务报表时，必须予以抵销，以免重复计算。

（二）总部与分支机构往来商品计价口径的多样性

总部发运给分支机构的商品，只是企业内部的商品调拨，商品的所有权并没有转移，因而不能作为销售处理，但总、分支机构又是两个不同的会计主体，所以必须作价记账。可用的作价方法有三种，不同作价方法的内容如下：

1. 按成本作价

这是一种最简单、最普遍的作价方法，它可以避免在期末存货中包含未实现的内部利润，使分支机构的财务报表具有真实的意义，从而反映出分支机构真实的经营成果。但是拨付分支机构的商品按成本作价时，将使全部利润都在分支机构中实现，即使有些商品是总部自己生产的，也是如此。在这种情况下，按成本作价就不符合实际情况，因为它会夸大分支机构的获利能力。

2. 按成本加成作价

这是总部在向分支机构拨付商品时，按成本加上一定百分比的利润作价的方法。以成本加成作价，将使分支机构报告的利润降低，而使期末存货被多计。这就需要总部在期末编制联合财务报表时，进行适当的调整，以消除存货高于成本的那部分未实现利润。

3. 按销售价格作价

在这种方法下，分支机构收到商品时按销售价格借记“存货”账户，销货时仍按销售价格贷记“存货”账户，分支机构“存货”账户的余额就是按销售价格计价的库存商品。总部根据向分支机构发货的记录，以及分支机构的销货报告，就可以掌握分支机构还有多少可供销售的商品。如果分支机构期末实际盘点的存货金额与账面不符，就表示有可能存在某些差错、损失或失窃的情况，便于总部及时组织力量进行检查和处理，从而也有利于加强分支机构对存货的管理。

（三）总、分支机构报表体系的双重性

总部与分支机构分别作为一个会计主体，应定期编制财务报表。但是由于分支机构是总部的组成部分，分支机构的财务报表只是用来满足内部管理的需要，总部才是对外提供财务报表的独立会计主体，总部与分支机构之间的业务是会计主体内部的事项。因此，还要将总部与分支机构各自的财务报表联合起来，抵销和调整总部与分支机构之间的会计事项，编制反映整个企业财务状况和经营成果的财务报表，即联合财务报表，满足对外提供报表的需要。

可见，财务报表的编制实际上分为两个层次：一是总部与分支机构的个别财务报表；二是把总部与分支机构作为一个会计主体而编制的联合财务报表。

第二节　分支机构的会计核算

分支机构会计除了设置一般会计账户外，双方还需要设立两个对应的账户：总部设置“分支机构往来”账户，分支机构设置“总部往来”账户，用来核算总部与分支机构间发生的商品货币拨付关系。

总部设置“分支机构往来”账户，其借方记录总部向分支机构提供商品、现金、劳务以及分支机构报告的净利润等，贷方记录从分支机构收回的现金、资产以及分支机构的亏损等。因此“分支机构往来”这一账户实际上采用了会计上的权益法。如果有多家分支机构，可以按分支机构的名称设立明细账户核算。

分支机构设置“总部往来”账户的贷方记录所有由总部提供的商品、现金以及其他资产，借方记录分支机构上交总部或转交其他分支机构的所有现金、商品以及其他资产等。“总部往来”是一种准权益类账户，完成类似权益类账户核算的要求。它反映了总部对分支机构的投资。期末，分支机构对其所有会计记录进行结账，其“利润”账户余额结转到“总部往来”账户，净收入记入贷方，净亏损记入借方。

由于一笔业务同时记入总部和分支机构，只是方向相反，期末结账的时候，如果不存在未达账项，总部和分支机构相应账户的余额应该金额相等、方向相反，在编制联合财务报表的时候正好互相抵销。

分支机构会计的日常业务（如购进、生产和销售等）与一般会计处理无异，我们不再单独进行讲解。主要需要讲述的内容有：分支机构设立、与总部往来、分支机构之间往来、费用分摊、期末联合报表编制（包括联合抵销和总部调整）等。

一、分支机构的设立

当新的分支机构成立时，总部会将一定的现金、商品和设备拨付分支机构，无论总部还是分支机构其账面上都应有记录。总部的分录为借记“分支机构往来”账户，贷记相应的现金、商品和设备。

【例 10-1】大连总部在合肥设立分支机构，总部交给分支机构 100 000 元现金和价值 200 000 元的设备一套。总部及分支机构的会计分录如下：

总部记录将现金及设备转移给分支机构：

借：分支机构往来	300 000	
贷：库存现金		100 000
固定资产——设备		200 000

分支机构记录从总部转来的现金和设备：

借：库存现金	100 000	
固定资产——设备	200 000	
贷：总部往来		300 000

二、总部与分支机构之间的往来

与子公司不同，分支机构的大量经济业务是企业内部之间的往来，包括总部与分支机构之间的往来和分支机构之间的往来。这些往来既包括商品往来，也包括固定资产、劳务等的往来，其核算原理大体相同。这里主要以商品往来为例，讲解商品往来中三种不同的转移价格的核算：按成本、按成本加成价、按零售价。

（一）按成本价转移商品的核算

按成本计价，即按企业从外部购进商品的成本或自制存货的成本来确定商品的调拨价格。总部的分录为：借记“分支机构往来”账户，贷记“运交分支机构商品”账户；分支机构的分录为：借记“总部运来商品”账户，贷记“总部往来”账户。这是最简单也是应用得最普遍的一种计价方法，它可以避免在期末存货中出现未实现利润，从而简化总部编制联合财务报表的工作，也可以在一定程度上反映分支机构的经营成果。但是，调拨分支机构的商品按成本计价，将使全部利润都在分支机构实现，这在许多情况下不符合实际，容易夸大分支机构的获利能力。例如，总部为分支机构统一采购商品，按成本计价就使分支机构少计了商品进货成本，从而夸大了分支机构的获利能力。可见，在这种情况下，按成本计价就不是转移商品存货的最理想办法。

【例 10-2】2×16 年年初，彩龙电子有限公司在合肥设立分支机构，合肥分支机构在 2×16 年间的经济业务如下：

（1）分支机构收到总部现金 200 000 元。

（2）分支机构以 100 000 元现金购入使用年限为 5 年的辅助设备一台（不考虑相关税费，下同）。

（3）分支机构收到总部运来的商品——轮胎一批，按成本计价为 160 000 元。

（4）分支机构从外界供应商处购买 40 000 元的商品，货款以现金付讫。

（5）分支机构销售商品，收到现金 300 000 元。

（6）退回总部来货 10 000 元。

（7）支付费用明细如下：工资费用 60 000 元；水电费用 10 000 元；租金 30 000 元；其他费用 20 000 元。

（8）汇回总部 150 000 元。

（9）年底应付职工薪酬为 10 000 元，本年折旧费用为 20 000 元。

（10）分支机构期末存货包括：从外界供应商处购货的价值为 10 000 元，从总部购货的价值为 50 000 元。

上述经济业务的会计分录见表 10-1。其中合肥分支机构期末的结账分录包括贷记“总部往来”20 000 元，这一金额为分支机构的本期利润，并反映出分支机构因经营产生的净资产增加数。总部账上相应的调整分录为借记“分支机构往来——合肥分支机构”20 000 元，贷记“分支机构利润——合肥分支机构”20 000 元，这一调整分录相当于权益法下母公司确认在子公司利润中的份额分录。

表 10-1 中的分录基于定期盘存制。定期盘存制可提供总部与分支机构之间存货调拨的详细资料。这些详细资料可用于工作底稿，为对外报告的目的而联合总部与分支机构账户，而且将总部与分支机构各自的存货、物资采购、移交商品资料联合成单一的销货成本，以便于编制工作底稿，也不失为一种方便的方法。有关该总部及其分支机构的销货成本计算见表 10-2。

表 10-1　　**总部与分支机构会计分录比较**　　单位：元

序号	总部	合肥分支机构
(1)	借：分支机构往来——合肥分支机构　200 000 　贷：库存现金　200 000 (将现金拨给合肥分支机构)	借：库存现金　200 000 　贷：总部往来　200 000 (收到总部拨来的现金)
(2)		借：固定资产——辅助设备　100 000 　贷：库存现金　100 000 (记录购置辅助设备)
(3)	借：分支机构往来——合肥分支机构　160 000 　贷：运交分支机构商品　160 000 (按成本价向分支机构发货)	借：总部运来商品　160 000 　贷：总部往来　160 000 (收到总部运来的商品)
(4)		借：物资采购　40 000 　贷：库存现金　40 000 (从外界供应商处购货)
(5)		借：库存现金　300 000 　贷：主营业务收入　300 000
(6)	借：运交分支机构商品　10 000 　贷：分支机构往来——合肥分支机构　10 000 (合肥分支机构退回的商品)	借：总部往来　10 000 　贷：总部运来商品　10 000 (总部发货的退回)
(7)		借：管理费用——工资费用　60 000 　　　　　——水电费用　10 000 　　　　　——租金费用　30 000 　　　　　——其他费用　20 000 　贷：库存现金　120 000 (记录支付的费用)
(8)	借：库存现金　150 000 　贷：分支机构往来——合肥分支机构　150 000 (收到分支机构的现款)	借：总部往来　150 000 　贷：库存现金　150 000 (将现金汇回总部)
(9)		借：管理费用——工资费用　10 000 　贷：应付职工薪酬　10 000 借：管理费用——折旧费用（设备）　20 000 　贷：累计折旧　20 000
(10)	调整分录： 借：分支机构往来——合肥分支机构　20 000 　贷：分支机构利润——合肥分支机构　20 000 (记录分支机构本期利润)	结账分录： 借：主营业务收入　300 000 　　存货　60 000 　贷：总部运来商品　150 000 　　　物资采购　40 000 　　　管理费用——工资费用　70 000 　　　　　　　——折旧费用　20 000 　　　　　　　——水电费用　10 000 　　　　　　　——租金费用　30 000 　　　　　　　——其他费用　20 000 　　　总部往来　20 000 (将收入、费用类账户结转到“总部往来”账户)

表 10-2 **总部与分支机构销货成本计算表** 单位：元

项　目	总公司	合肥分支机构
期初存货（2×16年1月1日）	850 000	—
物资采购	1 500 000	40 000
运交分支机构商品	（150 000）	—
总部运来商品	—	150 000
可供销售商品	2 200 000	190 000
期末存货（2×16年12月31日）	（800 000）	（60 000）
销货成本	1 400 000	130 000

（二）按成本加成价转移商品的核算

按成本加成价转移商品的核算要复杂些，一方面在总部的账上要反映这一加价因素；另一方面期末总部要就加价部分对分支机构利润的影响进行调整。

尽管总部通常按成本向分支机构发货，但是许多公司还是按高于成本的价格向分支机构发货。有的以正常售价制定转移价格，有的则以标准加价制定转移价格，甚至有的还制定复杂的公式来确定转移价格。按高于成本计价的原因在于：在企业各单位中将收入平均分配，追求存货定价的效率，以及对分支机构保密真正的边际利润率。

按成本加成计价核算时，总部向分支机构发运商品的时候，通过在成本的基础上另加一定比例的利润来确定商品的调拨价格。这样，对外销售商品所实现的利润一部分在总部实现，另一部分在分支机构实现，因此该方法能比较合理地反映分支机构的经营业绩，有利于对分支机构的工作做出正确的评价。但是，这种方法使分支机构的利润往往被少计，而整个公司的期末存货则被多计，因此，比例的确定一定要符合实际情况，不能将总部因缺乏效率而多发生的成本转移到分支机构。以成本加成计价，只要总部拨付的商品未对外全部销售，那么分支机构期末存货中就包含未实现内部销售利润，总部在编制联合财务报表的时候，就应进行适当的调整，将其消除。

【例 10-3】2×16 年度，彩龙公司合肥分支机构期初存货 5 500 元，全部来自总部。本期来自总部的商品金额为 33 000 元。期末存货为 6 000 元，其中 1 500 元从外界供应商处购入，总部对分支机构的销货均以成本加价 10%计价。双方的会计处理如下。

向分支机构发送商品后，总部登记：

借：分支机构往来　　33 000

　贷：运交分支机构商品——合肥分支机构　　30 000

　　　存货加价　　3 000

分支机构收到商品后，按加价后的价格登记“库存商品”和“总部往来”账簿。

借：总部运来商品　　330 000

　贷：总部往来　　330 000

期末，总部对加价部分对分支机构利润的影响进行调整。由于总部向分支机构发送商品后，并未登记销售，所有的销售利润是在分支机构销售后通过销售收入与销售成本的结转来计算的，而分支机构是按成本加价的基础来结转销售成本的，因此，需要通过一个调整分录将成本调整到总部发送前商品的成本基础上。

借：存货加价　　3 091

　贷：分支机构利润——合肥分支机构　　3 091

其中：3 050=期初和本期购进存货中的未实现利润-期末存货中未实现利润=500+3 000-409

（三）按零售价转移商品的核算

这种核算方法与第二种方法的区别是总部在平时向分支机构发送后按零售价登记库存商品的减少，期末再调整存货加价。

【例 10-4】仍以【例 10-3】为例，假设彩龙公司按零售价格（为成本的 10%）进行核算，分支机构的核算没有差别，总部的核算如下。

向分支机构发送商品后，总部登记：

借：分支机构往来　　33 000

　贷：运交分支机构商品——合肥分支机构　　33 000

期末，总部对存货加价和加价对分支机构利润的影响进行调整：

借：运交分支机构商品——合肥分支机构　　3 000

　贷：存货加价　　3 000

借：存货加价　　3 091

　贷：分支机构利润——合肥分支机构　　3 091

在以上例子中，我们没有考虑运费的问题，下面结合运费进行说明。总部运往分支机构的商品的运费，构成分支机构商品成本的一部分，而总部与分支机构之间以及分支机构之间商品往来所发生的超额运费，则不应该包括在商品成本中。

【例 10-5】假设在【例 10-4】中，总部向分支机构发送商品中产生 600 元的运费，由总部支付。期末，由于商品质量问题，分支机构将其中一半商品退回总部。分支机构支付运费 300 元，双方的核算如下。

总部的会计分录为：

借：分支机构往来　　33 600

　贷：运交分支机构商品——合肥分支机构　　30 000

　　存货加价　　3 000

　　库存现金　　600

分支机构的会计分录为：

借：总部运来商品　　33 000

　库存商品——运费　　600

　贷：总部往来　　33 600

因为质量问题退回商品的运来和运回的运费计入管理费用，不能作为正常的营业费用。双方的会计处理如下。

总部的分录为：

借：运交分支机构商品——合肥分支机构　　15 000

　存货加价　　1 500

　管理费用——超额运费损失　　600

贷：分支机构往来 17 100

分支机构的分录为：

借：总部往来 17 100

贷：总部运来商品 16 500

库存商品——运费 300

库存现金 300

三、分支机构之间往来

各分支机构之间也可能发生往来，理论上可以相互间设置往来账，年终编制联合财务报表时予以抵销。不过为了便于总部的控制，通常此类往来由总部处理，分支机构之间不设往来账。

【例 10-6】假设在【例 10-3】中彩龙公司总部将 30 000 元的商品加价 10%运送给合肥分支机构，由于乙分支机构急需销售此商品，合肥分支机构又将此批商品转发给乙分支机构。相关会计处理如下。

总部的会计分录为：

借：分支机构往来——乙分支机构 33 000

贷：运交分支机构商品——乙分支机构 30 000

存货加价 3 000

借：运交分支机构商品——合肥分支机构 30 000

存货加价 3 000

贷：分支机构往来——合肥分支机构 33 000

上述两笔分录可以合二为一。

合肥分支机构的会计分录为：

借：总部往来 33 000

贷：总部运来商品 33000

乙分支机构的会计分录为：

借：总部运来商品 33 000

贷：总部往来 33 000

四、总部与分支机构之间费用的分摊

为了更加真实地反映各个分支机构的业绩，需要对总部或分支机构的一些共同费用在总部与分支机构之间进行分摊。

【例 10-7】2×16 年，彩龙公司合肥分支机构发生广告费 10 000 元，由总部和合肥分支机构共同分摊。此外，总部退休保险费用和一般管理费用分别为 80 000 元和 100 000 元，这些费用已经支出，其中，合肥分支机构和乙分支机构分别承担其中的 40%。

广告费的会计处理如下。

合肥分支机构的会计分录为：

借：销售费用——广告费 5 000

总部往来 5 000

贷：库存现金 10 000

总部的会计分录为：

借：销售费用——广告费　　5 000

　贷：分支机构往来——合肥分支机构　　5 000

退休保险费用和一般管理费用的会计处理如下：

总部的会计分录为：

借：分支机构往来——合肥分支机构　　72 000

　　　　　　　　——乙分支机构　　72 000

　贷：管理费用——一般　　80 000

　　　　　　——退休　　64 000

合肥分支机构的会计分录为：

借：管理费用——一般　　40 000

　　　　　　——退休　　32 000

　贷：总部往来　　72 000

五、期末联合报表的编制

期末，分支机构将所有收入、费用和成本类账户结转至“总部往来”账户；总部则编制相应的调整和结账分录。不过，在结账前，要核对“总部往来”与“分支机构往来”这两个相对的账户是否相等。如果不相等，则表示总部与分支机构的某一方未及时入账或者一方或双方出现记账错误，要及时进行核查，其方法与银行存款余额调节表的编制类似。属于会计差错的，要及时纠正；属于未达账项的，可以在工作底稿上调整。另一种调整方法则是编制会计分录。分支机构的结账分录一般为：借记“主营业务收入”账户，贷记“主营业务成本”“销售费用”“总部往来”账户等。总部的调整分录分两方面：一是根据分支机构财务报表提供的净利润，登记“分支机构往来”和“分支机构利润”；二是调整“存货加价”和“分支机构利润”。具体会计处理如下。

登记分支机构利润，并调整分支机构账户：

借：分支机构往来

　贷：分支机构利润

调整分支机构利润及存货加价账户：

借：存货加价

　贷：分支机构利润

联合报表的编制与合并报表的编制在原理上非常相似，都是要抵销相对的账户，以免合并时重复计算，非相对账户则直接相加；另外还要消除内部交易中产生的未实现损益。由于总部与分支机构之间的往来都是通过“分支机构往来”和“总部往来”这两个账户来核算的，因此抵销相对账户的会计分录十分简单。

抵销“总部往来”与“分支机构往来”的会计分录为：

借：总部往来

　贷：分支机构往来

抵销内部交易中产生的未实现损益可分为三个方面：一是期初存货中所包含的未实现损益；二是本期购货中所包含的未实现损益；三是期末存货中所包括的未实现损益。这三个抵销分录分别如下。

抵销包括在销售成本中的期初存货加价：

借：存货加价

　　贷：主营业务成本

抵销本年度运送分支机构商品存货的加价：

借：存货加价

　　贷：主营业务成本

抵销分支机构期末存货的加价：

借：主营业务成本

　　贷：存货加价

前两个分录是将分支机构已经登记的商品销售成本调整到总部成本；第三个分录是在将未销售的存货成本调整到总部成本的基础上，同时，抵销期末存货中的未实现损益。

第三节　分支机构会计综合举例

在会计终了，为使管理层了解分支机构的经营成果和财务状况，分支机构应当编制独立的利润表和资产负债表。由于总部与分支机构各自编制的独立报表只能供内部管理之用，不可作为对外提供的报表，所以，总部应以其财务报表和账簿记录以及各分支机构的报表为基础，编制能反映企业整体的经营成果和财务状况的联合财务报表，以满足投资者、债权人和其他有关方面的需要。简单地讲，总部与分支机构联合财务报表的编制，类似于母子公司合并财务报表的编制。编制联合报表时，应抵销相对账户，对非相对账户则应加以合并。对于总部与分支机构间内部交易所产生的未实现利润，应加以抵销。下面通过一个实例来说明联合财务报表编制的全过程。

【例 10-8】书胜公司 2×16 年 12 月 31 日总部及分支机构的资产负债表见表 10-3。

表 10-3　　**书胜公司 2×16 年 12 月 31 日总部及分支机构的资产负债表**　　单位：元

报表项目	总　部	分支机构
货币资金	14 000	4 000
应收账款	20 000	7 000
存货	30 000	11 000
固定资产	90 000	40 000
分支机构往来	56 000	—
资产总计	210 000	62 000
应付账款	9 000	5 000
其他应付款	6 000	1 000
存货加价	1 000	—
总部往来	—	56 000
股本	160 000	—
未分配利润	34 000	—
负债及股东权益总计	210 000	62 000

以下是 2×17 年书胜公司总部及分支机构的营业情况汇总：

（1）总部销售收入 266 000 元，其中包括对分支机构的销货 66 000 元。对分支机构的销货均以成本加价 10%计价，分支机构对外销货总计 100 000 元。

（2）总部和分支机构向外界购货金额分别为 200 000 元和 14 000 元。

（3）总部和分支机构销货收入回收现金为 256 000 元（包括分支机构现金 60 000 元）、102 000 元。

（4）总部和分支机构分别支付应付账款 103 000 元和 8 000 元。

（5）总部和分支机构分别支付销售费用 40 000 元和 12 000 元。

（6）固定资产折旧：总部为 8 000 元，分支机构为 2 000 元。

（7）总部销售费用分摊至分支机构 4 000 元。

（8）2×17 年 12 月 31 日总部的存货为 22 000 元；分支机构的存货为 12 000 元，其中 2 100 元从外界购入。

解：下面分五步讲解联合财务报表编制的基本过程。

1. 编制 2×17 年度书胜公司总部及分支机构相应的会计分录（见表 10-4）

表 10-4　**2×17 年度书胜公司总部及分支机构相应的会计分录**

序号	总　部	分支机构
（1）	记录赊销： 借：应收账款　200 000 　贷：主营业务收入　200 000 按成本的 110%发货给分支机构： 借：分支机构往来　66 000 　贷：运交分支机构商品　60 000 　　　存货加价　6 000	记录赊销： 借：应收账款　100 000 　贷：主营业务收入　100 000 收到总部运来商品： 借：总部运来商品　66 000 　贷：总部往来　66 000
（2）	记录赊购： 借：库存商品　200 000 　贷：应付账款　200 000	记录赊购： 借：库存商品　14 000 　贷：应付账款　14 000
（3）	记录收到账款： 借：库存现金　196 000 　贷：应收账款　196 000 记录收到分支机构的现金： 借：库存现金　60 000 　贷：分支机构往来　60 000	记录收到账款： 借：库存现金　102 000 　贷：应收账款　102 000 记录将现金汇给总部： 借：总部往来　60 000 　贷：库存现金　60 000
（4）	记录归还欠款： 借：应付账款　103 000 　贷：库存现金　103 000	记录归还欠款： 借：应付账款　8 000 　贷：库存现金　8 000
（5）	记录费用支出： 借：销售费用　40 000 　贷：库存现金　40 000	记录费用支出： 借：销售费用　12 000 　贷：库存现金　12 000
（6）	记录折旧费用： 借：销售费用　8 000 　贷：累计折旧　8 000	记录折旧费用： 借：销售费用　2 000 　贷：累计折旧　2 000
（7）	记录分摊给分支机构的费用： 借：分支机构往来　4 000 　贷：销售费用　4 000	记录从总部分摊来的费用： 借：销售费用　4 000 　贷：总部往来　4 000
（8）	结转销售成本： 借：主营业务成本　148 000 　贷：库存商品　148 000	结转销售成本： 借：主营业务成本　79 000 　贷：库存商品　79 000

总部及分支机构的销售成本计算见表10-5。

表10-5 **总部及分支机构的销售成本计算表** 单位：元

项 目	总 部	分支机构
期初存货（2×16年1月1日）	30 000	11 000
本期购入存货	200 000	14 000
运交分支机构商品	（60 000）	—
总部发送商品	—	66 000
可供销售商品	170 000	91 000
期末存货（2×17年12月31日）	（22 000）	（12 000）
商品销售成本	148 000	79 000

2. 编制联合报表抵销分录

总部与分支机构联合财务报表的抵销分录如下。

（1）抵销包括在销售成本中的期初存货加价：

借：存货加价 1 000

　贷：主营业务成本 1 000

（2）抵销本年度运交分支机构商品存货的加价：

借：存货加价 6 000

　贷：主营业务成本 6 000

（3）抵销分支机构期末存货的加价：

借：主营业务成本 900

　贷：存货加价（9 900−9 900÷110%） 900

（4）抵销“总部往来”与“分支机构往来”两个相对账户：

借：总部往来 66 000

　贷：分支机构往来 66 000

3. 编制联合报表工作底稿（见表10-6）

联合报表工作底稿与合并报表的工作底稿不同，它是在总部与分支机构结账前的试算平衡表的基础上进行编制的。

4. 编制总部和分支机构结账及调整分录

（1）分支机构结账分录如下：

借：主营业务收入 100 000

　贷：主营业务成本 79 000

　　销售费用 18 000

　　总部往来 3 000

（2）总部调整和结账分录如下：

①调整分录。

登记分支机构利润，并调整分支机构账户：

借：分支机构往来 3 000

　贷：分支机构利润 3 000

表 10-6 **2×17 年 12 月 31 日书胜总部及分支机构联合报表工作底稿** 单位：元

项目	总部	分支机构	调整与抵销		利润表	资产负债表
			借方	贷方		
借方						
货币资金	127 000	26 000				153 000
应收账款	24 000	5 000				29 000
存货	22 000	12 000		（3）900		33 100
固定资产	82 000	38 000				120 000
分支机构往来	66 000			（4）66 000		
主营业务成本	148 000	79 000	（3）900	（1）1 000 （2）6 000	220 900	
销售费用	44 000	18 000			62 000	
合计	513 000	178 000				335 100
贷方						
应付账款	106 000	11 000				117 000
其他应付款	6 000	1 000				7 000
存货加价	7 000		（1）1 000 （2）6 000			
总部往来		66 000	（4）66 000			
股本	160 000					160 000
未分配利润（期初）	34 000					34 000
主营业务收入	200 000	100 000			300 000	
合计	513 000	178 000				
净利润					17 100	17 100
合计						335 100

调整分支机构利润及存货加价账户：

期初和本期购进存货中的未实现利润−期末存货中的未实现利润=1 000+6 000−900=6 100（元）

借：存货加价 6 100

　贷：分支机构利润 6 100

②结账分录。

借：主营业务收入 200 000

　　分支机构利润 9 100

　贷：主营业务成本 148 000

　　　销售费用 44 000

　　　未分配利润 17 100

5. 编制总部与分支机构单独财务报表和联合报表（见表 10-7）

表 10-7 **总部与分支机构单独财务报表和联合报表** 单位：元

项　目	总　部	分支机构	联合报表
利润表			
营业收入	200 000	100 000	300 000
分支机构利润	9 100		
营业成本	148 000	79 000	220 900
销售费用	44 000	18 000	62 000
净利润	17 100	3 000	17 100
期初未分配利润	34 000	—	34 000
股利	0		
未分配利润（总部）	51 100	—	51 100
资产负债表			
货币资金	127 000	26 000	153 000
应收账款	24 000	5 000	29 000
存货	22 000	12 000	33 100
固定资产	82 000	38 000	120 000
分支机构往来	69 000	—	—
资产总计	324 000	81 000	335 100
应付账款	106 000	11 000	117 000
其他应付款	6 000	1 000	7 000
存货加价	900	—	—
总部往来	—	69 000	—
股本	160 000		160 000
未分配利润	51 100	—	51 100
负债及股东权益总计	324 000	81 000	335 100

主营业务成本 220 900 元为调整后的金额，见表 10-6；合并存货为调整后的金额；总部往来 69 000 元为本账户当前 66 000 元的余额加上本期利润 3 000 元转入的金额。

本章小结

当企业发展到一定规模后，为了适应经营活动的需要，会在本地或外地设立分支机构从事经营活动。它是整个企业的一个组成部分，但不是独立的法人，也没有独立的资本。分支机构可以是独立核算的会计主体，也可以是非独立核算的单位。

在分支机构的经营过程中，总部往往要向分支机构发运商品，这是企业内部的商品调拨。调拨商品的计价，不仅会影响到分支机构的经营业绩，也牵涉到总部和分支机构经营管理的会计处理。调拨商品计价的方法主要有：按成本计价，即按企业从外部购进商品的成本或自制存货的成本来定价；按成本加成计价，即在商品成本的基础上确定一定的加成率来定价；按零售价格计价，即按对外销售的零售价格来定价。企业应该结合分支机构的具体情况、职责权限及总部对分支机构的具体考核指标等，来确定采用哪种计价方法。

分支机构作为一个独立的会计主体，要设置一套完整的账簿，对与总部或与外界发生的经济业务进行会计核算，并定期编制财务报表，向总部报告其财务状况和经营成果。总部则以其财务报表和账簿记录及各分支机构的报表为基础，编制能反映企业整体的财务状况和经营成果的联合财务报表，以满足投资者、债权人和其他有关方面的需要。联合财务报表的编制，与母子公司合并财务报表的编制类似。在编制联合财务报表时，要抵销总部和分支机构的相对账户，合并非相对账户，对于总部与分支机构之间的内部交易所产生的未实现利润应加以抵销。

总部会计和分支机构会计的特殊问题，在于对它们之间的相对账户的处理，侧重点在于总部向分支机构调拨商品，处理方法的选择与总部向分支机构调拨商品的计价方法有关。熟练掌握如何根据总部向分支机构调拨商品的计价方法来采取相对账户的处理方法，就抓住了联合财务报表编制的关键。

复习思考题

1. 企业分支机构与企业子公司有何区别？
2. 解释“总部往来”和“分支机构往来”这两个账户的性质。
3. 总部调拨给分支机构商品时，有哪几种方法？各有哪些优缺点？
4. 总部净利润与分支机构净利润之和等于联合财务报表的净利润吗？为什么？
5. 总部编制调整分录包括哪些方面，其目的是什么？

个案分析

分支机构会计案例

书胜公司在其总部之外，还设立了许多分支机构，每个分支机构的存货基本上都是由总部提供的，分支机构还处理自己的资金收付业务，提供商业信用并结算货款。每个分支机构都有自己独立的银行账户，有独立的会计记录，分支机构的固定资产由总部入账，设备折旧采用直线法计提，年折旧率为10%，无残值。

2×16年7月1日，书胜公司A分支机构的经理购买办公设备，设备的现金价格为24 000元，他采用了24个月分期付款的方法购买，付款期从第1年8月1日开始，每月付款1 100元。在8月1日以前，A分支机构对此项业务未作任何会计处理，8月1日，当第1个月的款项付出时，分支机构借记其他费用，在2×16年剩余的时间里，分支机构也作了同样的记录。

12月2日，A分支机构经理想起采购设备必须先得到总部的批准，不论资产是由总部采购的，还是由分支机构采购的，都将由总部入账，但是处理资产所产生的盈余或亏损将由分支机构承担。为了逃避批评，分支机构经理立即对其在7月1日购买的设备进行处理，将其以现金15 000元的价格卖给了一家商店。这个经理接着又用这15 000元的现金支票和个人财产将分期付款付清。在12月3日，设备销售商考虑到已经提前付清了全部余款，就同意在2 400元的利息中提供1 500元的折扣。对于上述设备的处理及负债的清偿，分支机构没有作任何会计记录。

假设你是一个注册会计师，现在你要去审计该公司的财务报表。当你到A分支机构的时候，你分析了他们的其他费用账户，并对这5个月中每月都有1 100元的借方发生额进行调查。通过调查，你发现了设备的采购与处理事项。在几经犹豫之后，A分支机构经理就此事对你做出了全面的解释。

要求：

（1）A分支机构在正常情况下应对上述业务可能编制的会计分录是什么？

（2）总部在正常情况下应对上述业务可能编制的会计分录是什么？

（3）作一笔分录纠正A分支机构的会计记录。

第十一章

分部报告与中期财务报告

学习目标

通过本章学习，要求掌握分部报告的确定，以及分部报告确定的特殊原则；掌握报告分部确定的条件；了解分部信息披露形式和内容。掌握中期财务报告应遵循的原则和编制要求；掌握中期财务报告的确认和计量；了解中期财务报告附注的编制要求。

第一节　分部报告

随着市场经济的发展和经济全球化的加剧，以及生产经营规模的日益扩大，经营范围也逐步突破了单一业务界限，企业成为从事多种产品生产经营或多种业务经营的综合经营体；同时经营的地域范围也日益扩大，有的企业分别在国内不同地区甚至在境外设立分公司或子公司。在这种情况下，用来反映不同产品（或劳务）和不同地区经营风险和报酬率的信息越来越普遍地受到会计信息使用者的重视。企业提供分部信息，能够帮助会计信息使用者更好地理解企业以往的经营业绩，更好地评估企业的风险和报酬率，以便于更好地把握企业整体的经营情况，对未来的发展趋势做出合理的预期。

一、分部报告概述

（一）分部报告的概念

所谓分部，是指企业内部可以区分的、专门用于对外部提供信息的部分，它包括业务分部和地区分部。

分部报告是指在企业对外提供的财务报告中，按照确定的企业内部组成部分（业务分部或地区分部）提供的有关各组成部分的收入、资产和负债等信息的报告。

（二）分部报告的作用

1. 弥补了合并财务报表的缺陷

为了分散业务风险，当今企业大多跨行业、跨地区经营。虽然企业编制的合并财务报表综合地反映了企业集团整体的财务状况和经营成果，但遗憾的是，合并财务报表因其自身高度的浓缩性、概括性而隐匿了许多重要信息，无法深入反映不同行业、不同地区所蕴含的不同机会和风险。分部报告恰恰弥补了合并财务报表的这一明显缺陷。

2. 有助于评估企业整体的风险和报酬率

随着企业跨行业和跨地区的经营，许多企业生产和销售各种各样的产品和提供多种劳务，这些产品和劳务广泛分布于各个行业或不同地区。由于企业各种产品在其整体的经营活动中所占的比重各不相同，其营业收入、成本费用以及产生的利润（亏损）也不尽相同。同样地，每种产品（或提供的劳务）在不同地区的经营业绩也存在差异。只有分析每种产品（或提供的劳务）和不同经营地区的经营业绩，才能更好地把握企业整体的经营业绩。企业的整体风险是由企业经营的各个业务部门（或品种），或各个经营地区的风险和报酬率构成的。一般来说，企业在不同业务部门和不同地区的经营，会具有不同的利润率、发展机会、未来前景和风险。例如，一个地处对其产品需求迅速增长的地理区域的企业，无疑比地处对其产品需求低迷的地理区域的企业处于更为有利的竞争地位。因此，要评估企业整体的风险和报酬率，必须借助企业在不同业务和不同地区经营的信息（分部信息）。

分部报告为报表使用者分析和认证该企业所面临的风险和报酬率提供了有效工具。它有助于信息使用者对已实施的投资或信贷做出正确评价，有助于信息使用者对是否进行投资或是否扩大信贷做出正确的决策和判断。

（三）分部报告的分类

从法律角度来看，企业可分为母公司与子公司；从地区角度来看，企业既可分为国内地区与国外地区，又可分为生产商品和提供劳务的地区与销售商品和劳务的地区；从行业角度来看，企业又可分为相差极大的不同行业等。显然，企业如果要提供所有的分部信息，成本太高也没有必要。

分部报告的目标是就企业面临的风险和报酬率提供补充信息，因此从理论上讲，企业应根据所面临的风险和报酬率来划分分部。有同样风险和报酬率的经营活动可以合并报告，反之，则应分别报告。我国《企业会计准则第 35 号——分部报告》（以下简称分部报告准则）主要规范了企业分部报告的编制方法和应披露的信息，要求企业（或企业集团，下同）在披露分部信息时，应当区分业务分部和地区分部。本书按照分部报告准则讲述。

二、业务分部和地区分部

（一）业务分部的确定

1. 业务分部的含义

业务分部是指企业内部可区分的、能够提供单项或一组相关产品或劳务的组成部分。该组成部分承担了不同于其他组成部分的风险和报酬率。

业务分部与一般意义的部门并不完全相同。要求企业提供分部信息的主要目的在于分析企业的经营成果，把握企业的经营风险。因此，企业在确定业务分部时，主要是看作为某一分部的组成部分是否承担了不同于其组成部分的风险和报酬率。对于某些企业来说，某一业务分部可以是一个业务部门，也可以是由若干个业务部门共同组成的；可以将生产某一产品或提供某种劳务的部门作为一个业务分部，也可将若干种产品生产或劳务提供的部门组成一个业务分部。

2. 确定业务分部应考虑的因素

在确定业务分部时，应当结合企业内部管理要求，并考虑以下因素（见表 11-1）。

表 11-1　**在确定业务分部时应考虑的因素**

因　素	内　容	解　释
各单项产品或劳务的性质	各单项产品或劳务的性质，包括产品或劳务的规格、型号、最终用途等。通常情况下，产品或劳务的性质相同，其面临的风险、报酬率及其成长率可能较为接近，一般可将其划分到同一业务分部之中。如果产品或劳务的性质不同，则不能将其划分到同一业务分部之中	某企业的生产经营范围包括机械制造、旅游及餐饮业、交通运输、合成纤维生产等，在确定业务分部时，必须分别将其作为不同的业务分部处理，而不能将机械制造与旅游及餐饮业作为一个业务分部处理
生产过程的性质	生产过程的性质，包括采用劳动密集或资本密集方式组织生产、使用相同或者相似设备和原材料、采用委托生产或加工方式等。生产过程的性质相似，其面临的风险和报酬率通常较为接近，可以将其划为一个业务分部。如按资本密集型或劳动密集型划分业务部门	对于资本密集型的部门来说，其占用的设备较为先进，占用的固定资产较多，相应所负担的折旧费也较多，其经营成本受技术进步因素和折旧费用影响较大；对于劳动密集型的部门来说，其使用的劳动力较多，相对而言其经营成果受人工成本高低的影响较大
产品或劳务的客户类型	产品或劳务的客户类型，包括大宗客户、零散客户等。对于同一类型的客户，一般来说销售条件基本相同，如相同或相近的销售价格、现金折扣条件、售后服务等，因而具有相同或相似的风险和报酬率。对于不同类型的客户，其销售条件不尽相同，由此产生的经营风险和报酬率也各不相同	某计算机生产企业，其生产的计算机分为商用计算机和个人用计算机。其中商用计算机的主要销售客户是企业，一般是大宗购买，对计算机专用性要求比较强，售后服务相对集中；而个人用计算机，其客户对计算机的通用性要求较高，其售后服务相对分散
销售产品或提供劳务的方式	销售产品或提供劳务的方式，包括批发、零售、自产自销、委托销售、承包等。企业销售产品或提供劳务的方式不同，其承受的风险和报酬率也不相同	采用直销方式，直接发生的销售费用较高；采用代销方式，将发生代理销售费用；在赊销方式下，可以扩大销售规模，但发生的收账费用较大，发生坏账的风险也很大；在收款销售的情况下，不存在坏账问题，不会发生收账费用，但销售规模的扩大有限
生产产品或提供劳务受法律、行政法规的影响	生产产品或提供劳务受法律、行政法规的影响，包括经营范围或交易定价限制等。企业生产产品或提供劳务总是处于一定的经济法律环境之下，环境的发展变化以及稳定与否必然对其盈利、发展等状况产生影响	商业银行、保险公司等金融企业易受特别的、严格的监管政策，不应与其他分部合并为一个业务分部

（二）地区分部的确定

1. 地区分部的含义

地区分部是指企业内可区分的、能够在一个特定的经济环境内提供产品或劳务的组成部分。该组成部分承担了不同于在其他经济环境内提供产品或劳务的组成部分的风险和报酬率。

企业在确定地区分部时，主要是以某一分部的组成部分是否承担了不同于其他组成部分的风险和报酬率为依据的，而不单纯以某个行政区域作为划分依据。

一般来说，单个地区分部中不包括风险和报酬率具有显著差异的经济环境。因此，作为某个地区分部的生产或经营区域，应当具有相同或相似的风险和报酬率。这一区域可以是单一国家（或地区），也可以是两个或两个以上具有相同或相似风险和报酬率的国家（或地区）的组合；可以是一个国家内的一个行政区域，也可以是一个国家两个或两个以上行政区域的组合。对于在具有重大不同风险和报酬率环境中经营的区域，则不能将其作为同一个地区分部处理。

企业的风险和报酬率既受其产品生产或劳务提供所在地的影响，还受产品销售或劳务接受所在地的影响。因此，地区分部可以按其市场或客户所在地划分。

2. 确定地区分部应考虑的因素

在确定地区分部时，应当结合企业内部管理要求，并考虑以下因素：

（1）所处经济、政治环境的相似性

所处经济、政治环境的相似性包括境外经营所在地区经济和政治的稳定程度等。不同生产经营所在地经济、政治环境的差异，意味着其生产经营活动所面临的经济、政治风险的不同，因此不能将其归并为一个地区分部。反之，对于经济、政治环境基本相似的国家或地区，在确定地区分部时应将其归并为一个地区分部。

（2）在不同地区经营之间的关系

在不同地区经营之间的关系包括在某地区进行产品生产，而在其他地区进行销售等。在不同地区的经营之间存在着紧密的联系，意味着这些不同地区的经营具有相同的风险和报酬率，应当将这些地区的经营作为一个地区分部处理。反之，当两个地区的经营之间没有直接的联系时，则不应将其作为一个地区分部处理。

（3）经营的接近程度

经营的接近程度包括在某地区生产的产品是否需在其他地区进一步加工生产等。生产经营接近程度较高的地区，表明其在生产经营方面所面临的风险和报酬率基本相同，在确定地区分部时，应当将生产经营接近程度较高的地区作为一个地区分部处理。反之，生产经营接近程度不高的地区，通常表明其在生产经营方面所面临的风险和报酬率不同，因此在确定地区分部时，不应将其作为一个地区分部处理。

（4）与某一特定地区经营相关的特别风险

与某一特定地区经营相关的特别风险包括气候异常变化等。如果某一特定地区在生产经营上存在着特别风险，则不能将其与其他地区分部合并作为一个地区分部处理；反之，如果某一特定地区在生产经营上并不存在特别风险，则可以将其与其他地区分部合并作为一个地区分部处理。

（5）外汇管理规定

外汇管理规定即境外经营所在地区是否实行外汇管制。外汇管制的规定直接影响着企业内部资金的调度和转移，从而有可能影响企业的经营风险。在实行外汇管制的国家或地区，转移资金相对较为困难，要承受较大的资金转移风险；而在外汇可以自由流动的国家或地区，转移资金较为容易，其资金转移风险相对较小。因此，不能将实行外汇管制的国家和地区与外汇自由流动的国家和地区作为一个地区分部来处理；而对于实行外汇管制的国家和地区也不能一概而论地将其作为一个地区分部来处理。

（6）外汇风险

外汇风险即外汇汇率变动的风险。通常情况下，在外汇汇率波动不大的国家或地区，其生产经营所面临的风险和报酬率基本相同，可以作为一个地区分部来处理；而在外汇汇率波动较大的国家或地区，其生产经营所面临的风险和报酬率不同，不能作为一个地区分部来处理。

企业在确定具体地区分部时，特定的分部不大可能同时符合上述列明的全部因素。通常，当包含了上述所列明的大部分因素时，就可认定为某个地区分部。

【例 11-1】A 公司主要生产儿童玩具，其总公司设在上海，在北京、南京、广州、杭州等地均设有厂家，其生产的产品主要销售到国内各省（市），以及美国、加拿大、南非共和国等国家。A 公司在确定地区分部时，就应当根据风险和报酬率主要来自于资产所在地还是客户所在地，从而选择确定以资产所在地（如上海、北京、南京、广州、杭州等地）还是客户所在地（如中国、美国、加拿大、南非共和国等）作为地区分部。

（三）业务分部和地区分部的特殊原则和合并条件

1. 特殊原则

一般而言，一个企业的内部组织和管理结构，以及向董事会或者类似机构的内部报告制度，是企业确定分部的基础。但是，如果一个企业的内部组织和管理结构，以及向董事会或类似机构的内部报告制度，既不以产品或劳务为基础，也不以地区为基础，那么在确定业务分部和地区分部时，应当遵循以下原则：

（1）如果企业向董事会或类似机构进行报告所使用的分部符合业务分部或地区分部的定义，管理层就不必考虑低一级的内部信息分类标准。

（2）如果企业向董事会或类似机构进行报告所使用的分部不符合业务分部或地区分部的定义，管理层就需要对内部管理单位做进一步细分，以便使所报告的信息与企业的产品和劳务分类或者企业的地区分类相一致。

2. 合并条件

在实务中，并非所有内部报告的业务分部或地区分部均作为独立的业务分部或地区分部来考虑。在某些情况下，当两个或两个以上的业务分部或地区分部同时满足下列条件时，应予以合并。

（1）具有相近的长期财务业绩，包括具有相近的长期平均毛利率、资金回报率、未来现金流量等；

（2）确定业务分部或地区分部所考虑的因素类似。

【例 11-2】蕴祺公司是一家全球性公司，总部在美国，主要生产甲、乙、丙、丁四个品牌的羽绒服，各种西服，内衣，衬衫等，以及相关产品的运输、销售，每种产品均由独立的业务部门完成。其生产的产品主要销往中国、日本、加拿大、美国等地。该公司各项业务 2×16 年度的相关收入、费用、利润等信息见表 11-2。假定经预测，生产羽绒服的 4 个部门今后 5 年内平均销售毛利率与本年度差异不大，并且各品牌羽绒服的生产过程、客户类型、销售方式等类似，该公司将业务分部作为主要报告形式提供分部信息。

表 11-2　　**蕴祺公司 2×16 年度各项业务信息**　　金额单位：元

项　目	品牌甲	品牌乙	品牌丙	品牌丁	西　服	内　衣	衬　衫	销售公司	运输公司	合　计
营业收入	212 000	260 000	200 000	190 000	520 000	460 000	138 000	540 000	100 000	2 620 000
其中：对外交易	200 000	240 000	160 000	180 000	360 000	300 000	100 000	540 000	100 000	2 180 000
分部间交易	12 000	20 000	40 000	10 000	160 000	160 000	38 000			440 000
销售费用	148 400	184 600	138 000	133 000	312 000	285 200	110 400	440 000	60 000	1 811 600
其中：对外交易	120 000	156 600	114 000	124 000	298 000	264 000	94 400	410 000	60 000	1 641 000
分部间交易	28 400	28 000	24 000	9 000	14 000	21 200	16 000	30 000		170 600
营业利润	63 600	75 400	62 000	57 000	208 000	174 800	27 600	100 000	40 000	808 400
销售毛利率	30%	29%	31%	30%	40%	38%	20%	18.5%	40%	
资产总额	700 000	800 000	600 000	500 000	1 300 000	1 180 000	500 000	1 400 000	600 000	7 580 000
负债总额	300 000	340 000	260 000	200 000	600 000	400 000	300 000	600 000	360 000	3 360 000

从上述资料可以看出，蕴祺公司生产羽绒服的部门有 4 个，分别是生产品牌甲、品牌乙、品牌丙、品牌丁羽绒服的部门，其销售毛利率分别是 30%、29%、31%、30%。由于其今后 5 年平均销售毛利率差异不大，因此可以认为这 4 个羽绒服分部具有相近的长期财务业绩；同时，这 4 个部门都生产羽绒服，其生产过程、客户类型、销售方式等类似，符合确定业务分部所考虑因素的相似性。因此，蕴祺公司在确定业务分部时，可以将生产 4 个品牌羽绒服的分部予以合并，组成一个“羽绒服”分部。合并后，羽绒服分部的分部收入为 862 000 元，分部费用为 604 000 元，分部利润为 258 000 元。

三、报告分部的确定

（一）重要性标准的判断

报告分部是指符合业务分部或地区分部的定义，按规定应予披露的业务分部或地区分部。报告分部的确定应当以业务分部或地区分部为基础。由于业务分部或地区分部的大部分收入是对外交易收入，因此满足下列条件之一的，企业应当将其确定为报告分部。

（1）该分部的分部收入占所有分部收入合计的 10%或者以上。

【例 11-3】沿用【例 11-2】资料，羽绒服分部合并后，其分部收入合计 862 000 元，其中对外交易收入合计 780 000 元。对外交易收入占该分部收入合计的比例约为 90%（780 000÷862 000），大部分收入为对外交易取得。同时，由于羽绒服分部收入占所有分部收入合计的比例约为 32.9%（862 000÷2 620 000），满足了不低于 10%的条件，因此，该企业在确定报告分部时，应当将羽绒服分部确定为报告分部。

（2）该分部的分部利润（亏损）的绝对额，占所有盈利分部利润合计额或者所有亏损、分部亏损合计额的绝对额两者中较大者的 10%或者以上。

【例 11-4】华美公司主要生产家用电器，其总部设在上海市，产品主要销往全国各地，在上海、天津、北京、辽宁、陕西、浙江、四川、湖南、广东等省（市）均设有分公司，假定各分公司之间没有内部交易，其营业收入均为对外交易而取得。各分公司有关信息见表 11-3。

表 11-3　　华美各分公司盈亏计算表　　金额单位：万元

项　目	上海	天津	北京	辽宁	陕西	浙江	四川	湖南	广东	合计
营业收入	20 000	4 000	10 000	1 000	600	7 000	2 000	1 400	6 000	52 000
占收入合计的百分比	38.5%	7.7%	19.2%	1.9%	1.2%	13.5%	3.8%	2.7%	11.5%	100%
营业费用	16 000	3 000	7 000	1400	1 900	5 000	3 160	1 200	4 800	43 460
营业利润（亏损）	4 000	1 000	3 000	（400）	（1 300）	2 000	（1 160）	200	1 200	8540
占分部利润总额的百分比	35%	8.8%	26%	3.5%	11.4%	17.5%	10.2%	1.8%	10.5%	—

从上述资料可以看出，由于华美公司各分公司均没有内部交易，因此，各分公司取得的营业收入均为对外交易而取得，符合大部分收入为对外交易收入的条件。如果从分部收入占所有分部收入合计的 10%或者以上的条件来看，只有上海、北京、浙江、广东分公司符合报告分部的确定条件。

由于华美公司的各分公司经营有盈有亏，其中，盈利分部分别是上海、天津、北京、浙江、湖南、广东，其分部利润总额合计为 11 400 万元；亏损分部分别是辽宁、陕西、四川，其分部亏损总额合计的绝对额为 2 860 万元。由于 11 400 万元大于 2 860 万元，该公司在对各分部的分部利润或亏损进行比较时，应当以 11 400 万元作为比较的基数，通过各分部利润或亏损的绝对额占 11 400 万元的百分比是否达到 10%或者以上来判断应否将其确定为报告分部。通过计算可以看出，满足分部利润（亏损）达到规定条件的分部共有 6 个，分别是上海、北京、陕西、浙江、四川和广东。华美公司在确定报告分部时，应当将上述 6 个分部作为地区分部。

（3）该分部的分部资产占所有分部资产合计额的 10%或者以上。

【例 11-5】沿用【例 11-2】资料，由于 4 个品牌羽绒服已经合并为一个羽绒服分部，因此，蕴祺公司应比较生产羽绒服、西服、内衣、衬衫的各个分部以及销售公司、运输公司等部门的分部资产情况。具体计算结果见表 11-4。

表 11-4　　蕴祺公司分部资产信息　　金额单位：元

项　目	羽绒服	西　服	内　衣	衬　衫	销售公司	运输公司	合　计
资产总额	2 600 000	1 300 000	1 180 000	500 000	1 400 000	600 000	7 580 000
占分部资产合计的百分比	34.30%	17.15%	15.57%	6.60%	18.47%	7.91%	100%

通过计算可以看出，羽绒服分部、西服分部、内衣分部、销售公司分部的分部资产占所有分部资产合计额的比例分别为 34.30%、17.15%、15.57%、18.47%，符合不低于 10%的要求，因此，蕴祺公司在确定报告分部时，应当将羽绒服分部、西服分部、内衣分部、销售公司分部作为报告分部。

（二）低于 10%重要性标准的选择

业务分部或地区分部未满足三个重要性判断标准的，可以按照下列规定进行处理。

（1）不考虑该分部的规模，直接将其指定为报告分部。在这种情况下，无论该分部是否满足 10%的重要性标准，企业可以根据需要直接将其指定为报告分部。

（2）不将该分部直接指定为报告分部的，可将该分部与一个或一个以上类似的、未满足规定条件的其他分部合并为一个报告分部。

（3）不将该分部指定为报告分部且不与其他分部合并的，应当在披露分部信息时，将其作为其他项目单独披露。

（三）报告分部 75%的标准

企业的业务分部或地区分部达到规定的 10%重要性标准，确认为报告分部后，确定为报告分部的各业务分部或各地区分部的对外交易收入合计额占合并总收入或企业总收入的比例应当达到 75%及以上。如果未达到 75%的标准，企业必须增加报告分部的数量，将其他未作为报告分部的业务分部或地区分部纳入报告分部的范围，直至该比例达到 75%。此时，其他未作为报告分部的业务分部或地区分部很可能未满足前述规定的三个 10%的重要性标准，但为了使报告分部的对外交易收入合计额占合并总收入或企业总收入的比例能够达到 75%及以上的要求，也应当将其确定为报告分部。

【例 11-6】沿用【例 11-4】资料，华美公司根据规定已将上海、北京、陕西、浙江、四川和广东 6 个分部确定为报告分部，由于 6 个报告分部的对外交易收入合计额占企业总收入的比例为 87.70%，已达到 75%的限制性标准，不需再增加报告分部的数量。具体计算结果见表 11-5。

表 11-5 **华美公司报告分部营业收入信息表** 金额单位：万元

项目	上海	北京	陕西	浙江	四川	广东	小计	…	合计
营业收入	20 000	10 000	6 00	7 000	2 000	6 000	45 600	…	52 000
占企业总收入百分比	38.50%	19.20%	1.20%	13.50%	3.80%	11.50%	87.70%	…	100%

需要指出的是，企业的内部管理按照垂直一体化经营的不同层次来划分，即使其大部分收入不通过对外交易取得，仍可将垂直一体化经营的不同层次确定为独立的报告业务分部。

另外，对于上期确定为报告分部的，企业本期认为其依然重要，即使本期未满足上述规定条件的，仍应将其确定为本期的报告分部。

四、分部信息的披露

（一）分部信息披露的主要报告形式和次要报告形式

企业在披露分部信息时，应当区分主要报告形式和次要报告形式，分别按照确定的报告分部披露相应的分部信息。作为主要报告形式，按规定应当披露较为详细的分部信息；作为次要报告形式，可以披露较为简化的分部信息。

在确定分部信息披露的主要报告形式和次要报告形式时，应当以企业的风险和报酬率的主要来源和性质为依据，遵循下列原则（见表 11-6）。

表 11-6 **分部信息报告形式的确定**

报告形式的依据	主要报告形式	次要报告形式
风险和报酬率主要受企业产品和劳务差异的影响	业务分部	地区分部
风险和报酬率主要受企业在不同的国家或地区经营活动的影响	地区分部	业务分部
风险和报酬率同时较大地受企业产品和劳务差异以及经营活动所在国家或地区差异的影响	业务分部	地区分部

企业在确定主要报告形式和次要报告形式时，除应当以企业的风险和报酬率的主要来源和性质为依据外，同时应当结合企业的内部组织结构、管理结构以及向董事会或类似机构的内部报告制度。企业的风险和报酬率的主要来源和性质，主要与其提供的产品或劳务，或者经营所在国家或地区密切相关。

（二）分部报表

分部报表应当按照业务分部和地区分部分别编制。主要报告形式是业务分部的分部报表，其格式见表 11-7。

表 11-7　**分部报表（业务分部）**

项　目	××业务		××业务		……	其他		抵销		合计	
	本期	上期	本期	上期		本期	上期	本期	上期	本期	上期
一、营业收入											
其中：对外交易收入											
分部间交易收入											
二、营业费用											
三、营业利润（亏损）											
四、资产总额											
五、负债总额											
六、补充信息											
1.折旧和摊销费用											
2.资本性支出											
3.折旧和摊销以外的非现金费用											

主要报告形式是地区分部的分部报表格式与表 11-7 基本相同。

（三）主要报告形式下分部信息的披露

在主要报告形式下，无论作为报告分部的是业务分部还是地区分部，都应当按规定披露下列分部信息。

1. 分部收入

分部收入是指可归属于分部的对外交易收入和对其他分部交易收入。分部收入主要由可归属于分部的对外交易收入构成，通常为营业收入。下列项目不包括在内：

（1）利息收入和股利收入，如采用成本法核算的长期股权投资的股利收入（投资收益）、债券投资的利息收入、对其他分部贷款的利息收入等。分部的日常活动是金融性质的，利息收入应当作为分部收入进行披露。

（2）采用权益法核算的长期股权投资在被投资单位实现的净利润中应享有的份额以及处置投资产生的净收益。但是，分部的日常活动是金融性质的除外。

（3）营业外收入，如处置固定资产、无形资产等产生的净收益。

2. 分部费用

分部费用是指可归属于分部的对外交易费用和对其他分部交易费用。分部费用主要由可归属于分部的对外交易费用构成，通常包括营业成本、税金及附加、销售费用等。下列项目不包括在内：

（1）利息费用，如发行债券、向其他分部借款的利息费用等。分部的日常活动是金融性质的，利息费用应当作为分部费用进行披露。

（2）采用权益法核算的长期股权投资在被投资单位发生的净损失中应承担的份额以及处置投资发生的净损失。但是，分部的日常活动是金融性质的除外。

（3）与企业整体相关的管理费用和其他费用。但是，企业代所属分部支付的、与分部经营活动相关的，且能直接归属于或按合理的基础分配给该分部的费用，属于分部费用。

（4）营业外支出，如处置固定资产、无形资产等发生的净损失。

（5）所得税费用。

3. 分部利润（亏损）

分部利润（亏损）是指分部收入减去分部费用后的余额。在合并利润表中，分部利润（亏损）应当在调整少数股东损益前确定。

4. 分部资产

分部资产是指分部经营活动使用的可归属于该分部的资产，不包括递延所得税资产。分部资产的披露金额应当按照扣除相关累计折旧或摊销额以及累计减值准备后的金额确定。披露分部资产总额时，当期发生的在建工程成本总额、购置的固定资产和无形资产的成本总额，应当单独披露。

5. 分部负债

分部负债是指分部经营活动形成的可归属于该分部的负债，不包括递延所得税负债。通常情况下，短期借款、长期借款、应付债券等不属于分部负债。

企业披露的分部信息，应当与合并财务报表或企业财务报表中的总额信息相衔接。分部收入应当与企业的对外交易收入（包括企业对外交易取得的、未包括在任何分部收入中的收入）相衔接；分部利润（亏损）应当与企业营业利润（亏损）和企业净利润（净亏损）相衔接；分部资产总额应当与企业资产总额相衔接；分部负债总额应当与企业负债总额相衔接。

（四）次要报告形式下分部信息的披露

1. 采用业务分部作为主要报告形式下次要信息的披露

（1）对外交易收入占企业对外交易收入总额的 10%或者以上的地区分部，以外部客户所在地为基础披露对外交易收入；

（2）分部资产占所有地区分部资产总额 10%或者以上的地区分部，以资产所在地为基础披露分部资产总额。

2. 采用地区分部作为主要报告形式下次要信息的披露

（1）对外交易收入占企业对外交易收入总额 10%或者以上的业务分部，应当披露对外交易收入；

（2）分部资产占所有业务分部资产总额 10%或者以上的业务分部，应当披露分部资产总额。

第二节　中期财务报告

一、中期财务报告的定义和构成

中期财务报告是指以中期为基础编制的财务报告。中期是指短于一个完整的会计年度

（如我国自公历 1 月 1 日起至 12 月 31 日止）的报告期间，它可以是一个月、一个季度或者半年，也可以是其他短于一个会计年度的期间，如 1 月 1 日至 9 月 30 日的期间等。因此，中期财务报告包括月度财务报告、季度财务报告和半年度财务报告，也包括年初至本中期末的财务报告。

中期财务报告至少应当包括资产负债表、利润表、现金流量表和附注。对其他财务报表或者相关信息，如所有者权益变动表等，企业可以根据需要自行决定是否编制。

二、中期财务报告编制的理论基础和原则

（一）中期财务报告编制的理论基础

中期财务报告编制的理论基础主要有两种：一种是“独立观”；另一种是“一体观”。我国侧重于采用独立观，即视每一中期为一个独立的会计期间，其会计估计、成本分配、各应计项目的处理与年度财务报告政策相一致。一体观是视每一中期为年度会计期间的有机组成部分，中期会计估计、成本分配、各应计项目的处理必须考虑到全年将要发生的情况，年度经营费用需基于年度预测活动水平（如销售量、业务量）来进行估计，并分配给各个中期。独立观和一体观各有优缺点。

采用独立观编制中期财务报告的优点是：它所反映的企业业绩资料比较可靠，不易被操纵；缺点是容易导致中期收入和费用的配比不合理，影响对企业业绩的正确评价与预测。

采用一体观编制中期财务报告的优点是：它可以避免因人为割裂会计期间而导致年度内各期间收益的非正常波动，使收入和费用能合理配比，提高中期财务报告信息的相关性；缺点是容易导致年度内各中期收益的平滑化和盈利操纵，影响信息的可靠性。

（二）中期财务报告编制的原则

根据我国企业会计准则，中期财务报告编制应遵循的原则包括以下几个方面：

1. 遵循与年度财务报告相一致的会计政策原则

企业在编制中期财务报告时，应当将中期视同为一个独立的会计期间，不仅所采用的会计政策应当与年度财务报表所采用的会计政策相一致，还包括会计要素确认和计量原则相一致。企业在编制中期财务报告时不得随意变更会计政策。

2. 遵循重要性原则

（1）重要性程度的判断应当以中期财务数据为基础，而不得以预计的年度财务数据为基础。

（2）重要性原则的运用应当保证中期财务报告包括与理解企业中期期末财务状况和中期经营成果及其现金流量相关的信息。

（3）重要性程度的判断需要根据具体情况作具体分析和职业判断。通常，在判断某一项目的重要性程度时，应当将项目的金额和性质结合在一起予以考虑，而且在判断项目金额的重要性时，应当以资产、负债、净资产、营业收入、净利润等直接相关的项目数字作为比较基础，并综合考虑其他相关因素。

3. 遵循及时性原则

为了体现企业编制中期财务报告的及时性原则，中期财务报告计量相对于年度财务数据的计量而言，在很大程度上依赖于估计。例如，企业通常由于时间上的限制和成本方面的考虑，中期期末大多不会对存货进行全面、详细的实地盘点，在这种情况下，对中期期

末存货的计价往往依赖于会计估计。

三、中期财务报告编制中的确认与计量

（一）中期财务报告编制中的确认与计量的基本原则

（1）中期财务报告中各会计要素的确认和计量原则应当与年度财务报告所采用的原则相一致，即企业在中期根据所发生的交易或者事项，对资产、负债、所有者权益（股东权益）、收入、费用和利润等各会计要素进行确认和计量时，应当符合相应会计要素的定义和确认、计量标准，不能因为财务报告期间的缩短（相对于会计年度而言）而改变。

（2）在编制中期财务报告时，中期会计计量应当以年初至本中期期末为基础，财务报告的频率不应当影响年度结果的计量。也就是说，无论企业中期财务报告的频率是月度、季度还是半年度，企业中期会计计量的结果最终应当与年度财务报告中的会计计量结果相一致。为此，企业中期财务报告的计量应当以年初至本中期期末为基础，而不应当以本中期作为会计计量的期间基础。

（3）企业在中期不得随意变更会计政策，应当采用与年度财务报告相一致的会计政策。如果上年度资产负债表日之后按规定变更了会计政策，且该变更后的会计政策将在本年度财务报告中采用，中期财务报告应当采用该变更后的会计政策。

对于会计估计变更，在同一会计年度内，以前中期财务报表项目在以后中期发生了会计估计变更的，以后中期财务报告应当反映该会计估计变更后的金额，但对以前中期财务报表项目金额不作调整。

（二）季节性、周期性或者偶然性取得的收入的确认和计量

企业取得季节性、周期性或者偶然性收入，应当在发生时予以确认和计量，不应当在中期财务报表中预计或者递延，但会计年度末允许预计或者递延的除外。

（三）会计年度中不均匀发生的费用的确认和计量

在编制中期财务报告时，企业在会计年度中不均匀发生的费用，应当在发生时予以确认和计量，不应当在中期财务报表中预提或者待摊，但会计年度末允许预提或者待摊的除外。通常情况下，与企业生产经营和管理活动有关的费用往往是在一个会计年度的各个中期内均匀发生的，各中期之间发生的费用不会有较大差异。但是，对于一些费用，如员工培训费等，往往集中在会计年度的个别中期内。对于这些会计年度中不均匀发生的费用，企业应当在发生时予以确认和计量，不应当在中期财务报表中予以预提或者待摊。如果会计年度内不均匀发生的费用在会计年度末允许预提或者待摊，则在中期期末也允许预提或者待摊。

四、中期财务报告编制中涉及的内容及其要求

（一）中期合并财务报表和母公司财务报表的编制要求

企业上年度编制合并财务报表的，中期期末应当编制合并财务报表。上年度财务报告除了包括合并财务报表，还包括母公司财务报表的，中期财务报告也应当包括母公司财务报表，具体包括以下内容：

（1）上年度中编报合并财务报表的企业，其中期财务报告中也应当编制合并财务报表，而且合并财务报表的合并范围、合并原则、编制方法和合并财务报表的格式与内容等也应当与上年度合并财务报表相一致。

（2）企业中期合并财务报表合并范围发生变化的，则应当区分以下情况进行处理：

①如果企业在报告中期内处置了所有子公司，而且在报告中期又没有新增子公司，那么企业在其中期财务报告中就不必编制合并财务报表。尽管如此，企业提供的上年度比较财务报表仍然应当同时提供合并财务报表和母公司财务报表。除非在上年度可比中期期末，企业没有子公司。

【例 11-7】利群公司成立于 2×16 年年初，公司成立之初没有子公司，因此公司在 2×16 年第 1 季度只需编制公司本身的个别财务报表即可。2×16 年第 2 季度，利群公司并购益达公司，获得该公司 70%的股份，益达公司成为利群公司的子公司。这样，在 2×16 年第 2 季度财务报告中，利群公司就需要同时提供合并财务报表和母公司财务报表。第 3 季度财务报告和 2×16 年年度财务报告也是如此。假定在 2×17 年第 1 季度，公司又将益达公司对外出售，这样，利群公司又没有了子公司，所以，尽管利群公司在上年度财务报告中编制了合并财务报表，但是在 2×17 年第 1 季度财务报告中无需编制合并财务报表，而且由于在上年度第 1 季度财务报告中利群公司没有编制合并财务报表，所以，在提供上年度比较财务报表时，除了上年度末的资产负债表仍然应当包括合并财务报表和母公司财务报表之外，其他比较财务报表（包括利润表和现金流量表）都不必提供合并财务报表。在 2×17 年第 2 季度，公司仍然没有需要纳入合并财务报表合并范围的子公司，因此仍然不必编制合并财务报表，但是，在提供上年度比较财务报表时，则应当同时提供合并财务报表和母公司财务报表。

②中期内新增符合合并财务报表合并范围要求的子公司。在这种情况下，企业在中期期末就需要将该子公司的个别财务报表纳入合并财务报表的合并范围中。

（3）应当编制合并财务报表的企业，如果在上年度财务报告中除了提供合并财务报表之外，还提供了母公司财务报表，如上市公司，那么在其中期财务报告中除了应当提供合并财务报表之外，还应当提供母公司财务报表。

（二）比较财务报表的编制要求

为了提高财务报表信息的可比性、相关性和有用性，企业在中期期末除了编制中期期末资产负债表、中期利润表和现金流量表之外，还应当提供前期比较财务报表。中期财务报告应当按照下列规定提供比较财务报表：

（1）本中期期末的资产负债表和上年度末的资产负债表。

（2）本中期的利润表、年初至本中期期末的利润表以及上年度可比期间的利润表。其中，上年度可比期间的利润表包括：上年度可比中期的利润表和上年度年初至上年度可比中期期末的利润表。

（3）年初至本中期期末的现金流量表和上年度年初至上年度可比中期期末的现金流量表。

【例 11-8】东方公司按要求需要提供半年度中期财务报告，则该公司在截至 2×17 年 6 月 30 日的上半年的财务报告中应当提供的财务报表见表 11-8。

表 11-8　　**东方公司中期（半年）比较财务报告时间**

报表类别	本年度中期财务报表时间（或者期间）	上年度比较财务报表时间（或者期间）
资产负债表	2×17 年 6 月 30 日	2×16 年 12 月 31 日
利润表	2×17 年 1 月 1 日至 6 月 30 日	2×16 年 1 月 1 日至 6 月 30 日
现金流量表	2×17 年 1 月 1 日至 6 月 30 日	2×16 年 1 月 1 日至 6 月 30 日

【例 11-9】南方公司按照要求需提供季度财务报告，则该公司在截至 2×17 年 3 月 31 日、6 月 30 日和 9 月 30 日分别提供各季度财务报告（即第 1、2、3 季度财务报告）中应当分别提供的财务报表见表 11-9、表 11-10 和表 11-11。

表 11-9 **南方公司中期（第 1 季度）比较财务报告时间**

报表类别	本年度中期财务报表时间（或者期间）	上年度比较财务报表时间（或者期间）
资产负债表	2×17 年 3 月 31 日	2×16 年 12 月 31 日
利润表	2×17 年 1 月 1 日至 3 月 31 日	2×16 年 1 月 1 日至 3 月 31 日
现金流量表	2×17 年 1 月 1 日至 3 月 31 日	2×16 年 1 月 1 日至 3 月 31 日

注：在第 1 季度财务报告中，“本中期”与“年初至本中期期末”的期间是相同的，所以在第 1 季度财务报告中只需提供一张利润表，因为在第 1 季度，本中期利润表即为年初至本中期期末利润表，相应地，上年度的比较财务报表也只需提供一张利润表。

表 11-10 **南方公司中期（第 2 季度）比较财务报告时间**

报表类别	本年度中期财务报表时间（或者期间）	上年度比较财务报表时间（或者期间）
资产负债表	2×17 年 6 月 30 日	2×16 年 12 月 31 日
利润表（本中期）	2×17 年 4 月 1 日至 6 月 30 日	2×16 年 4 月 1 日至 6 月 30 日
利润表（年初至本中期期末）	2×17 年 1 月 1 日至 6 月 30 日	2×16 年 1 月 1 日至 6 月 30 日
现金流量表	2×17 年 1 月 1 日至 6 月 30 日	2×16 年 1 月 1 日至 6 月 30 日

表 11-11 **南方公司中期（第 3 季度）比较财务报告时间**

报表类别	本年度中期财务报表时间（或者期间）	上年度比较财务报表时间（或者期间）
资产负债表	2×17 年 9 月 30 日	2×16 年 12 月 31 日
利润表（本中期）	2×17 年 7 月 1 日至 9 月 30 日	2×16 年 7 月 1 日至 9 月 30 日
利润表（年初至本中期期末）	2×17 年 1 月 1 日至 9 月 30 日	2×16 年 1 月 1 日至 9 月 30 日
现金流量表	2×17 年 1 月 1 日至 9 月 30 日	2×16 年 1 月 1 日至 9 月 30 日

五、中期会计政策变更的处理

我国中期财务报告准则规定，企业在中期发生了会计政策变更的，应当按照《企业会计准则第 28 号——会计政策、会计估计变更和差错更正》的规定处理，并在财务报表附注中作相应披露。会计政策变更的累积影响数能够合理确定，且涉及本会计年度以前中期财务报表相关项目数字的，应当予以追溯调整，视同该会计政策在整个会计年度一贯采用；同时，上年度可比财务报表也应当作相应调整。反之，会计政策变更的累积影响数不能合理确定，以及不涉及本会计年度以前中期财务报表相关项目数字的，应当采用未来适用法。

（一）会计政策变更发生在会计年度内第 1 季度的处理

企业的会计政策变更发生在会计年度的第 1 季度，企业除了计算会计政策变更的累积影响数并作相应的账务处理之外，在财务报表的列报方面，只需要根据变更后的会计政策编制第 1 季度和本年度以后季度的财务报表，并对根据《企业会计准则第 28 号——会计政策、会计估计变更和差错更正》要求提供的以前年度比较财务报表最早期间的期初留存收益和这些财务报表的其他相关项目数字作相应调整即可。

（二）会计政策变更发生在会计年度内第 1 季度之外的其他季度的处理

企业的会计政策变更发生在会计年度内第 1 季度之外的其他季度，如第 2 季度、第 3 季度等，企业除了应当计算会计政策变更的累积影响数并作相应的账务处理之外，在财务报表的列报方面，还需要调整以前年度比较财务报表最早期间的期初留存收益和比较财务报表其他相关项目的数字，以及在会计政策变更季度财务报告中或者变更以后季度财务报告中所涉及的本会计年度内发生会计政策变更之前季度财务报表相关项目的数字。

六、中期财务报告附注

（一）中期财务报告附注编制的基本要求

1. 附注应当以年初至本中期期末为基础编制

中期财务报告中的附注应当以“年初至本中期期末”为基础进行编制，不能仅仅只披露本中期所发生的重要交易或者事项。

【例 11-10】开开公司需要编制季度财务报告，该公司在 2×17 年 2 月 18 日对外进行重大投资，设立一家子公司。

对于这一事件，开开公司不仅应当在 2×17 年度第 1 季度财务报告附注中予以披露，而且在 2×17 年度第 2 季度、第 3 季度财务报告附注中也应当予以披露。

【例 11-11】嘉乐公司为一家冷饮生产和销售企业，需要对外提供季度财务报告，公司冷饮生产和销售主要集中在每年的第 3 季度。该公司在 2×17 年 1 月 1 日至 9 月 30 日间累计实现净利润 500 万元，其中第 1 季度发生亏损 1 480 万元，第 2 季度发生亏损 1 220 万元，第 3 季度实现净利润 3 200 万元。第 3 季度末的存货（冷饮）为 190 万元，公司考虑到该批存货已经过了销售旺季，可变现净值已经远低于账面价值，确认了存货跌价损失 150 万元。

本例中，尽管该批存货跌价损失仅占嘉乐公司第 3 季度净利润总额的 4.69%（150÷3 200），可能并不重要。但是，该项损失占公司 1~9 月份累计净利润的 30%（150÷500），对于理解嘉乐公司 2×17 年 1~9 月份的经营成果来讲，却属于重要事项。所以，嘉乐公司应当在第 3 季度财务报告附注中披露该事项。

2. 附注应当对自上年度资产负债表日之后发生的重要的交易或者事项进行披露

中期财务报告中的附注应当以年初至本中期期末为基础编制，披露自上年度资产负债表日之后发生的，有助于理解企业财务状况、经营成果和现金流量变化情况的重要交易或者事项，此外，对于理解本中期财务状况、经营成果和现金流量有关的重要交易或者事项，也应当在附注中作相应披露。

【例 11-12】永泰公司在 2×17 年 1 月 1 日至 6 月 30 日累计实现净利润 2 600 万元，其中，第 2 季度实现净利润 90 万元，公司在第 2 季度转回前期计提的坏账准备 110 万元，第 2 季度末应收账款余额为 860 万元。

本例中，尽管该公司第 2 季度转回的坏账准备仅占永泰公司 1~6 月份净利润总额的 4.23%（110÷2 600×100%），可能并不重要，但是该项转回金额占第 2 季度净利润的

122.22%（110÷90×100%），占第 2 季度末应收账款余额的 12.79%（110÷860×100%），对于理解第 2 季度经营成果和第 2 季度末财务状况而言，属于重要事项，所以，永泰公司应当在第 2 季度财务报告附注中披露该事项。

（二）中期财务报告附注至少应当包括的内容

（1）中期财务报告所采用的会计政策与上年度财务报表相一致的声明。企业会计政策在中期发生变更的，应当说明会计政策变更的性质、内容、原因及其影响数；无法进行追溯调整的，应当说明原因。

（2）会计估计变更的内容、原因及其影响数；影响数不能确定的，应当说明原因。

（3）前期差错的性质及其更正金额；无法进行追溯重述的，应当说明原因。

（4）企业经营的季节性或者周期性特征。

（5）存在控制关系的关联方发生变化的情况；关联方之间发生交易的，应当披露关联方关系的性质、交易类型和交易要素。

（6）合并财务报表的合并范围发生变化的情况。

（7）对性质特殊或者金额异常的财务报表项目的说明。

（8）证券发行、回购和偿还情况。

（9）向所有者分配利润的情况，包括在中期内实施的利润分配和已提出或者已批准但尚未实施的利润分配情况。

（10）根据《企业会计准则第 35 号——分部报告》规定披露分部报告信息的，应当披露主要报告形式的分部收入与分部利润（亏损）。

（11）中期资产负债表日至中期财务报告批准报出日之间发生的非调整事项。

（12）上年度资产负债表日后所发生的或有负债和或有资产的变化情况。

（13）企业结构变化情况，包括如企业合并，对被投资单位具有重大影响、共同控制或者控制关系的长期股权投资的购买或者处置，终止经营等。

（14）其他重大交易或者事项，包括重大的长期资产转让及其出售情况、重大的固定资产和无形资产取得情况、重大的研究和开发支出、重大的资产减值损失、或有负债等。

企业在提供上述第 5 项和第 10 项有关关联方交易、分部收入与分部利润（亏损）信息时，应当同时提供本中期（或者本中期期末）和本年度初至本中期期末的数据，以及上年度可比本中期（或者可比中期期末）和可比年初至本中期期末的比较数据。

本章小结

分部报告是指在企业对外提供的财务报告中，按照确定的企业内部组成部分（业务分部或地区分部）提供的有关各组成部分的收入、资产和负债等信息的报告。

分部报告弥补了合并报表的缺陷，有助于评估企业整体的风险和报酬率。分部报告为报表使用者分析和认证该企业所面临的风险和报酬率提供了有效工具。

分部报告的目标是就企业面临的风险和报酬率提供补充信息，因此从理论上讲，企业应根据所面临的风险和报酬率来划分分部。有同样风险和报酬率的经营活动可以合并报告，反之，则应分别报告。我国《企业会计准则第 35 号——分部报告》要求企业在披露分部信息时，应当区分业务分部和地区分部。

中期财务报告是指以中期为基础编制的财务报告。中期可以是一个月、一个季度或者半年，也可以是其他短于一个会计年度的期间，如1月1日至9月30日的期间等。

中期财务报告至少应当包括资产负债表、利润表、现金流量表和附注。

根据我国企业会计准则，中期财务报告编制应遵循与年度财务报告相一致的会计政策原则、重要性原则和及时性原则。

复习思考题

1. 什么是分部？什么是分部报告？分部需要满足哪些条件？
2. 怎样划分业务报告分部和地区报告分部？怎样确定主要报告形式和次要报告形式？
3. 主要报告形式披露的内容有哪些？
4. 什么是中期财务报告？如何界定中期这一概念？
5. 中期财务报告的编制应遵循哪些原则？
6. 中期财务报告附注的编制要求是什么？
7. 中期会计政策变更如何处理？

个案分析

中期财务报告编制案例

A公司是一家软件开发商，需要编制季度财务报告。2×17年4月1日，A公司将其2×16年开发的新版MNX管理信息系统软件投放市场，市场前景看好。4月10日，A公司收到B公司（B公司为一家财务软件开发商）来函，声明MNX管理信息系统软件中的财务管理软件包与该公司开发的并已于2×16年申请专利的财务管理系统相同，要求A公司停止侵权，并赔偿损失1 000万元。A公司不服，继续销售其新产品。B公司遂于4月15日将A公司告上法庭，要求A公司停止侵权行为，公开道歉，并赔偿该公司损失1 000万元。法院受理了此案，随后作了数次调查取证后，初步认定A公司的确侵犯了B公司的专利权，根据有关规定，将赔偿B公司800万~1 000万元的损失。为此，A公司在6月30日提出，希望能够庭外和解，B公司初步表示同意。8月2日，双方经过数次调解，没有达成和解协议，只能再次通过法律诉讼程序。9月20日，法院判决，A公司立即停止对B公司的侵权行为，赔偿B公司损失980万元，并在媒体上公开道歉。A公司不服，继续上诉。12月1日，二审判决，维持原判。2×18年1月20日，根据最终判决，A公司被强制执行，向B公司支付侵权赔偿款980万元。

根据企业会计准则规定：企业在中期资产负债表日不能把潜在义务（即使该义务很可能在会计年度的以后中期变成现时义务）确认为负债，也不能把当时已经符合负债确认条件的现时义务（即使履行该义务的时间和金额还需等到会计年度以后中期才能够完全确定）递延到以后中期进行确认。本例中，尽管从2×17年度财务报表的角度，该事项已经属于确定事项，980万元的赔偿款应当在A公司2×17年12月31日资产负债表中确认为一项负债。但是，由于A公司需要编制季度财务报告，这样在2×17年第2季度，该事项属于或有事项，且在2×17年第2季度末，A公司已经可以合理预计在诉讼案中公司将很有可能败诉，需要向B公司赔偿。由于侵权导致的损失，公司在当时已经承担了一项现时义务，而且赔偿金额可以可靠估计，因此应当在2×17年第2季度末就确认为一项负债（即预计负债），金额为900万元（（800+1 000）÷2），而不是等到以后季度或者年末再予确认。在2×17年第3季度财务报告中，由于法院一审已经判决，要求A公司赔偿980万元，所以，A公司在2×17年第3季度财务报告中还应当确认80万元负债，以反映A公司在第3季度末的现时义务。与此同时，作为预计负债和会计估计变更事项，A公司还应当根据中期财务报告准则的规定在附注中作相应披露。

第十二章

每股收益

学习目标

通过本章学习，了解每股收益的概念及其重要意义；熟悉基本每股收益的分子项、分母项的具体含义，掌握在不同条件下每股收益的计算方法；了解稀释性潜在普通股的含义，掌握稀释每股收益的计算公式及其基本运算；理解每股收益的列示方式。

第一节　每股收益及其重要意义

一、每股收益的概念和意义

每股收益是指普通股股东每持有一股普通股所能享有的企业净利润或需承担的企业净亏损。每股收益是用于反映企业的经营成果，衡量普通股的获利水平及投资风险，是投资者等信息使用者据以评价企业盈利能力、预测企业成长潜力、进而做出相关经济决策的重要财务指标之一。它有助于同一会计期间内不同企业之间以及同一企业在不同会计期间进行业绩比较。

二、每股收益的类别

每股收益包括基本每股收益和稀释每股收益两类。

基本每股收益是按照归属于普通股股东的当期净利润除以发行在外普通股的加权平均数计算的每股收益。

稀释每股收益是以基本每股收益为基础，假定企业所有发行在外的稀释性潜在普通股均已转换为普通股，从而分别调整归属于普通股股东的当期净利润以及发行在外普通股的加权平均数计算的每股收益。

基本每股收益仅考虑当期实际发行在外的普通股股份，而稀释每股收益的计算和列报主要是为了避免基本每股收益虚增可能带来的信息误导。例如，一家公司发行可转换公司债券，由于转换选择权的存在，这些可转换公司债券的利率低于同等条件下普通债券的利率，从而降低了融资成本，在经营业绩和其他条件不变的情况下，相对提高了基本每股收益金额。考虑可转换公司债券的影响，计算和列报稀释每股收益，就是为了能够提供一个更可比、更有用的财务指标。

根据我国企业会计准则，普通股或潜在普通股已公开交易的企业，以及正处于公开发行普通股或潜在普通股过程中的企业，应当在利润表中分别列示基本每股收益和稀释每股收益，并在附注中披露下列相关信息：

（1）基本每股收益和稀释每股收益分子、分母的计算过程；

（2）列报期间不具有稀释性但以后期间很可能具有稀释性的潜在普通股；

（3）在资产负债表日至财务报告批准报出日之间，企业发行在外普通股或潜在普通股股数发生重大变化的情况。

三、对期末净利润和总股本的理解

企业对外提供合并财务报表的，每股收益仅要求其以合并财务报表为基础计算每股收益，并在合并财务报表中予以列报；与合并财务报表一同提供的母公司财务报表中不要求计算和列报每股收益，如果企业自行选择列报的，应以母公司个别财务报表为基础计算每股收益，并在其个别财务报表中予以列报。

在合并财务报表中，期末净利润是归属于母公司普通股股东的当期合并净利润，即合并财务报表中的净利润总额减去少数股东损益后的净利润；在母公司的个别财务报表中，期末净利润是归属于母公司全部普通股股东的当期净利润。

股票按股东的权利可分为普通股、优先股。计算每股收益中的总股本只代表普通股。普通股按照存在状态分为发行在外普通股、公司库存股和潜在的普通股，由于公司库存股无权参与公司利润的分配，因此在计算每股收益的分母时应将其扣除。

第二节　基本每股收益

基本每股收益只考虑当期实际发行在外的普通股股份，按照归属于普通股股东的当期净利润除以当期实际发行在外普通股的加权平均数计算确定。

一、分子的确定

计算基本每股收益时，分子为归属于普通股股东的当期净利润，即企业当期实现的可供普通股股东分配的净利润或应由普通股股东分担的净亏损金额。发生亏损的企业，每股收益以负数列示。以合并财务报表为基础计算的每股收益，分子应当是归属于母公司普通股股东的合并净利润，即扣减少数股东损益后的余额。

二、分母的确定

计算基本每股收益时，分母为当期发行在外普通股的算术加权平均数，即期初发行在外普通股股数根据当期新发行或回购的普通股股数乘以其发行在外的时间权重计算的股数进行调整后的数量。

$$\frac{\text{发行在外普通股}}{\text{加权平均数}}=\frac{\text{期初发行在外}}{\text{普通股股数}}+\frac{\text{当期新发行数}}{\text{普通股股}}\times\frac{\text{已发行}}{\text{时间}}\div\frac{\text{报告期}}{\text{时间}}-\frac{\text{当期回购}}{\text{普通股股数}}\times\frac{\text{已回购}}{\text{时间}}\div\frac{\text{报告期}}{\text{时间}}$$

上式中已发行时间、报告期时间和已回购时间一般按照天数计算；在不影响计算结果合理性的前提下，也可以采用简化的计算方法。

【例 12-1】某公司 2×17 年年初发行在外的普通股为 10 000 万股；3 月 2 日新发行普通股 4 500 万股；12 月 1 日回购普通股 1 500 万股，以备将来奖励职工之用。该公司当年度实现净利润 2 600 万元。

计算该公司基本每股收益时，发行在外普通股加权平均数为：

$$10\,000\times\frac{12}{12}+4500\times\frac{10}{12}-1\,500\times\frac{1}{12}=13\,625\text{（万股）}$$

或　$$10\,000\times\frac{2}{12}+14\,500\times\frac{9}{12}+13\,000\times\frac{1}{12}=13\,625\text{（万股）}$$

基本每股收益=2 600÷13 625=0.191（元/股）

新发行普通股股数，应当根据发行合同的具体条款，从应收对价之日（一般为股票发行日）起计算确定。通常包括下列情况：

（1）为收取现金而发行的普通股股数，从应收现金之日起计算。

（2）因债务转作资本而发行的普通股股数，从停计债务利息之日或结算日起计算。

（3）非同一控制下的企业合并，作为对价发行的普通股股数，从购买日起计算；同一控制下的企业合并，作为对价发行的普通股股数，应当以各列报期间普通股的加权平均数计算。

（4）为收购非现金资产而发行的普通股股数，从确认收购之日起计算。

【例 12-2】甲公司和乙公司分别为 A 公司控制下的两家全资子公司。2×17 年 6 月 30 日，甲公司自母公司 A 公司处取得乙公司 100%的股权，合并后乙公司仍维持其独立法人资格继续经营。为进行该项企业合并，甲公司向乙公司的股东定向增发 8 000 万股本公司普通股（每股面值为 1 元）。该项合并中参与合并的企业在合并前及合并后均为 A 公司最终控制，为同一控制下的企业合并。假定甲公司和乙公司采用的会计政策相同，两家公司在合并前未发生任何交易，合并前甲公司旗下没有子公司。甲公司 2×16 年度净利润为 7 000 万元，乙公司 2×16 年度净利润为 890 万元；甲公司 2×17 年度合并净利润为 9 300 万元，其中包括被合并方乙公司在合并前实现的净利润 800 万元。合并前甲公司发行在外的普通股为 34 000 万股，假定除企业合并过程中定向增发股票外股数未发生其他变动。2×17 年度甲公司比较利润表中基本每股收益的计算如下：

$$2\times17\text{年度基本每股收益}=\frac{9\,300}{34\,000+8\,000}=0.22\text{（元/股）}$$

$$2\times16\text{年度基本每股收益}=\frac{7\,000+890}{34\,000+8\,000}=0.19\text{（元/股）}$$

第三节　稀释每股收益

一、计算稀释每股收益应当考虑的因素

稀释每股收益是以基本每股收益为基础，假设企业所有发行在外的稀释性潜在普通股均已转换为普通股，从而分别调整归属于普通股股东的当期净利润以及发行在外普通股的加权平均数，并据以计算稀释每股收益。

企业在计算稀释每股收益时应当考虑稀释性潜在普通股及其对分子和分母调整因素的影响。

（一）稀释性潜在普通股

潜在普通股，是指赋予其持有者在报告期或以后期间享有取得普通股权利的一种金融工具或其他合同，包括可转换公司债券、认股权证、股份期权等。

稀释性潜在普通股，是指假设当期转换为普通股会减少每股收益的潜在普通股。在企业亏损的情况下，稀释性潜在普通股会增加每股亏损的金额。计算稀释每股收益时只考虑稀释性潜在普通股的影响，不考虑不具有稀释性的潜在普通股。

（二）分子的调整

计算稀释每股收益时，应当根据下列事项对归属于普通股股东的当期净利润进行调整：

（1）当期已确认为费用的稀释性潜在普通股的利息；

（2）稀释性潜在普通股转换时将产生的收益或费用。

上述调整应当考虑相关的所得税影响。对于包含负债和权益成分的金融工具，仅需调整属于负债部分的相关利息、利得或损失。

【例 12-3】蓝天公司于 2×16 年 1 月 1 日按面值发行 26 000 万元的 3 年期可转换公司债券，票面固定年利率为 2%，利息自发行之日起每年支付一次，即每年 12 月 31 日为付息日。该批可转换公司债券自发行结束后 18 个月以后可转换为公司股票。债券利息不符合资本化条件，直接计入当期损益，所得税税率为 25%。假设不考虑可转换公司债券在负债和权益成分的分拆，且债券票面利率等于实际利率。按照公司利润分享计划约定，该公司高级管理人员按照当年税前利润的 1%领取奖金报酬。该公司 2×16 年度税前利润为 18 000 万元，税后净利润为 13 600 万元。

为计算稀释每股收益，分子归属于普通股股东的当期净利润应调整的项目主要包括以下两方面：一是假定可转换公司债券期初转换为普通股而减少的利息费用；二是由此增加的利润所导致的支付高管人员奖金的增加。

税后净利润	13 600 万元
加：减少的利息费用（26 000×2%）	520 万元
减：相关所得税影响（520×25%）	（130 万元）
减：增加的高管人员奖金（520×1%）	（5.2 万元）
加：相关所得税影响（5.2×25%）	1.3 万元
稀释每股收益计算中归属于普通股股东的当期净利润	13 986.1 万元

（三）分母的调整

计算稀释每股收益时，当期发行在外普通股的加权平均数应当为计算基本每股收益时普通股的加权平均数与假定稀释性潜在普通股转换为已发行普通股而增加的普通股股数的加权平均数之和。

假定稀释性潜在普通股转换为已发行普通股而增加的普通股股数，应当根据潜在普通股的条件确定。当存在不止一种转换基础时，应当假定会从潜在普通股持有者角度选择最有利的转换率或执行价格。

假定稀释性潜在普通股转换为已发行普通股而增加的普通股股数应当按照其发行在外时间进行加权平均。以前期间发行的稀释性潜在普通股，应当假定在当期期初转换为普通股；当期发行的稀释性潜在普通股，应当假定在发行日转换为普通股；当期被注销或终止的稀释性潜在普通股，应当按照当期发行在外的时间加权平均计入稀释每股收益；当期被转换或行权的稀释性潜在普通股，应当从当期期初至转换日（或行权日）计入稀释每股收益中，从转换日（或行权日）起所转换的普通股则计入基本每股收益中。

【例 12-4】蕴祺公司 2×17 年归属于普通股股东的净利润为 4 500 万元，期初发行在外普通股股数 4 000 万股，年内普通股股数未发生变化。2×17 年 1 月 2 日公司按面值发行 800 万元可转换公司债券，票面利率为 4%，每 100 元债券可转换为 90 股面值为 1 元的普通股。所得税税率为 25%，假设不考虑可转换公司债券在负债和权益成分之间的分拆，那么，2×17 年度每股收益计算如下：

$$基本每股收益=\frac{4\ 500}{4\ 000}=1.125（元/股）$$

增加的净利润=800×4%×（1−25%）=24（万元）

$$增加的普通股股数=\frac{800}{100}\times 90=720（万股）$$

$$稀释每股收益=\frac{4\ 500+24}{4\ 000+720}=0.96（元/股）$$

二、可转换公司债券

（一）可转换公司债券的概念

可转换公司债券是指发行人依照法定程序发行，在一定期限内依照约定的条件可以转换为股票的公司债券。

在可转换公司债券转换为股票之前，其特征和运作方式与公司债券相同，必须还本付息。在转换为股票以后，这些可转换公司债券的寿命就宣告结束。当可转换公司债券转换为公司的普通股之后，一方面，会使公司的普通股数量增加，从而降低了已有的每股收益；另一方面，公司不必为债券支付利息，增加了归属于普通股的当期净利润。

（二）可转换公司债券具有稀释作用的验证步骤

在确定可转换公司债券是否具有稀释作用的过程中，一般采用如下步骤：

（1）计算基本每股收益；

（2）计算当可转换公司债券转换为股票时增加的净利润以及增加的净股数，上述两者相除算出增量股的每股收益；

（3）将基本每股收益与增量股的每股收益进行比较，若增量股的每股收益小于基本每股收益，则可转换公司债券具有稀释作用。

稀释每股收益的计算公式如下：

$$稀释每股收益=\frac{净利润+假设转换所增加的净利润}{发行在外普通股加权平均数+假设转换所增加的普通股股数}$$

【例 12-5】某上市公司 2×17 年归属于普通股股东的净利润为 40 000 万元，期初发行在外普通股股数 80 000 万股，年内普通股股数未发生变化。2×17 年 1 月 1 日，公司按面值发行 60 000 万元的 3 年期可转换公司债券，债券面值 100 元，票面固定年利率为 1.5%，利息自发行之日起每年支付一次，即每年 12 月 31 日为付息日。该批可转换公司债券自发行结束后 12 个月以后即可转换为公司股票，即转股期为发行结束后 12 个月后至债券到期日止的期间。转股价格为每股 5 元，即每 100 元债券可转换为 20 股面值为 1 元的普通股。债券利息不符合资本化条件，直接计入当期损益，所得税税率为 25%。

假设不具备转换选择权的类似债券的市场利率为 3%。公司在对该批可转换公司债券初始确认时，将负债和权益成分进行了分拆。2×17 年度稀释每股收益计算如下：

$$基本每股收益=\frac{40\ 000}{80\ 000}=0.50（元/股）$$

每年支付利息=60 000×1.5%=900（万元）

$$负债成分公允价值=\frac{900}{1+3\%}+\frac{900}{(1+3\%)^2}+\frac{60\ 900}{(1+3\%)^3}=57\ 454.25（万元）$$

权益成分公允价值=60 000−57 454.25=2 545.75（万元）

假设转换所增加的净利润=57 454.25×3%×（1−25%）=1 292.72（万元）

假设转换所增加的普通股股数= $\frac{60\ 000}{100}$ ×20=12 000（万股）

增量股的每股收益= $\frac{1\ 292.72}{12\ 000}$ =0.11（元/股）

增量股的每股收益小于基本每股收益，表明可转换公司债券具有稀释作用。

稀释每股收益= $\frac{40\ 000+1\ 292.72}{80\ 000+12\ 000}$ =0.45（元/股）

三、认股权证和股份期权

（一）认股权证和股份期权的概念

认股权证是授予持有人的一项权利，在到期日前（也可能有其他附加条款）可以行权价购买公司发行的新股（或者是库存股）。股份期权是指股份公司授予持有人在未来一定期限内以预先约定的价格购买一定份额股份的权利。

（二）认股权证和股份期权的稀释性和计算数值的调整

对于盈利企业，认股权证、股份期权等的行权价格低于当期普通股平均市场价格时，具有稀释性。对于亏损企业，认股权证、股份期权的假设行权一般不影响净亏损，但增加普通股股数，从而导致每股亏损金额的减少，实际上产生了反稀释的作用，因此，这种情况下，不应当计算稀释每股收益。

对于可转换公司债券，在转换时由于影响到当期净利润，要调整分子及分母项。而认股权证、股份期权行权时一般不影响当期净利润，无需调整分子项当期净利润金额，只需按照下列步骤对作为分母的普通股加权平均数进行调整：

（1）假设这些认股权证、股份期权在当期期初（或晚于当期期初的发行日）已经行权，计算按约定行权价格发行普通股将取得的收入金额。

（2）假设按照当期普通股平均市场价格发行普通股，计算需发行多少普通股能够带来上述相同的收入。

（3）比较行使股份期权、认股权证将发行的普通股股数与按照平均市场价格发行的普通股股数，差额部分相当于无对价发行的普通股，作为发行在外普通股股数的净增加。

（4）将净增加的普通股股数乘以其假设发行在外的时间权数，据此调整计算稀释每股收益时的分母数。

计算稀释每股收益时，增加的普通股股数按下列公式计算：

$$\begin{matrix}\text{增加的}\\\text{普通股股数}\end{matrix}=\begin{matrix}\text{拟行权时转换的}\\\text{普通股股数}\end{matrix}-\begin{matrix}\text{行权}\\\text{价格}\end{matrix}\times\begin{matrix}\text{拟行权时转换的}\\\text{普通股股数}\end{matrix}\div\begin{matrix}\text{当期普通股}\\\text{平均市场价格}\end{matrix}$$

上式中的当期普通股平均市场价格，理论上应当包括该普通股每次交易的价格，但实务操作中，当股票价格波动较小时，以每周或每个月股票的收盘价格作为代表价格，当股票价格波动较大时，则采用每周或每个月股票最高价与最低价的平均值。

【例 12-6】某公司 2×16 年度归属于普通股股东的净利润为 200 万元，发行在外普通股加权平均数为 500 万股，该普通股平均市场价格为 4 元/股。2×17 年年初，该公司对外发行 100 万份认股权证，行权日为 2×17 年 3 月 1 日，每份认股权证可以在行权日以 3.5 元/股的价格认购本公司 1 股新发的股份。那么，2×16 年度每股收益计算如下：

基本每股收益= $\frac{200}{500}$ =0.4（元/股）

调整增加的普通股股数=100−100× $\frac{3.5}{4}$ =12.5（万股）

$$稀释每股收益=\frac{200}{500+12.5}=0.39（元/股）$$

由于股份期权在计算稀释每股收益与认股权证发挥一样的作用，上述例题同样适用于发行股份期权情况下的稀释每股收益的计算。

四、企业承诺将回购其股份的合同

企业承诺将回购其股份的合同与认股权证等对于稀释每股收益的作用，从本质上讲是一样的。企业承诺将回购其股份的合同中规定的回购价格高于当期普通股平均市场价格时，应当考虑其稀释性；反之，若合同中规定的回购价格低于当期普通股平均市场价格则不考虑其稀释性。

在计算稀释每股收益时，与前面认股权证、股份期权的计算思路正好相反，具体步骤如下：

（1）假设企业于期初按照当期普通股平均市场价格发行普通股，以募集足够的资金来履行回购合同；合同日晚于期初的，则假设企业于合同日按照自合同日至期末的普通股平均市场价格发行足量的普通股。该假设前提下，由于是按照市价发行普通股，导致企业经济资源流入与普通股股数同比例增加，每股收益金额不变。

（2）假设回购合同已于当期期初（或合同日）履行，按照约定的行权价格回购本企业股票。

（3）比较假设发行的普通股股数与假设回购的普通股股数，差额部分作为净增加的发行在外普通股股数，再乘以相应的时间权重，据此调整稀释每股收益的计算分母。

计算稀释每股收益时，增加的普通股股数按下列公式计算：

$$\begin{matrix}增加的\\普通股股数\end{matrix}=\begin{matrix}回购\\价格\end{matrix}\times\begin{matrix}承诺回购的\\普通股股数\end{matrix}\div\begin{matrix}当期普通股\\平均市场价格\end{matrix}-\begin{matrix}承诺回购的\\普通股股数\end{matrix}$$

【例 12-7】某公司 2×16 年度归属于普通股股东的净利润为 400 万元，发行在外普通股加权平均数为 800 万股。2×16 年 3 月 2 日该公司与股东签订一份远期回购合同，承诺 1 年后以每股 11 元的价格回购其发行在外的 120 万股普通股。假设，该普通股 2×16 年 3 月至 12 月平均市场价格为 10 元/股。2×16 年度每股收益计算如下：

$$基本每股收益=\frac{400}{800}=0.5（元/股）$$

$$调整增加的普通股股数=120\times\frac{11}{10}-120=12（万股）$$

$$稀释每股收益=\frac{400}{800+12}=0.49（元/股）$$

五、多项潜在普通股

如果企业具有多项潜在普通股，即在可转换公司债券、认股权证、股份期权等都存在的情况下，在计算稀释每股收益时不仅要考虑稀释性强弱的问题，还有考虑是否存在反稀释的情况。根据我国企业会计准则的规定，稀释性潜在普通股应当按照其稀释程度从大到小的顺序计入稀释每股收益，直至稀释每股收益达到最小值。

根据上面的讲述可以判断，对于认股权证、股份期权以及企业承诺回购其股份这类情况，由于其不影响净利润，一般排在前面计算。

企业在发行多项潜在普通股的情况下，其稀释每股收益一般按照下面的步骤计算：

（1）列示出企业发行的各种类型的潜在普通股。

（2）分子项确认。假设各潜在普通股已于当期期初或发行日转换为普通股，确定归属于普通股股东的当期净利润影响金额。上述情况中可转换公司债券会增加当期净利润金额，其他三种类型不影响当期净利润。

（3）分母项确认。确定各潜在普通股假设转换后将增加的普通股股数。对于稀释性股份期权和认股权证，普通股股数应为无对价发行部分的普通股股数。

（4）计算各潜在普通股的增量股每股收益，判断其稀释性。增量股每股收益越小，潜在普通股稀释程度越大。

（5）将增量股每股收益按从小到大的顺序排列，将各稀释性潜在普通股分别计入稀释每股收益中。在分步计算中，若下一步得出的稀释每股收益小于上一步得出的稀释每股收益，则新计入的潜在普通股具有稀释性；反之，则具有反稀释性，不计入稀释每股收益中。

（6）根据上述步骤得出的最小的每股收益金额即为稀释每股收益。

【例 12-8】某公司 2×16 年度归属于普通股股东的净利润为 5 625 万元，发行在外普通股加权平均数为 18 750 万股。年初已发行在外的潜在普通股有：

（1）认股权证 7 200 万份，每份认股权证可以在行权日以 8 元/股的价格认购 1 股本公司新发股票。

（2）按面值发行的 5 年期可转换公司债券 75 000 万元，债券每张面值 100 元，票面年利率为 2.6%，转股价格为每股 12.5 元，即每 100 元债券可转换为 8 股面值为 1 元的普通股。

（3）按面值发行的 3 年期可转换公司债券 150 000 万元，债券每张面值 100 元，票面年利率为 1.4%，转股价格为每股 10 元，即每 100 元债券可转换为 10 股面值为 1 元的普通股。

当期普通股平均市场价格为 12 元/股，年度内没有认股权证被行权，也没有可转换公司债券被转换或赎回，所得税税率为 25%。假设不考虑可转换公司债券在负债和权益成分的分拆，且债券票面利率等于实际利率。

2×16 年度每股收益计算如下：

$$基本每股收益=\frac{5\,625}{18\,750}=0.3（元/股）$$

计算稀释每股收益：

（1）假设潜在普通股转换为普通股，计算增量股每股收益并排序，见表 12-1。

表 12-1 **增量股每股收益的计算**

项 目	净利润增加（万元）	股数增加（万股）	增量股每股收益（元/股）	顺序
认股权证	—	2 400①	—	1
利率为 2.6% 的可转换公司债券	1 462.5②	6 000③	0.24	3
利率为 1.4% 的可转换公司债券	1 575④	15 000⑤	0.11	2

注：①$7\,200-7\,200\times\frac{8}{12}=2\,400$（万元）

②75 000×2.6%×（1−25%）=1 462.5（万元）

③ $\frac{75\,000}{12.5}=6\,000$（万股）

④150 000×1.4%×（1−25%）=1 575（万元）

⑤ $\frac{150\,000}{10}=15\,000$（万股）

由此可见，认股权证的稀释性最大，利率为 2.6%的可转换公司债券的稀释性最小。

（2）分步计入稀释每股收益，见表 12-2。

表 12-2 **稀释每股收益的计算**

项 目	净利润（万元）	股数（万股）	每股收益（元/股）	稀释性
基本每股收益	5 625	18 750	0.30	
认股权证	0	2 400		
	5 625	21 150	0.27	稀释
利率为 1.4%的可转换公司债券	1 575	15 000		
	7 200	36 150	0.20	稀释
利率为 2.6%的可转换公司债券	1 462.5	6 000		
	8 662.5	42 150	0.21	反稀释

因此，稀释每股收益为 0.20 元/股。

六、子公司、合营企业或联营企业发行的潜在普通股

子公司、合营企业、联营企业发行能够转换成普通股的稀释性潜在普通股时，不仅应当包括在其稀释每股收益的计算中，而且还应当包括在合并稀释每股收益以及投资者稀释每股收益的计算中。

【例 12-9】甲公司 2×16 年度归属于普通股股东的净利润为 40 000 万元（不包括子公司乙公司利润或乙公司支付的股利），发行在外普通股加权平均数为 80 000 万股，持有乙公司 60%的普通股股权。乙公司 2×16 年度归属于普通股股东的净利润为 15 200 万元，发行在外普通股加权平均数为 38 000 万股，该普通股当年平均市场价格为 5 元/股。年初，乙公司对外发行 5 000 万份可用于购买其普通股的认股权证，行权价格为 4 元，甲公司持有 250 万份认股权证，当年无认股权证被行权。假设除股利外，母子公司之间没有其他需抵销的内部交易；甲公司取得对乙公司投资时，乙公司各项可辨认净资产等的公允价值与其账面价值一致。

2×16 年度每股收益计算如下：

（1）子公司每股收益：

①基本每股收益 $=\dfrac{15\ 200}{38\ 000}=0.4$（元/股）

调整增加的普通股股数 $=38\ 000-38\ 000\times\dfrac{4}{5}=7600$（万股）

②稀释每股收益 $=\dfrac{15\ 200}{38\ 000+7\ 600}=0.33$（元/股）

（2）合并每股收益：

归属于母公司普通股股东的净利润=40 000 万元

包括在合并基本每股收益计算中的子公司净利润部分 $=15\ 200\times60\%=9\ 120$（万元）

①基本每股收益 $=\dfrac{40\ 000+9\ 120}{80\ 000}=0.61$（元/股）

子公司净利润中归属于普通股且由母公司享有的部分 $=0.33\times38\ 000\times60\%=7\ 524$（万元）

子公司净利润中归属于认股权证且由母公司享有的部分 $=0.33\times7\ 600\times\dfrac{250}{5\ 000}=125.4$（万元）

②稀释每股收益 $=\dfrac{40\ 000+7\ 524+125.4}{80\ 000}=0.60$（元/股）

第四节　每股收益的列报

一、重新计算

（一）派发股票股利、公积金转增资本、拆股和并股

企业派发股票股利、公积金转增资本、拆股或并股等，会增加或减少其发行在外普通股或潜在普通股的数量，但并不影响所有者权益金额，不影响企业所拥有或控制的经济资源，也不改变企业的盈利能力，也就意味着同样的损益现在要由扩大或缩小了的股份规模来享有或分担。因此，为了保持会计指标的前后期可比性，应当在相关报批手续全部完成后，按调整后的股数重新计算各列报期间的每股收益。上述变化发生于资产负债表日至财务报告批准报出日之间的，应当以调整后的股数重新计算各列报期间的每股收益。

【例 12-10】某企业 2×15 年和 2×16 年归属于普通股股东的净利润分别为 3 600 万元和 4 000 万元，2×15 年 1 月 1 日发行在外的普通股为 8 000 万股，2×15 年 4 月 1 日按市价新发行普通股 2 400 万股。2×16 年 5 月 1 日分派股票股利，以 2×15 年 12 月 31 日总股本 10 000 万股为基数每 10 股送 3 股，假设不存在其他股数变动因素。2×16 年度比较利润表中基本每股收益的计算如下：

$$2\times16\text{ 年度发行在外普通股加权平均数}=10\,400+10\,000\times0.3=13\,400\text{（万股）}$$

$$2\times15\text{ 年度发行在外普通股加权平均数}=8\,000\times1.3\times\frac{12}{12}+2\,400\times1.3\times\frac{9}{12}=12\,740\text{（万股）}$$

$$2\times16\text{ 年度基本每股收益}=\frac{4\,000}{13\,400}=0.30\text{（元/股）}$$

$$2\times15\text{ 年度基本每股收益}=\frac{3\,600}{12\,740}=0.28\text{（元/股）}$$

（二）配股

配股是向全部现有股东以低于当前股票市价的价格发行普通股，可以看做按市价发行股票和无对价送股的结合。因此，计算基本每股收益时，应当考虑配股中的送股因素，并以此调整各列报期间发行在外普通股的加权平均数。其计算公式如下：

$$\text{每股理论除权价格}=\left(\text{行权前发行在外普通股的公允价值总额}+\text{配股收到的款项}\right)\div\text{行权后发行在外的普通股股数}$$

$$\text{调整系数}=\text{行权前发行在外普通股的每股公允价值}\div\text{每股理论除权价格}$$

$$\text{因配股重新计算的上年度基本每股收益}=\text{上年度基本每股收益}\div\text{调整系数}$$

$$\text{本年度基本每股收益}=\text{归属于普通股股东的当期净利润}\div\left(\text{配股前发行在外普通股股数}\times\text{调整系数}\times\text{配股前普通股发行在外的时间权重}+\text{配股后发行在外普通股加权平均数}\right)$$

存在非流通股的企业可以采用简化的计算方法，不考虑配股中内含的送股因素，而将配股视为发行新股处理。

【例 12-11】某企业 2×16 年度归属于普通股股东的净利润为 40 000 万元，2×16 年 1 月 1 日发行在外普通股股数为 80 000 万股。该年 6 月 10 日，该企业发布增资配股公告，向截至 2×16 年 6 月 30 日（股权登记日）所有登记在册的老股东配股，配股比例为每 10 股配 4 股，配股价格为每股 6 元，除权交易基准日为 7 月 1 日。假设行权前一日的市价为每股 10 元，2×15 年度基本每股收益为 0.45 元/股。2×16 年度比较利润表中基本每股收益的计算如下：

$$\text{每股理论除权价格}=\frac{10\times80\,000+6\times80\,000\times0.4}{80\,000+80\,000\times0.4}=8.86\text{（元）}$$

$$调整系数=\frac{10}{8.86}=1.13$$

$$因配股重新计算的2×15年度基本每股收益=\frac{0.45}{1.13}=0.40（元/股）$$

$$2×16年度基本每股收益=\frac{40\ 000}{80\ 000\times1.13\times\frac{16}{12}+112\ 000\times\frac{6}{12}}=0.40（元/股）$$

（三）以前年度损益的追溯调整或追溯重述

根据我国企业会计准则的规定，应对以前年度损益进行追溯调整或追溯重述的，应当重新计算各列报期间的每股收益。

二、列报

我国企业会计准则对于每股收益的披露有如下要求："企业应当在利润表中单独列示基本每股收益和稀释每股收益。""企业应当在附注中披露与每股收益有关的下列信息：(一）基本每股收益和稀释每股收益分子、分母的计算过程。(二）列报期间不具有稀释性但以后期间很可能具有稀释性的潜在普通股。(三）在资产负债表日至财务报告批准报出日之间，企业发行在外普通股或潜在普通股股数发生重大变化的情况。"

按照企业会计准则对每股收益列报的要求，企业利润表中要列示企业的每股收益。在财务报表附注中，需要披露每股收益分子、分母的计算过程。另外，对于既提供合并财务报表，又提供母公司个别报表的企业，一般仅要求以合并财务报表为基础计算每股收益并列报每股收益，与合并财务报表一同提供母公司财务报表的则不要求计算和列报每股收益。

【例 12-12】我国某上市公司每股收益列报见表 12-3。

表 12-3　**某公司利润表（节选）**

2×16 年度　金额单位：万元

利润表项目	本期金额	上期金额
五、净利润（净亏损以"-"号填列）	150 675 000	107 937 000
归属于母公司所有者的净利润	139 871 000	99 910 000
被合并方在合并前实现的净利润		
少数股东损益	10 804 000	8 027 000
六、其他综合收益的税后净额		
七、综合收益总额		
八、每股收益		
（一）基本每股收益	0.76元/股	0.55元/股
（二）稀释每股收益	0.66元/股	0.54元/股

该公司的每股收益既包含基本每股收益，又包含稀释每股收益。

【例 12-13】我国某上市公司利润表附注部分内容见表 12-4。

表 12-4　**某公司利润表附注（节选）**

报告期利润	每股收益（元/股）	
	全面摊薄	加权平均
主营业务利润		
营业利润		
净利润	0.202	0.3
扣除非经常性损益后的净利润		0.2

每股收益在财务报表附注中的解释根据各自的特点而有所不同，以上仅为举例说明。

本章小结

每股收益是指普通股股东每持有一股普通股所能享有的企业净利润或需承担的企业净亏损。每股收益是用于反映企业的经营成果，衡量普通股的获利水平及投资风险，是投资者等信息使用者据以评价企业盈利能力、预测企业成长潜力，进而做出相关经济决策的重要财务指标之一。它有助于同一会计期间内不同企业之间以及同一企业在不同会计期间进行业绩比较。

普通股或潜在普通股已公开交易的企业，以及正处于公开发行普通股或潜在普通股过程中的企业，应当在利润表中分别列示基本每股收益和稀释每股收益，并在附注中披露相关信息。

稀释每股收益是以基本每股收益为基础，假设企业所有发行在外的稀释性潜在普通股均已转换为普通股，从而分别调整归属于普通股股东的当期净利润以及发行在外普通股的加权平均数，并据以计算稀释每股收益。企业在计算稀释每股收益时应当考虑稀释性潜在普通股对分子和分母调整因素的影响。

复习思考题

1. 什么是每股收益？计算公式是什么？如何理解公式中的分子项和分母项？

2. 什么是基本每股收益？计算公式是什么？公式中分子项在不同情况下相对应的含义是什么？

3. 什么是潜在普通股、稀释性潜在普通股、稀释每股收益？稀释每股收益与基本每股收益的关系是怎样的？它们之间有何联系和区别？

4. 可转换公司债券、认股权证、股份期权、企业承诺的回购股份合同每股收益的计算过程是怎样的？

5. 企业存在多项潜在普通股的情况下稀释每股收益的计算程序是怎样的？

6. 合并财务报表中每股收益是如何计算的？

个案分析

上市公司每股收益指标计算

甲公司为上市公司，2×14 年至 2×16 年的有关资料如下：

（1）2×14 年 1 月 1 日发行在外普通股股数为 82 000 万股。

（2）2×14 年 5 月 31 日，经股东大会同意并经相关监管部门核准，甲公司以 2×14 年 5 月 20 日为股权登记日，向全体股东每 10 股发放 1.5 份认股权证，共计发放 12 300 万份认股权证，每份认股权证可以在 2×15 年 5 月 31 日按照每股 6 元的价格认购 1 股甲公司普通股。

2×15 年 5 月 31 日，认股权证持有人全部行权，甲公司收到认股权证持有人交纳的股款 73 800 万元。2×15 年 6 月 1 日，甲公司办理完成工商变更登记，将注册资本变更为 94 300 万元。

（3）2×16 年 9 月 25 日，经股东大会批准，甲公司以 2×16 年 6 月 30 日股份总额

94 300 万股为基数，向全体股东每 10 股派发 2 股股票股利。

（4）甲公司归属于普通股股东的净利润 2×14 年度为 36 000 万元，2×16 年度为 54 000 万元，2×16 年度为 40 000 万元。

（5）甲公司股票 2×14 年 6 月至 2×14 年 12 月平均市场价格为每股 10 元，2×15 年 1 月至 2×15 年 5 月平均市场价格为每股 12 元。

本题假定不存在其他股份变动因素。

要求：

（1）计算甲公司 2×14 年度利润表中列示的基本每股收益和稀释每股收益；

（2）计算甲公司 2×15 年度利润表中列示的基本每股收益和稀释每股收益；

（3）计算甲公司 2×16 年度利润表中列示的基本每股收益和稀释每股收益以及经重新计算的比较数据。

主要参考文献

［1］财政部会计司编写组. 企业会计准则讲解（2015）［M］. 上海：立信会计出版社，2015.

［2］财政部会计准则委员会. 国际会计准则（2000）［M］. 北京：中国财政经济出版社，2000.

［3］刘永泽，傅荣. 高级财务会计［M］. 5版. 大连：东北财经大学出版社，2016.

［4］耿建新，戴德明. 高级财务会计［M］. 6版. 北京：中国人民大学出版社，2014.

［5］石本仁. 高级财务会计［M］. 3版. 北京：中国人民大学出版社，2015.

［6］中国注册会计师协会. 2016年度注册会计师全国统一考试辅导教材——会计［M］. 北京：中国财政经济出版社，2016.